高等教育"十二五"规划教材

技术经济学

第二版

冯俊华 主编

化学工业出版社

·北京·

本书系统介绍了技术经济学的基本理论、方法和应用。全书共 10 章，包括绪论、现金流量及资金等值计算、技术经济分析的基本方法、项目风险与不确定性分析、投资项目可行性研究、公用事业项目经济评价、资产评估、设备更新的技术经济分析、价值工程及技术创新等内容。本书内容深入浅出，通过例题介绍概念和原理，通俗易懂。每章之后均附有思考与练习题。

　　本书可作为高等院校理工科各专业和工商管理专业的本科生教材，也可作为工程技术人员和经济管理工作者的参考读物。

图书在版编目（CIP）数据

　　技术经济学/冯俊华主编. —2 版. —北京：化学
工业出版社，2015.3（2024.8重印）
　　高等教育"十二五"规划教材
　　ISBN 978-7-122-18989-9

　　Ⅰ.①技…　Ⅱ.①冯…　Ⅲ.①技术经济学-教材
Ⅳ.①F062.4

　　中国版本图书馆 CIP 数据核字（2014）第 290006 号

责任编辑：何　丽　　　　　　　　　文字编辑：谢蓉蓉
责任校对：边　涛　　　　　　　　　装帧设计：关　飞

出版发行：化学工业出版社（北京市东城区青年湖南街 13 号　邮政编码 100011）
印　　装：北京科印技术咨询服务有限公司数码印刷分部
787mm×1092mm　1/16　印张 13¾　字数 365 千字　2024 年 8 月北京第 2 版第 5 次印刷

购书咨询：010-64518888　　　　　　售后服务：010-64518899
网　　址：http://www.cip.com.cn
凡购买本书，如有缺损质量问题，本社销售中心负责调换。

定　　价：49.00 元

前 言

本教材第一版于 2007 年出版，距今已有七年之久。随着我国经济建设不断发展，国内外技术经济领域的理论和实践内容也在不断更新，鉴于此，第二版的编写成为应有之举。

本书在第一版基础上，新增加第 6 章公用事业项目经济评价和第 10 章技术创新两章内容；在相关章节中新增某些专业术语的英文对照，帮助读者更好地理解其含义；对局部章节进行了结构调整，对相关理论和实践内容做了进一步的充实和完善，使其更具实践性和系统性；对第一版中存在的错误进行了修正。

本教材由陕西科技大学冯俊华主编。全书共分为 10 章，第 1 章、第 2 章、第 3 章、第 8 章由冯俊华编写，第 4 章由祝福云编写，第 5 章由胡争光编写，第 6 章由陶建宏编写，第 7 章由崔瑛编写，第 9 章由李德强编写，第 10 章由石乘齐编写。

本教材内容深入浅出，通过例题介绍概念和原理，通俗易懂。

本教材可作为高等院校理工科各专业和工商管理专业的本科生教材，也可作为工程技术人员和经济管理工作者的参考读物。为帮助读者进一步学习和加深理解，每章之后均附有思考与练习题。

本教材再版编写校核过程中，在校研究生王英、杨宝珍、张丹阳付出了辛勤的劳动；修订版出版过程中，得到了化学工业出版社的大力支持，在此表示衷心的感谢。我们虽然做出了很多努力，但疏漏之处仍在所难免，敬请读者批评指正。

冯俊华

2015 年元月于西安

第一版前言

技术经济学是一门研究技术领域经济问题和经济规律、技术进步与经济增长之间的相互关系的科学。随着我国社会主义市场经济体制的建立和不断完善，该学科体系日臻成熟，理论研究不断深化，应用研究发展迅速。为适应当前我国高等院校要加强对工科类学生经济管理基础知识的教育，笔者力求结合我国经济建设的实际，吸收技术经济领域国内外理论和实践的新内容，总结笔者多年从事技术经济学教学与研究的经验，组织编写了这本书，并在融会贯通的基础上形成本书的特点。

本书由陕西科技大学冯俊华担任主编。全书分为8章，第1章、第2章、第3章、第7章由冯俊华编写，第4章由祝福云编写，第5章由刘利军、何智编写，第6章由崔瑛编写，第8章由李德强编写。

本书内容深入浅出，通过例题介绍概念和原理，因而通俗易懂。

本书可作为高等院校理工科各专业和工商管理专业的本科生教材，也可作为工程技术人员和经济管理工作者的参考读物。为帮助读者进一步学习和加深理解，每章之后均附有思考与练习题。

在本书编写过程中，我们虽然做出了很多努力，但书中不妥之处仍在所难免，敬请读者批评指正。

编　者
2007 年 5 月于陕西科技大学

目 录

第1章 绪论 ································ 1
  1.1 技术与经济的关系 ················ 1
    1.1.1 技术的含义 ················ 1
    1.1.2 经济的含义 ················ 1
    1.1.3 技术与经济的关系 ·········· 2
  1.2 技术经济学的概念及学科特点 ···· 2
    1.2.1 技术经济学的概念 ·········· 2
    1.2.2 技术经济学的学科特点 ······ 2
  1.3 技术经济学的产生与发展 ········ 3
  1.4 技术经济学的研究方法和基本程序 ·· 4
    1.4.1 技术经济学的研究方法 ······ 4
    1.4.2 技术经济分析的基本程序 ···· 4
  1.5 技术经济学的研究目的和意义 ···· 5
  思考与练习题 ······················ 6
  本章参考文献 ······················ 6

第2章 现金流量及资金等值计算 ·········· 7
  2.1 现金流量 ······················ 7
  2.2 现金流量的构成 ················ 8
    2.2.1 投资 ······················ 8
    2.2.2 费用与成本 ················ 8
    2.2.3 销售收入、利润与税金 ······ 10
  2.3 资金的时间价值 ················ 11
    2.3.1 资金的时间价值概念 ········ 11
    2.3.2 利息、利率及其计算 ········ 12
  2.4 资金等值计算 ·················· 14
    2.4.1 资金等值的概念 ············ 14
    2.4.2 资金等值计算公式 ·········· 15
    2.4.3 应用 ······················ 22
  思考与练习题 ······················ 24
  本章参考文献 ······················ 25

第3章 技术经济分析的基本方法 ·········· 26
  3.1 静态评价方法 ·················· 26
    3.1.1 静态投资回收期法 ·········· 26
    3.1.2 投资收益率法 ·············· 28
    3.1.3 追加投资回收期法 ·········· 28
  3.2 动态评价方法 ·················· 29
    3.2.1 净现值法 ·················· 29
    3.2.2 净现值指数法 ·············· 31

    3.2.3 净年值法 ·················· 32
    3.2.4 费用现值法与费用年值法 ···· 33
    3.2.5 内部收益率法 ·············· 34
    3.2.6 外部收益率法 ·············· 38
    3.2.7 动态投资回收期法 ·········· 39
  3.3 投资方案的选择 ················ 40
    3.3.1 投资方案的类型 ············ 40
    3.3.2 互斥方案的选择 ············ 40
    3.3.3 独立方案的选择 ············ 46
    3.3.4 混合型方案的选择 ·········· 49
  思考与练习题 ······················ 50
  本章参考文献 ······················ 51

第4章 项目风险与不确定性分析 ·········· 52
  4.1 盈亏平衡分析方法 ·············· 52
    4.1.1 线性盈亏平衡分析 ·········· 52
    4.1.2 非线性盈亏平衡分析 ········ 55
    4.1.3 多产品盈亏平衡分析 ········ 56
    4.1.4 互斥方案的优劣平衡分析 ···· 57
  4.2 敏感性分析方法 ················ 58
    4.2.1 敏感性分析的概念 ·········· 58
    4.2.2 敏感性分析的步骤 ·········· 59
    4.2.3 单因素敏感性分析 ·········· 60
    4.2.4 多因素敏感性分析 ·········· 61
  4.3 概率分析 ······················ 63
    4.3.1 概率分析的概念 ············ 63
    4.3.2 概率分析的步骤 ············ 63
    4.3.3 概率分析应用举例 ·········· 64
  4.4 风险决策分析 ·················· 65
    4.4.1 风险决策的条件 ············ 65
    4.4.2 风险决策的原则 ············ 65
    4.4.3 风险决策的方法 ············ 67
  思考与练习题 ······················ 70
  本章参考文献 ······················ 71

第5章 投资项目可行性研究 ·············· 72
  5.1 可行性研究概述 ················ 72
    5.1.1 可行性研究的起源和发展 ···· 72
    5.1.2 可行性研究的任务和作用 ···· 74
    5.1.3 可行性研究的阶段 ·········· 75

5.2 可行性研究内容 …………………… 78
5.2.1 项目建议书 ………………… 78
5.2.2 可行性研究基本内容 ……… 78
5.2.3 项目的经济评价 …………… 86
5.2.4 环境可行性分析 …………… 95
5.3 可行性研究报告的撰写 …………… 97
5.3.1 可行性研究报告的用途 …… 97
5.3.2 可行性研究报告的编制要求、依据
和步骤 ……………………… 97
思考与练习题 ………………………… 99
本章参考文献 ………………………… 99

第6章 公用事业项目经济评价 ………… 100
6.1 公用事业项目经济评价概述 ……… 100
6.1.1 公用事业项目的含义与分类 …… 100
6.1.2 公用事业项目的特点 ……… 100
6.1.3 公用事业项目评价视角 …… 101
6.1.4 公用事业项目评价的重要性 …… 101
6.2 公用事业项目的收益与成本 ……… 102
6.2.1 公用事业项目收益与成本类别 … 102
6.2.2 公用事业项目收益与成本计算
原则 ………………………… 103
6.2.3 公用事业项目的投资分摊方法 … 103
6.2.4 公用事业项目评价的基准折现率的
确定 ………………………… 104
6.3 公用事业项目评价方法 …………… 104
6.3.1 收益-成本分析法 ………… 104
6.3.2 效用-成本分析法 ………… 109
6.4 小结 ………………………………… 111
思考与练习题 ………………………… 112
本章参考文献 ………………………… 112

第7章 资产评估 ………………………… 114
7.1 资产评估概述 ……………………… 114
7.1.1 资产评估的概念 …………… 114
7.1.2 资产评估的特点 …………… 115
7.1.3 资产评估的基本假设 ……… 115
7.1.4 资产评估的基本原则 ……… 116
7.1.5 资产评估程序及操作流程 … 116
7.2 资产评估的基本方法 ……………… 117
7.2.1 收益现值法（也称收益法）… 117
7.2.2 重置成本法 ………………… 119
7.2.3 现行市价法 ………………… 122
7.2.4 资产评估方法的比较 ……… 122
7.3 资产评估方法的应用 ……………… 123

7.3.1 机器设备评估 ……………… 123
7.3.2 房地产评估 ………………… 128
7.3.3 其它资产评估 ……………… 130
思考与练习题 ………………………… 131
本章参考文献 ………………………… 131

第8章 设备更新的技术经济分析 ……… 133
8.1 设备的磨损 ………………………… 133
8.1.1 设备的有形磨损及其度量 … 133
8.1.2 设备的无形磨损及其度量 … 134
8.1.3 设备的综合磨损及其度量 … 134
8.1.4 设备磨损的补偿 …………… 136
8.2 设备的折旧 ………………………… 137
8.2.1 设备折旧的概念 …………… 137
8.2.2 影响设备折旧的因素 ……… 137
8.2.3 设备折旧的计算方法 ……… 137
8.3 设备更新的经济分析 ……………… 139
8.3.1 设备更新的概念 …………… 139
8.3.2 设备更新的决策方法 ……… 140
思考与练习题 ………………………… 146
本章参考文献 ………………………… 147

第9章 价值工程 ………………………… 148
9.1 价值工程概述 ……………………… 148
9.1.1 价值工程的形成和发展 …… 148
9.1.2 价值工程的基本概念 ……… 149
9.1.3 价值工程的指导原则和作用 … 150
9.2 价值工程的工作程序 ……………… 152
9.2.1 工作程序回答的问题 ……… 152
9.2.2 价值工程的工作程序 ……… 152
9.3 对象选择与信息收集 ……………… 153
9.3.1 对象选择 …………………… 153
9.3.2 信息收集 …………………… 156
9.4 功能分析与功能评价 ……………… 157
9.4.1 功能定义 …………………… 157
9.4.2 功能分类 …………………… 158
9.4.3 功能整理 …………………… 159
9.4.4 功能分析的作用 …………… 161
9.4.5 功能评价 …………………… 161
9.5 方案的创新、评价与实施 ………… 168
9.5.1 方案创新 …………………… 168
9.5.2 方案评价与实施 …………… 170
思考与练习题 ………………………… 174
本章参考文献 ………………………… 175

第10章 技术创新 ……………………… 176

10.1　技术创新概述 ·········· 176
　10.1.1　技术创新的概念 ········· 176
　10.1.2　技术创新与其它相关概念的
　　　　　区别 ··········· 177
　10.1.3　技术创新的特点 ········· 178
　10.1.4　技术创新的分类 ········· 178
　10.1.5　技术创新理论 ········· 179
10.2　企业技术创新 ········· 181
　10.2.1　企业技术创新动力 ········· 182
　10.2.2　企业技术创新能力 ········· 183
　10.2.3　企业技术创新战略 ········· 186
　10.2.4　企业技术创新绩效 ········· 187
10.3　技术创新网络 ········· 189

　10.3.1　技术创新网络的概念 ········· 190
　10.3.2　技术创新合作伙伴选择 ········· 190
　10.3.3　技术创新网络静态形态 ········· 192
　10.3.4　技术创新网络动态演化 ········· 194
10.4　技术创新政策 ········· 196
　10.4.1　技术创新政策的概念 ········· 196
　10.4.2　政策对技术创新的影响 ········· 197
　10.4.3　技术创新政策的分析和评价 ······ 198
　10.4.4　国家技术创新系统 ········· 200
思考与练习题 ········· 201
本章参考文献 ········· 201
附录　复利系数表 ········· 203

第1章 绪 论

技术经济学是当代科学技术发展与社会经济发展密切结合的产物，是具有中国特色的应用经济学的一个重要分支。技术经济学是一门研究技术领域经济问题和经济规律，研究技术进步与经济增长之间的相互关系的科学。

1.1 技术与经济的关系

技术和经济在人类进行物质生产、交换活动中始终并存，是不可分割的两个方面。技术与经济是相互渗透、相互促进、相互制约的。正确处理技术与经济的关系是研究技术经济的出发点。

1.1.1 技术的含义

技术是众所皆知的词汇，但对其含义，人们有不同的理解和表述。从目前给出的各种定义，大致可以分为狭义和广义两种。

（1）技术的狭义定义 技术的狭义观点认为技术是应用于自然，并使天然改造为人工自然的手段。基于这种观点，狭义的技术定义主要有以下几种。

① 技术只是技巧、技能或操作方法的总称。这种观点代表了人类社会早期对技术的理解。

② 技术是劳动手段的总和。这种观点把技术视为人们从事劳动的物质手段，从而反映了大机器生产时代机器和工具作为技术因素的作用。

③ 技术是客观的自然规律在生产实践中有意识的运用，是根据生产实践经验和科学原理而发展成的各种工艺操作方法与技能。这种观点突出了科学理论对技术的巨大作用，但却忽视了技术本身的相对独立性和特殊性。

技术狭义定义的缺点是忽视了技术的动态过程。

（2）技术的广义定义 随着科技革命的深入发展，科学、技术、生产之间的相互作用日益加强，技术已作为一个整体存在于自然和社会两大领域，因而技术的广义定义应运而生。

① 技术是完成某种特定目标而协同动作的方法、手段和规则的完整体系。

② 技术是按照某种价值的实践目的，用来控制、改造和创造自然与社会的过程，并受科学方法制约的总和。

目前，越来越多的人接受了广义的技术概念，认为技术是人们控制自然和改造自然的知识的总和。

1.1.2 经济的含义

"经济"一词，在不同的范畴内有不同的含义。

"经济"的概念在我国古代有"经邦济世"、"经世济民"的意义，指的是治理国家、拯救黎庶的意思，与现代"经济"的含义完全不同。而在西方，经济的原意是指家庭管理，希腊哲学家亚里士多德定义"经济"为谋生的手段，也非今日经济之含义。人们对经济的理解，目前主要有以下几种。

① 经济是指社会生产关系的总和。这种定义将经济等同于生产关系或经济基础的同义语。

② 经济是指物质的生产、交换、分配和消费的总称。这个概念将经济视作生产力和生产

关系结合的活动。

③ 经济是指"节约"、"节省"。如通常说某项工程比较节省，就是用该项工程比较经济的说法。

在技术经济学中，经济的含义与以上概念都有关，但主要是指资源的合理利用和经济效益的意思。技术的实施需投入大量人力、物力、财力等，研究以最少的投入取得最大的效益是技术经济学中关于经济的含义。

1.1.3 技术与经济的关系

技术与经济是人类社会发展不可缺少的两个方面，其关系极为密切。一方面，发展经济必须依靠一定的技术手段，技术的进步永远是推动经济发展的强大动力。人类历史上已经发生了三次世界性的重大技术革命，每一次都是由于有新的科学发现和技术发明而发生的。这些新的发现和发展导致了生产手段和生产方法的重大变革，促进了新的产业部门的建立，有力地推动了经济的发展和社会的进步。第一次世界性的技术革命始于 18 世纪 60 年代，以蒸汽机的广泛使用为主要标志；第二次世界性的技术革命发生于 19 世纪 70 年代，以电力的开发利用为主要标志；第三次世界性的技术革命始于 20 世纪 40 年代，以核能、电子计算机和空间技术的开发利用为重要标志。随着信息科学、遗传工程、新型材料、海洋工程等方面的重大突破导致的社会生产力的巨大进步更是有目共睹。

另一方面，技术总是在一定的经济条件下产生和发展的。经济上的需求是技术发展的直接动力，技术的进步要受到经济条件的制约。众所周知，任何技术的应用，都伴随着人力资源和各种物力资源的投入，依赖于一定的相关经济技术系统的支持。只有经济发展到一定的水平，相应的技术才有条件广泛应用和进一步发展。例如，第一台蒸汽机发明后，由于社会经济制度还处于资本主义初期，广泛使用蒸汽机的经济条件还不完全具备。因此，从发明到推广使用经历了 80 年的时间；近代原子能技术的发明为当代技术进步开辟了新的前景，但因为受到经济条件的限制，当前并不能广泛地应用于生产和生活。

技术与经济之间这种相互渗透、相互促进又相互制约的紧密联系，使任何技术的发展和应用都不仅是一个技术问题，同时又是一个经济问题。研究技术与经济的关系，探讨如何通过技术进步促进经济发展，在经济发展中推动技术进步，是技术经济学责无旁贷的任务，也是技术经济学进一步丰富和发展的一个新领域。

1.2 技术经济学的概念及学科特点

1.2.1 技术经济学的概念

对于技术经济学概念的界定目前还存在着不同的观点。一种观点认为，技术经济学是研究实现先进技术与经济效果最佳结合的理论方法；另一种观点认为，技术经济学是研究技术的经济效果的科学等。不难看出，技术经济学是研究技术与经济相互关系的科学，但这一定义仍未能解决技术经济学的理论基础问题。比较确切的技术经济学的定义应当是：技术经济学是研究如何最有效地利用技术资源以达到促进经济增长的理论与方法。由此得出，技术经济学的研究对象是一切与经济增长有关的技术项目、技术措施、技术方案及一切涉及技术先进性、经济合理性最佳结合的诸方面。

1.2.2 技术经济学的学科特点

（1）综合性 技术经济学是一门交叉学科，具有很强的综合性。它研究的既不是单纯的技术问题，也不是单纯的经济问题，而是研究技术的经济合理性，即技术与经济的关系问题。技术经济学不仅仅包括经济学学科的知识，还涉及工程技术、经济管理、社会科学和其它自然科学等综合学科的知识。此外，就技术方案的评价指标来看，通常是多目标的，既有技术指标，又有经济指标，还有综合指标。可见，该学科所涉及的对象是一个复杂的系统。

（2）系统性　技术经济学的综合性特点决定了该学科的系统性特点。系统性就是由若干个要素组成的既互相联系又互相制约的、为实现一个共同目标而存在的有机集合体。所有的技术和经济问题都不是孤立的。一个工程项目的技术方案是一个系统，它又包括若干子系统如市场预测系统、工艺设计系统、设备动力系统、经济效益评价系统等。对于任何一个技术方案，既要放到整个社会的技术经济的大系统中去研究，又要考虑技术方案这个系统内各子系统和子系统内的各要素之间的关系。因此，一种系统的思维方法是学好该学科必须具备的方法。

（3）预测性　技术经济分析的基本研究活动，往往是在事件发生之前对其进行预先的分析和评价，从中选择最优方案。因此，任何一个方案在实施之前均存在一些未知因素、未知数据和预想不到的偶然情况。这就决定技术经济分析的大部分信息是由预测估计推断来的。可见，技术方案的建立，首先要加强技术经济预测。通过预测，可以使技术方案更加接近于实际，避免盲目性。

（4）计量性　计量性是技术经济分析的一大特性。经济效益本身就具有定量的概念，只有算出量的大小，才能为决策者提供评价方案优劣的依据，才能使它从多个可行方案的比较中，选出最优方案。所以，技术经济学这门学科在对各种技术方案进行客观、合理、完善地评价时，需要做到定性和定量相结合。但主要是以定量分析为主，用定量分析的结果，为定性分析提供科学的依据。

（5）实用性　技术经济学不是理论研究而是一门应用科学，是来自实践并又为实践服务的科学。技术经济所研究的对象是国民经济生产实践中提出来的实际工程项目和各种技术经济方案，它所采用的理论和方法是为了解决发展经济中的实际问题。因此，它研究的课题、分析的方案都是来源于生产建设实际，并紧密结合生产技术和经济活动进行。它所分析和研究的成果，又直接用于生产，并通过实践来验证分析的结果是否正确。

1.3　技术经济学的产生与发展

19 世纪以前，科学技术的发展速度缓慢，对社会经济发展的推动作用不是很显著。1800年以后，随着科学技术的迅猛发展，以蒸汽机为代表的新技术的兴起与推广改变了世界，20世纪初科学管理的问世，人们对技术效率与经济效益研究的重视，使工业发达国家迎来了经济的繁荣。1886 年美国的亨利·汤思（Henley Town）发表了《作为经济学家的工程师》，提出了要把对经济问题的关注提高到与技术同等重要的地位。1887 年，美国的建筑工程师威灵顿（A M Wellington）发表了《铁路布局的经济理论》，对经济合理的线路方案的选择提出了应遵循的原则。

技术经济实践活动中最典型的例子是汽车的广泛使用，众所周知，世界上第一辆汽车是19 世纪 80 年代由戴姆勒（Dimler）和本茨（Benz）制造的，但由于生产成本高，在很长一段时期内只是贵族的玩物。正是由于亨利·福特（Henry Ford）及其领导的企业的努力，到1916 年每辆汽车的售价由 1000～15000 美元降到了 360 美元，开创了社会广泛使用"T"形车的局面，汽车工业不仅成为美国经济的支柱，而且还推动了美国钢铁、石油、橡胶等产业的发展。

我国自 20 世纪 50 年代起开始学习前苏联的技术经济论证方法，在第一个五年计划中，要求所有项目的设计方案都必须通过技术经济论证才能够上马。因此，156 个重点项目从规划、选址、设计、施工到竣工验收的各个环节都进行了一定程度技术经济分析、计算和比较，并在初步设计中设置了"技术经济篇"，论证了项目建设在技术上的先进性和可靠性及经济上的合理性和可行性。正是由于重视了技术经济论证，使得"一五"期间建设的项目均具有良好的经济效果。

改革开放以来，技术经济研究又重新受到了广泛的重视，特别是 1978 年全国科学大会通过的党中央和国务院批准的《1978～1985 年科学技术发展规划纲要》中，把"技术经济和管理现代化理论和方法的研究"列为全国 108 个科研重点项目之一。1981 年国务院成立了技术经济研究中心，中国社会科学院建立了数量经济与技术经济研究所，中国科学院也建立了系统科学研究所；许多省、市、自治区、中央各主管部门和一些大中型企业也相继建立了技术经济研究中心、技术经济研究所、技术经济研究会等；许多高等院校先后开设了技术经济专业、硕士点、博士点等。在培养技术经济专业不同层次人才的同时，对广大干部、技术经济人员和职工广泛宣传普及提高经济效果和技术经济理论与方法的知识，在国家规定的建设程序中，要求开展技术经济论证和分析工作，使我国技术经济学科得到空前的发展。与此同时，对技术经济学的性质、任务、研究对象、研究内容、评价标准、指标体系和分析方法展开了深入的探讨，并从宏观、中观、微观层次上对技术经济问题进行了全面的研究，为技术经济学这门新兴学科体系和理论方法的建立和完善奠定了基础。

进入 21 世纪，世界正进入新一轮的技术革命：以信息技术与信息产业、网络经济等为基础的知识经济、新经济高速发展。而在中国，随着改革开放的日益深入，社会主义市场经济体制日益发展和完善，决策的科学化和民主化水平在不断提高。2001 年末，中国正式成为 WTO 成员，给中国带来了前所未有的机遇与挑战。作为最大的发展中国家，中国正成为世界关注的中心。上述情况的出现及快速变化的国际国内环境，给我们提出了很多新的技术经济问题。可以预见，技术经济学将在我国经济建设中发挥越来越重要的作用。

1.4 技术经济学的研究方法和基本程序

1.4.1 技术经济学的研究方法

（1）调查研究方法 技术经济学的核心内容是对各种技术方案的经济效果进行计算、分析、评价，并在多个可能方案中，评选出较优的方案，因而需要各种技术经济的基本原始资料和数据。同时，技术经济学所要解决的问题往往都是社会生产实践中的各种具体问题，与环境有密切的关系，这些都是很难在专门的实验室内通过试验来取得和解决的。因此，调查研究是技术经济学研究工作中必不可少的重要组成部分，是技术经济学研究的重要方法。

（2）理论研究方法 技术经济学的基本任务就是要寻找解决在生产实践中技术和经济之间普遍存在的矛盾，找出技术和经济之间的合理关系，这就需要运用社会科学研究中所应用的论证分析方法。另一方面，技术经济学需要运用定量的方法对技术方案进行经济评价。因此，研究评价的指标和指标的计算方法也就成为技术经济理论研究的主要内容，这就需要运用自然科学研究中普遍应用的数学计算方法。

综上所述，技术经济学研究的方法必须是采用调查研究和理论研究相结合的方法，定量计算和论证分析相结合的方法，这正反映了技术经济学是一门介于自然科学和社会科学之间的边缘科学的特点。

1.4.2 技术经济分析的基本程序

技术经济分析是一项多环节、多方位、顺序性强的工作。由于它涉及面很广，因此，同其

它科学研究一样，技术经济分析有其自己的工作程序，如图 1.1
所示。

（1）确定目标 确定目标即界定系统对象，提出系统的预期任
务或最终要取得的结果。这种目标大致分为社会目标和具体目标两
部分，社会目标是从宏观角度来把握的，而具体目标则是从部门、
地区和企业等中、微观角度确定的，这一目标应服从社会的总体目
标。具体目标常包括科技发展、产品开发、新产品、新工艺研究、
工程建设项目等。

（2）收集资料，调查研究 根据所确定的目标进行调查分析，
要尽量搜集相关问题大量的历史资料，要重点搜集有关技术、经
济、财务、市场、政策法规等方面的资料。

（3）设计各种技术方案 建立各种可能的技术方案，为决策提
供各种依据是技术经济分析的重要环节。这不仅需要掌握全面的技
术与经济的资料和信息，更需要具有创造性的思维劳动，尽可能地
建立各种客观上能够存在的方案，以便评比选优。

（4）分析所列的各种可能的技术方案的优缺点及其影响因素
在一般情况下，不同的技术方案有着不同的技术经济优缺点，分析
得愈细致、愈全面，评价的结果就愈准确。因此，必须在调查研究
的基础上，从技术、经济、社会、环境等方面对各个技术方案所产
生的效果和影响，进行客观的、全面的分析，这是技术经济研究工
作关键的一步。

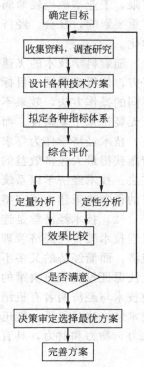

图 1.1 技术经济
分析的基本程序

（5）建立评价的指标和指标体系 为了衡量所提出的各种技术
方案的经济效益大小，需要拟定相应的指标。而任何一个指标只能反映经济效果的一个侧面，
要对技术方案的经济效果作出客观的全面评价，需要有一组指标，从不同角度进行多方面的评
价，才能找出整体最优方案。这样的一组指标，它们之间互相联系又互相约束，构成一个体
系，即指标体系。这一指标体系，通常包括生产成果、生产消耗、生产成果与生产消耗的对比
三个方面的评价指标。

（6）指标的计算与分析 作为定量评价指标，必须能够计算求解，而且力求简单明确。求
解经济指标一般采用两种不同的方法：一种是列表和图解的方法；另一种是数学分析的方法。
后一种方法只有当经济指标和参量间的函数关系能够完全用数学公式表达的时候，才能采用。
必须指出，资料和数据的准确可靠程度对于技术方案计算的结果将有很大的影响。因此，基本
资料和数据的正确处理也是技术经济研究工作的重要一环。例如，通常需要采用数理统计和概
率论的方法对数据资料进行处理。

（7）技术方案的综合评价 通过定性和定量的计算、分析、论证和评价，选出经济上最合
理的技术方案，为方案的科学决策奠定基础。

（8）完善方案 根据综合评价及评优的结果，在可能的条件下，进一步对优化方案采取完
善措施，使方案具有更大的经济效益。

1.5 技术经济学的研究目的和意义

（1）技术经济学是实现投资决策科学化的重要手段 目前我国市场经济发展十分迅猛，竞
争机制已经引入到各行各业。现存的主要问题是，拟上项目颇多，而国家的财力、资源却十分

有限，工业基础也较薄弱，难以满足各行各业同步发展的需要，必须从中选出对国家经济发展有重要影响，社会、经济效益好的项目，予以资金、物质的支持，这就要求投资决策必须科学化。

随着科学技术的飞速发展，各种新技术、新设备、新工艺和操作以及新材料、新能源层出不穷，使得实现同一目标的方案越来越多，达到同一目标的手段也越来越多。采用同一设备，不同的操作方法，效果不相同；相同的操作方法，不同的材质，效果也不相同，这给人们的决策无疑带来了复杂性。而这也要求项目的投资决策应建立在科学的技术经济评价基础之上。

技术经济学作为寻求技术与经济的最佳结合，以保证所采取的技术政策、技术方案、技术措施获得最大经济效益的一门应用经济学，在实现项目投资决策科学化方面提供了重要的理论方法。技术经济学以系统理论、评价理论、决策理论为基础，按照科学规范的评价程序，为项目的科学决策建立了完整系统的理论依据，从而把项目投资决策建立在科学评价的基础之上。

（2）技术经济学是连接技术与经济的桥梁和纽带　由于历史的原因，在我国高等教育中，工程技术教育与经济管理教育是相互分离的。因而在现实工作中，绝大多数工程技术人员不懂经济，而懂经济的又多不懂技术。这种状况的出现，客观上导致技术、经济脱节现象的存在，无法保证投资项目决策的科学化。而技术经济学正是横跨技术与经济两大学科之间的桥梁，是使技术与经济两者有机结合的直接途径，也是改变技术与经济长期脱离的有效措施。大力推广技术经济这门科学，能迅速培养出既懂技术又懂经济的社会急需的实用人才。这对节约国家的人力、物力和财力，具有很大的作用，对于加快国民经济发展速度也有重大的现实意义。

思考与练习题

1-1　简述"技术"、"经济"的概念及其相互关系。

1-2　什么是技术经济学？该学科有何特点？

1-3　技术经济学的研究方法是什么？

1-4　简述技术经济分析的基本程序。

1-5　技术经济学的研究目的和意义是什么？

本 章 参 考 文 献

[1]　傅家骥. 技术经济学前沿问题. 北京：经济科学出版社，2003.

[2]　高白宁. 技术经济学. 北京：北京理工大学出版社，2010.

[3]　王柏轩. 技术经济学. 上海：复旦大学出版社，2010.

[4]　刘秋华. 技术经济学（第二版）. 北京：机械工业出版社，2010.

[5]　邹辉霞. 技术经济管理学. 北京：清华大学出版社，2011.

[6]　刘家顺，粟国敏. 技术经济学. 北京：机械工业出版社，2012.

第 2 章　现金流量及资金等值计算

2.1　现金流量

工业企业的生产活动总是伴随着一定的物流和货币流，从物质形态来看，工业生产活动表现为人们使用各种工具和设备，消耗一定量的能源，将各种原材料加工转化成所需要的产品。从货币形态来看，工业生产活动表现为投入一定量的资金，花费一定量的成本，通过产品销售获取一定量的货币收入。

在技术经济分析中，通常总是将工程项目或技术方案视为一个独立的经济系统，来考察系统的经济效果。对一个特定的系统而言，凡在某一时点上流出系统的货币称为现金流出或负现金流量；流入系统的货币称为现金流入或正现金流量；现金流入与现金流出的代数和称为净现金流量。现金流入、现金流出及净现金流量统称为现金流量。

一个工程项目或技术方案的实施，往往要延续一段时间，在工程项目或技术方案的寿命期内，各种现金流入和现金流出的数额和发生的时间都不尽相同，为了便于分析，通常采用现金流量表或现金流量图的形式表示特定系统在一段时间内发生的现金流量。如表 2.1 和图 2.1 所示。

表 2.1　现金流量表举例　　　　　　　　　　　　　　　　　　单位：万元

项　　目	0	1 年	2 年	3 年	4 年	5 年
现金流入	0	0	100	150	150	150
现金流出	100	100	0	0	0	0
净现金流量	−100	−100	100	150	150	150

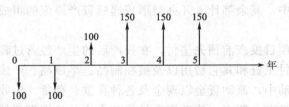

图 2.1　现金流量举例

在图 2.1 中，横轴是时间轴，向右延伸表示时间的延续，横线等分成若干间隔，每一间隔代表一个时间单位，通常是"年"（在特殊情况下也可以是季或半年等）。时间轴上的点称为时点，时点通常表示的是该年的年末，同时也是下一年的年初。如 0 代表第一年的年初，1 代表第一年年末和第二年年初，依此类似。整个横轴又可看成是所考察的经济系统的寿命周期。

与横轴相连的垂直线，代表流入或流出系统的现金流量。垂直线的长度根据现金流量的大小按比例画出。箭头向上表示现金流入；箭头向下表示现金流出。现金流量图上还要注明每一笔现金流量的金额。

若无特别说明，现金流量图中的时间单位均为年，并假设投资均发生在年初，销售收入、经营成本及残值等均发生在年末。

2.2 现金流量的构成

对于一般的工业生产活动来说，投资、成本、销售收入、利润和税金等经济量是构成经济系统现金流量的基本要素，也是进行技术经济分析最重要的基础数据。

2.2.1 投资

投资是指投资主体为了实现赢利或避免风险，通过各种途径投放资金的活动。换句话说，是指以一定的资源（如资金、人力、技术、信息等）投入某项计划或工程，以获取所期望的报酬。投资是人类的一种有目的的经济行为。

对于一般的工业投资项目来说，总投资由建设投资和流动资金两大部分组成。

2.2.1.1 建设投资

项目建设投资由固定资产、无形资产、递延资产和预备费用构成。建设投资亦称固定投资。

（1）固定资产 是指使用期限较长（一般在一年以上），单位价值在规定标准以上，在生产过程中为多个生产周期服务，在使用过程中保持原来的物质形态的资产，包括房屋及建筑物、机器设备、运输设备、工具器具等。

（2）无形资产 是指企业长期使用，能为企业提供某些权利或利益但不具有实物形态的资产，如专利权、商标权、著作权、土地使用权、非专利技术、版权、商誉等。

（3）递延资产 是指集中发生但在会计核算中不能全部记入当年损益，应当在以后年度内分期分摊的费用，包括开办费（筹建期间的人员工资、办公费、培训费、差旅费、印刷费、注册登记费等）、租入固定资产的改良支出等。

（4）预备费用 主要用于投资过程中因不确定因素的出现而造成的投资额的变化。包括基本预备费和涨价预备费。

（5）建设期利息与汇兑损益 如果建设投资所使用的资金中含有借款或涉及外汇使用，则建设期的借款利息以及汇兑损益也应计入总投资。凡与购建固定资产或者无形资产有关的计入相应的购建资产的价值中，其余都计入开办费形成递延资产原值的组成部分。

2.2.1.2 流动资金

流动资金指在工业项目投产前预先垫付，在投产后的生产经营过程中用于购买原材料、燃料动力、备品备件，支付工资和其它费用以及被在制品、半成品、产成品和其它存货占用的周转资金。在生产经营活动中，流动资金以现金及各种存款、存货、应收及预付款项等流动资产的形态出现，在整个项目寿命期内，流动资金始终被占用并且周而复始地流动。到项目寿命期结束时，全部流动资金才能退出生产与流通，以货币资金形式被回收。

2.2.2 费用与成本

2.2.2.1 费用与成本的概念

在工业生产经营活动中，费用泛指企业在生产经营过程中发生的各项耗费；成本通常指企业为生产商品和提供劳务所发生的各项费用。

现行财务会计制度是按成本项目进行成本和费用核算的。由若干个相对独立的成本中心或费用中心分别核算生产成本（为简化起见，在项目分析时，假定当期生产的产品全部销售，其销售成本就是生产成本）、销售费用、财务费用和管理费用。同一投入要素分别在不同的项目中加以记录和核算。因此，

$$总成本费用＝生产成本＋销售费用＋管理费用＋财务费用 \qquad (2.1)$$

根据经济用途，生产成本又可分为直接费用和制造费用，将销售费用、财务费用和管理费用统称为期间费用。

在技术经济分析中，为了便于计算，通常按照各费用要素的经济性质和表现形态，将总成本费用分为九项，它们与总成本费用的关系为：

$$总成本费用＝外购材料＋外购燃料＋外购动力＋工资及福利费＋$$
$$折旧费＋摊销费＋利息支出＋修理费＋其它费用 \qquad (2.2)$$

应当指出，在技术经济分析中不严格区分费用与成本，而将它们均视为现金流出。因为在技术经济分析中对费用与成本的理解与企业财务会计中的理解不完全相同。主要表现在三个方面：其一，财务会计中的费用和成本是对企业经营活动和产品生产过程中实际发生的各种耗费的真实记录，所得到的数据是唯一的，而技术经济分析中使用的费用和成本数据是在一定的假定前提下对拟实施投资方案的未来情况预测的结果，带有不确定性；其二，会计中对费用和成本的计量分别针对会计期间的企业生产经营活动和特定产品的生产过程，而技术经济分析中对费用和成本的计量则是一般针对某一投资项目或技术方案的实施结果；其三，技术经济分析强调对现金流量的考察分析，在这个意义上费用和成本具有相同的性质。

另外，为了分析与计算的方便，还要引入财务会计中不常使用的一些费用与成本概念，这些费用与成本的经济涵义有别于会计中的费用与成本。

2.2.2.2　经营成本

在技术经济分析中，要引入企业财务会计中所没有的经营成本这一概念，它是项目在生产经营期的经常性实际支出。

$$经营成本＝总成本费用－折旧与摊销费－借款利息支出 \qquad (2.3)$$

经营成本是为经济分析方便从产品成本中分离出来的一部分费用。因为一般产品销售成本中包含有固定资产折旧费用、无形资产及递延资产摊销费和利息支出等费用。在技术经济分析中，固定资产投资是计入现金流出的，如再将折旧随成本计入现金流出，会造成现金流出的重复计算；同样，由于无形资产及递延资产摊销费只是项目内部的现金转移，而非现金支出，故为避免重复计算也不予考虑；贷款利息是使用借贷资金所要付出的代价，对于项目来说是实际的现金流出，但在评价项目全部投资的经济效果时，并不考虑资金来源问题，故在这种情况下也不考虑贷款利息的支出；在自有资金现金流量表中由于已将利息支出单列，因此经营成本中也不包括利息支出。

2.2.2.3　沉没成本与机会成本

技术经济分析中有时还用到沉没成本与机会成本的概念。

沉没成本（opportunity cost）　是指以往发生的与当前决策无关的费用。经济活动在时间上是具有连续性的，但从决策的角度来看，以往发生的费用只是造成当前状态的一个因素，当前状态是决策的出发点，当前决策所要考虑的是未来可能发生的费用及所能带来的收益，不考虑以往发生的费用。例如某企业一个月前以 3300 元/吨的价格购入钢材 500 吨（这是不能改变的事实，3300 元/吨是沉没成本），现该规格的钢材市场价格仅为 3000 元/吨，该企业在决策是否出售这批钢材时，不应受 3300 元/吨购入价格这一沉没成本的影响，而应分析钢材价格的走势。若预计价格将上涨，则继续持有，如有剩余资金，并可逢低吸纳；若预计价格将继续下跌，则应果断出货。

机会成本（sunk cost）　是指将一种具有多种用途的有限资源置于特定用途时所放弃的收益。当一种有限的资源具有多种用途时，可能有许多个投入这种资源获取相应收益的机会，如果将这种资源置于某种特定用途，必然要放弃其它的资源投入机会，同时也放弃了相应的收益，在所放弃的机会中最佳的机会可能带来的收益，就是将这种资源置于特定用途的机会成本。例如某企业有一台多用机床，可以自用，也可以出租，出租可以获得 7000 元的年净收益，自用可产生 6000 元的年净收益。当舍弃出租方案而采用自用方案时，其机会成本为 7000 元，其利益为 −1000 元；当舍弃自用方案而采用出租方案时，其机会成本为 6000 元，其利益为 1000 元。很显然，应采用出租方案。

在技术经济分析中，沉没成本不会在现金流量中出现，而机会成本则会以各种方式影响现金流量。

2.2.3 销售收入、利润与税金

2.2.3.1 销售收入

销售收入是指企业向社会出售商品或提供劳务的货币收入。销售收入是反映工业项目真实收益的经济参数，也是技术经济分析中现金流入的一个重要项目。

$$销售收入＝商品销售量×商品单价 \tag{2.4}$$

企业的销售收入与总产值是有区别的。总产值是企业生产的成品、半成品和处于加工过程中的在制品的价值总和，可按当前市场价格或不变价格计算。而销售收入是指出售商品的货币收入，是按出售时的市场价格计算的。企业生产的产品只有在市场上被出售，才能成为给企业和社会带来收益的有用的劳动成果。

2.2.3.2 利润

利润是企业经济目标的集中表现。工业项目投产后所获得的利润可分为销售利润（忽略营业外净收入和其它投资收益）和税后利润两个层次。

$$销售利润＝销售收入−总成本费用−销售税金及附加 \tag{2.5}$$
$$税后利润＝销售利润−所得税 \tag{2.6}$$

对企业来讲，税后利润一般按下列优先顺序进行分配：

① 被没收的财物损失、支付各项税收的滞纳金和罚款；

② 弥补企业以前年度亏损；

③ 提取法定盈余公积金，法定盈余公积金按照税后利润扣除前两项后的 10% 提取，盈余公积金已达注册资金 50% 时不可再提取；

④ 提取公益金，公益金主要用于职工集体福利设施支出，提取率为 5%；

⑤ 向投资者分配利润，企业以前年度未分配的利润，可以并入本年度向投资者分配。

2.2.3.3 税金

税金是国家依据法律对有纳税义务的单位和个人征收的财政资金。国家采用的这种筹集财政资金的手段称为税收。税收是国家凭借政治权利参与国民收入分配和再分配的一种方式，具有强制性、无偿性和固定性的特点。税收是国家取得财政收入的主要渠道，也是国家对各项经济活动进行宏观调控的重要杠杆。

我国现行税收制度包含的税种按其性质和作用分为流转税类、所得税类、特定目的税类、资源税类、财产和行为税类、农业税类和关税 7 大类。本章就投资项目现金流量所涉及的主要税种做简要介绍。

（1）流转税类 指以商品生产、商品流通和劳务的流转额为征税对象的各种税，包括增值税、消费税和营业税。

① 增值税。增值税以商品生产、流通和劳务服务各个环节的增值额为征税对象。是一种实行税款抵扣制的流转税。增值税的特点是对增值额计税，实行价外计税，征收范围广，连续征收且不重复纳税。因此，增值税既不进入成本费用，也不进入销售收入。从企业角度进行投资项目现金流量分析时可不考虑增值税。增值税税率一般为 17%。

② 消费税。消费税的纳税义务人为在我国境内生产、委托加工和进口某些消费品的单位和个人。征收消费税的消费品主要是特殊消费品（如烟、酒、鞭炮等）、奢侈品、非生活必需品、高能耗及高档消费品、稀缺资源消费品等。消费税是价内税，并且与增值税交叉征收，即对应税消费品既要征收消费税也要征收增值税。

③ 营业税。营业税是对在我国境内从事交通运输、建筑业、金融保险、邮政电信、文化体育、娱乐业、服务业、转让无形资产、销售不动产等业务的单位和个人，就其营业收入或转让收入征收的一种税。不同行业采用不同的适用税率。

对于符合国家规定的出口产品，国家免征或退还已征的增值税、消费税及为出口产品支付的各项费用中所含的营业税。

（2）所得税类　指以单位（法人）或个人（自然人）在一定时期内的纯所得额为征税对象的各个税种，包括企业所得税、外商投资企业和外国企业所得税以及个人所得税。所得税率一般为 33%。

（3）资源税类　指以被开发或占用的资源为征税对象的各种税，包括资源税、土地使用税等。

资源税对在我国境内开采原油、天然气、煤炭、其它非金属矿原矿、黑色金属矿原矿、有色金属矿原矿及生产盐的单位和个人征收。国家依照产品类别和不同的资源条件规定相应的单位税额。对于矿产品，征收资源税后不再征收增值税，对于盐，除征收资源税外还要征收增值税。

土地使用税是国家在城市、农村、县城、建制镇和工矿区，对使用土地的单位和个人征收的一种税。有差别地规定单位面积年税额。

国家规定对农、林、牧、渔业的生产用地，军队及事业单位的自用土地免征土地使用税。对一些重点发展产业有相应的减免税规定。

（4）特定目的税类　指国家为达到某种特定目的而设立的各种税，主要有固定资产投资方向调节税、城乡维护建设税等。

固定资产投资方向调节税是对在我国境内从事固定资产投资行为的单位和个人（不包括外资企业）征收的一种税。国家征收固定资产投资方向调节税的目的在于利用经济手段对投资活动进行宏观调控，贯彻产业政策，控制投资规模，引导投资方向，保证重点建设。固定资产投资方向调节税的计税依据为固定资产投资项目实际完成的投资额，包括建筑安装工程投资、设备投资、其它投资、转出投资、待摊投资和应核销投资，并根据国家产业政策确定的产业发展序列和经济规模要求设置了差别比例税率，包括 0%、5%、10%、15% 和 30% 五个档次。

城乡维护建设税是对一切有经营收入的单位和个人，就其经营收入征收的一种税。其收入专用于城乡公用事业和公用设施的维护建设。城乡维护建设税的税率为 0.3%～0.6%，各省、自治区、直辖市人民政府应根据当地经济状况和城乡维护建设需要，在规定的幅度内，确定不同市县的适用税率。

（5）教育费附加　教育费附加是自 1986 年开始在全国征收，主要作为教育专项基金，用于各地改善教学设施和办学条件。凡缴纳增值税、营业税和消费税的单位和个人应同时缴纳教育费附加，其计征依据是实际缴纳的上述三种税的税额，税率为 3%。

2.3　资金的时间价值

2.3.1　资金的时间价值概念

资金的时间价值是商品经济中的普遍现象，只要商品生产存在，资金就具有时间价值。资金的时间价值是技术经济分析中重要的基本原理之一，是用动态分析法对项目投资方案进行对比、选择的依据和出发点。

任何一个工程项目、技术方案的建设与实施，都有一个时间上的延续过程。对于投资者来说，资金的投入与收益的获取往往构成一个时间上有先有后的现金流量序列。要客观地评价工程项目或技术方案的经济效果，不仅要考虑现金流出与现金流入的数额，还必须考虑每笔现金流量发生的时间。

今天用来投资的一笔资金，即使不考虑通货膨胀因素，也比将来可获得的同样数额的资金更有价值。因为当前可用的资金能够立即用来投资并带来收益，而将来才可取得的资金则无法用于当前的投资，也无法获取相应的收益。不同时间发生的等额资金在价值上的差别称为资金的时间价值。

可以从以下两方面对资金时间价值的含义进行理解：首先，资金投入流通，与劳动力相结合其价值发生增值，其增值的实质是劳动力在生产过程中创造了剩余价值。因此，从投资者的角度来看，资金的增值特性使资金具有时间价值。其次，从消费者的角度看，资金一旦用于投资，就不能用于现期消费，牺牲现期消费是为了能在将来得到更多的消费，因此资金时间价值体现为对放弃现期消费的损失所应给予的必要补偿。

资金时间价值的大小取决于多方面的因素，从投资角度看，主要取决于投资收益率、通货膨胀率和项目投资的风险。投资收益率反映出该工程项目或技术方案所能取得的赢利大小；通货膨胀率则反映投资者必须付出的因货币贬值所带来的损失；而投资风险往往又和投资回报相联系，通常回报越高，风险越大。投资风险的分析、判断、评估则会涉及政治、经济、金融、资源等多方面的因素。

2.3.2 利息、利率及其计算

如果将一笔资金存入银行（相当于银行占用了这笔资金），经过一段时间以后，资金所有者就能在该笔资金之外再得到一些报酬，称之为利息（interest）。通常讲，利息是指占用资金所付出代价的补偿（或放弃资金使用后所得到的补偿）；存入银行的资金叫做本金（principle）。利息是衡量资金时间价值的绝对尺度。故有

$$F_n = P + I_n \qquad (2.7)$$

式中，F_n 为本利之和；P 为本金；I_n 为利息。下标 n 表示计算利息的周期数。计息周期是指计算利息的时间单位，如"年"、"季"、"月"等。

利息通常由本金和利率计算得出，利率（interest rates）是指在一个计息周期内所应付出的利息额与本金之比，一般以百分数表示。利率是衡量资金时间价值的相对尺度。用 i 表示利率，其表达式为：

$$i = \frac{I_1}{P} \times 100\% \qquad (2.8)$$

式中，I_1 为一个计息周期的利息。

2.3.2.1 单利与复利

利息的计算有单利计息和复利计息之分。

（1）单利法　单利法仅以本金为基数计算利息，即不论年限有多长，每年按原始本金计息，而已取得的利息不再计息。

单利计息的计算公式为

$$I_n = Pni \qquad (2.9)$$

n 个计息周期后的本利和为

$$F_n = P(1+in) \tag{2.10}$$

我国国库券的利息就是以单利计算的，计息周期为"年"。

单利法虽然考虑了资金的时间价值，但对以前已经产生的利息没有转入计息基数而累计计息，因此，单利法计算资金的时间价值是不完善的。

（2）复利法　复利法以本金与累计利息之和为基数计算利息，即"利滚利"。复利计算的本利和公式为

$$F_n = P(1+i)^n \tag{2.11}$$

式（2.11）的推导如表 2.2 所示。

表 2.2　复利法计算公式的推导过程

计息周期 n	本利和 F_n
1	$F_1 = P(1+i)$
2	$F_2 = P(1+i) + P(1+i)i = P(1+i)^2$
3	$F_3 = P(1+i)^2 + P(1+i)^2 i = P(1+i)^3$
$\vdots$	$\vdots$
n	$F = P(1+i)^{n-1} + P(1+i)^{n-1}i = P(1+i)^n$

由于复利法计息比较符合资金在社会再生产过程中运动的实际状况，因此在技术经济分析中，一般采用复利计算。

2.3.2.2　名义利率与实际利率

在技术经济分析中，复利计算通常以年为计息周期，但实际上计息周期也有比一年短的，如半年、一个季度、一个月或一周等。当利率的时间单位与计息周期不一致时，同样的年利率下，不同计息周期所得到的利息不同，这是因为名义利率与实际利率不同。我们将计息周期实际发生的利率称为计息周期实际利率，计息周期的利率乘以每年计息周期数就得到名义利率。

假如按月计算利息，且其月利率为 1%，通常称为"年利率 12%，每月计息一次"。这个年利率 12% 称为"名义利率"。若按单利计息，名义利率与实际利率是一致的。但是，按复利计算，上述"年利率 12%，每月计息一次"的实际年利率则不等于名义利率。

例如本金为 1000 元，年利率 12%，若每年计息一次，一年后的本利和为：

$$F = P(1+i)^n = 1000 \times (1+0.12)^1 = 1120（元）$$

若按月计息，每月单利计息一次，月利率为 $\frac{12\%}{12} = 1\%$，则一年后的本利和为

$$F = P(1+in) = 1000 \times (1+1\% \times 12) = 1120（元）$$

可见在单利计息条件下的计算结果相等。

按年利率 12%，每月复利计息一次，一年后本利和为：

$$F = 1000 \times \left(1 + \frac{0.12}{12}\right)^{12} = 1126.8（元）$$

实际年利率 i 为：

$$i = \frac{1126.8 - 1000}{1000} \times 100\% = 12.68\%$$

这里得到的"12.68%"就是实际利率。

故名义利率与实际利率的换算公式为：

$$i = \left(1 + \frac{r}{m}\right)^m - 1 \tag{2.12}$$

式中，i 为实际利率；r 为名义利率；m 为一年中的计息次数。

例 2.1 现有两家银行可以提供贷款，甲银行年利率为 17%，一年计息一次；乙银行年利率为 16%，一月计息一次，均为复利计算。问哪家银行的实际利率低？

解 甲银行的实际利率等于名义利率，为 17%；乙银行的年实际利率为：

$$i=\left(1+\frac{r}{m}\right)^m-1=\left(1+\frac{16\%}{12}\right)^{12}-1=17.23\%$$

故甲银行的实际利率低于乙银行。

从上例可以看出，名利利率与实际利率存在着下列关系：

① 当实际计息周期为一年时、名义利率与实际利率相等。实际计息周期短于一年时．实际利率大于名义利率。

② 名义利率不能完全反映资金的时间价值，实际利率才真实地反映了资金的时间价值。

③ 名义利率越大，实际计息周期越短，实际利率与名义利率的差值就越大。

2.3.2.3 离散复利与连续复利

复利计算有离散复利和连续复利之分。按期（如年、半年、季、月等）计算复利的方法称为离散复利（即普通复利）；按瞬时计算复利的方法称为连续复利。

上述按期（年、季、月等）计息的方法称为离散式复利。如果是按瞬时计息的方式计算利息则称为连续式复利，在这种情况下，复利在一年中按无限多次计算，可得出连续复利的一次性支付计算公式。

$$i=\lim_{m\to\infty}\left[\left(1+\frac{r}{m}\right)^m-1\right]=\lim_{m\to\infty}\left[\left(1+\frac{r}{m}\right)^{\frac{m}{r}}\right]^r-1=e^r-1$$

即当 $m\to\infty$ 时，按连续复利计算，实际利率为：

$$i=e^r-1 \tag{2.13}$$

式中，e 为自然对数的底，其数值为 2.71828。

例如当年利率为 6% 时，其连续复利为：

$$i=e^r-1=(2.71828)^{0.06}-1=6.1837\%$$

例 2.2 某企业投资项目需要向银行贷款 100 万元，年利率为 10%，试用离散复利法和连续复利法分别计算 5 年后的本利和。

解 离散复利

$$F=P(1+i)^n=100(1+0.1)^5=161.1(万元)$$

连续复利 $(i=e^r-1)$

$$F=Pe^{rn}=100\times e^{0.1\times5}=164.872(万元)$$

就整个社会而言，资金确实在不停地运动，每时每刻都通过生产和流通在增值，从理论上讲应采用连续式复利，但在经济评价中实际应用多为离散式复利。

2.4 资金等值计算

2.4.1 资金等值的概念

资金等值是指在考虑资金时间价值因素后，不同时点上数额不等的资金在一定利率条件下具有相等的价值。例如现在的 100 元与一年后的 105 元，数量上并不相等，但如果在利率为 5% 的情况下，则两者是等值的。因为现在 100 元，一年后的总额应该是本金与利息之和，即

$$100 \times (1+5\%) = 105 (元)$$

同样，一年后的 105 元等于目前的：

$$105 \times \frac{1}{1+5\%} = 100 (元)$$

影响资金等值的因素有三个，即资金额的大小、资金发生的时刻和利率。其中利率是关键性因素，在考察资金等值的问题中必须以相等利率作为依据进行比较计算。

利用等值的概念，可以把一个时点发生的资金金额换算成另一时点的等值金额，这一过程叫资金等值计算。进行资金等值换算还需要建立以下几个概念：

（1）贴现与贴现率　把将来某一时点的资金金额换算成现在时点的等值金额称为贴现或折现。贴现时所用的利率称为贴现率或折现率。

（2）现值　现值（present value）是指资金"现在"的价值。需要说明的是，"现值"是一个相对概念，一般地说，将 $t+k$ 个时点上发生的资金折现到第 t 个时点，所得的等值金额就是第 $t+k$ 个时点上资金金额在 t 时点的现值。现值用符号 P 表示。

（3）终值　终值（future value）是现值在未来时点上的等值资金，用符号 F 表示。

（4）等年值　等年值（uniform annual value）是指分期等额收支的资金值，用符号 A 表示。

2.4.2　资金等值计算公式

2.4.2.1　一次支付类型

（1）一次支付终值公式　现在投资 P 元，利率为 i，到 n 年末则累计本利和 F 为多少？其现金流量图如图 2.2 所示。

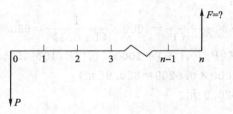

图 2.2　一次支付终值类型现金流量图

一次支付终值计算公式为：

$$F = P(1+i)^n \tag{2.14}$$

式中的系数 $(1+i)^n$ 叫一次支付终值系数，也可用符号 $(F/P, i, n)$ 表示。其中斜线右边大写字母表示已知因素，左边表示欲求的因素。一次支付终值系数值可在相应复利表中查得。故式（2.14）可简化为

$$F = P(F/P, i, n)$$

例 2.3　某企业为了更新生产设备，向银行借款 100 万元，其年利率为 10%，计划在 5 年后一次归还，问到期归还银行的本利和是多少？

解　由式（2.14）可得出：

$$F = P(1+i)^n = 100 \times (1+0.1)^5 = 161.1 (万元)$$

或　$F = P(F/P, i, n) = 100(F/P, 10\%, 5)$

$$= 100 \times 1.611 = 161.1 (万元)$$

答：到期归还银行的本利和是 161.1 万元。

（2）一次支付现值公式　如果已知终值 F、利率 i 和时间周期 n，要求现值 P，则需用一

次支付现值公式。其现金流量图如图 2.3 所示。

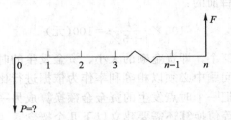

图 2.3 一次支付现值类型现金流量图

其计算公式可由(2.14)式求解 P 得出

$$P = F \times \frac{1}{(1+i)^n} \tag{2.15}$$

式中的系数 $\frac{1}{(1+i)^n}$ 称为一次支付现值系数，也可记为 $(P/F, i, n)$，故式(2.15)可以简化为：

$$P = F(P/F, i, n)$$

例 2.4 如果银行现利率为 10％，若计划在 5 年后要获得 1000 元款项，问现在应存入银行多少元？

解 由式(2.15)可得：

$$P = F \times \frac{1}{(1+i)^n} = 1000 \times \frac{1}{(1+0.1)^5} = 620.9(元)$$

或

$$P = F(P/F, i, n) = 1000 \times (P/F, 10\%, 5)$$
$$= 1000 \times 0.6209 = 620.9(元)$$

答：现在应存入银行 620.9 元。

2.4.2.2 等额分付类型

(1) 等额分付终值公式 计算由一系列期末等额支付累计而成的一次支付终值，需用等额分付终值公式。其现金流量图如图 2.4 所示。

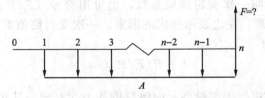

图 2.4 等额分付终值类型现金流量图

图中的 A 称为等额年值，即每年的金额均为 A。

由图 2.4 可看出，在 n 年末一次支付的终值 F 等于每次等额支付 A 的终值之和，即：

$$F = A(1+i)^0 + A(1+i)^1 + A(1+i)^2 + \cdots + A(1+i)^{n-1}$$
$$= A[1 + (1+i)^1 + (1+i)^2 + \cdots + (1+i)^{n-1}]$$

利用等比数列求和公式，得

$$F = A \times \frac{(1+i)^n - 1}{i} \tag{2.16}$$

式（2.16）即为等额分付终值公式。式中系数 $\dfrac{(1+i)^n-1}{i}$ 称为等额分付终值系数，也可记为 $(F/A，i，n)$，故上式可简化为

$$F=A(F/A,i,n)$$

例 2.5　某学校为了设立奖学金，每年年末存入银行 5 万元，如果利率为 10%，第 5 年末可得款多少？

解　由式（2.16）得

$$F=A\times\frac{(1+i)^n-1}{i}=5\times\frac{(1+0.1)^5-1}{0.1}=30.525（万元）$$

或　　　　　$F=A(F/A,i,n)=5(F/A,10\%,5)$
$$=5\times6.105=30.525（万元）$$

答：第 5 年末可得款 30.525 万元。

（2）等额分付偿债基金公式　　等额分付偿债基金公式是等额分付终值公式的逆运算，即已知终值 F，求与之等价的等额年值 A。其现金流量如图 2.5 所示。

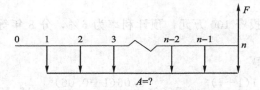

图 2.5　等额分付偿债基金类型现金流量图

等额分付偿债基金公式可由等额分付终值公式（2.16）直接导出

$$A=F\times\frac{i}{(1+i)^n-1} \qquad (2.17)$$

式中，系数 $\dfrac{i}{(1+i)^n-1}$ 称为等额分付偿债基金系数，可表示为 $(A/F，i，n)$，故上式可简化为：

$$A=F(A/F,i,n)$$

例 2.6　某企业计划积累一笔福利基金，用于 5 年后建造职工俱乐部，此项投资总额为 200 万元，银行利率为 12%，问每年末至少要存款多少？

解　由式（2.17）可得

$$A=F\times\frac{i}{(1+i)^n-1}=200\times\frac{0.12}{(1+0.12)^5-1}=31.482（万元）$$

或　　　　　$A=F(A/F,i,n)=200\times(A/F,12\%,5)$
$$=200\times0.15741=31.482（万元）$$

答：每年年末至少要存款 31.482 元。

（3）等额分付资本回收公式　　假如现在投资 P 元，预计利率为 i，希望投资分成 n 年等额回收，那么每次应回收多少才能连本带利回收全部资金？

此时便要用等额分付资本回收公式进行推导计算。其现金流量图如图 2.6 所示。

由等额分付资本回收公式推导如下：

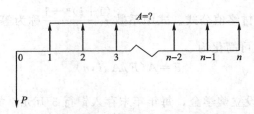

图 2.6　等额分付资本回收类型现金流量图

从式(2.14) 可知 $F=P(1+i)^n$，代入式(2.17) 中，可得：

$$A=F\times\frac{i}{(1+i)^n-1}=P(1+i)^n\times\frac{i}{(1+i)^n-1}=P\times\frac{i(1+i)^n}{(1+i)^n-1}$$

即
$$A=P\times\frac{i(1+i)^n}{(1+i)^n-1} \tag{2.18}$$

上式中系数 $\frac{i(1+i)^n}{(1+i)^n-1}$ 称为等额分付资本回收系数，也可记为 $(A/P, i, n)$，故上式可简化为

$$A=P(A/P, i, n)$$

例 2.7　若现在计划投资 100 万元，预计利率为 6％，分 8 年等额回收，每年可回收资金多少？

解　由式(2.18) 可得

$$A=P\times\frac{i(1+i)^n}{(1+i)^n-1}=100\times\frac{0.06(1+0.06)^8}{(1+0.06)^8-1}=16.104(万元)$$

或
$$A=P(A/P, i, n)=100\times(A/P, 6\%, 8)$$
$$=100\times0.16104=16.104(万元)$$

答：每年可回收资金 16.104 万元。

（4）等额分付现值公式　如果在已知利率 i 的情况下，希望在今后 n 年内，每年年末能取得等额收益 A，现在必须投入多少资金？这便是等额分付现值公式所要解决的问题。其现金流量图如图 2.7 所示。

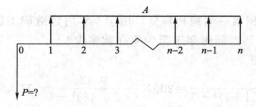

图 2.7　等额分付现值类型现金流量图

等额分付现值公式可由(2.18)式推导而得，即：

$$P=A\times\frac{(1+i)^n-1}{i(1+i)^n} \tag{2.19}$$

式中系数 $\frac{(1+i)^n-1}{i(1+i)^n}$ 称为等额分付现值系数，可记作为 $(P/A, i, n)$。故上式可以简化为：

$$P=A(P/A, i, n)$$

例 2.8　如果某工程 1 年建成并投产，寿命为 10 年，每年净收益 2 万元，利率 10％，可以在寿命期内把期初投资全部收回。问该工程期初所投入的资金应为多少？

解　由式（2.19）可得

$$P = A \times \frac{(1+i)^n - 1}{i(1+i)^n} = 2 \times \frac{(1+0.1)^{10} - 1}{0.1 \times (1+0.1)^{10}} = 12.289（万元）$$

或

$$P = A(P/A, i, n) = 2 \times (P/A, 10\%, 10)$$
$$= 2 \times 6.1445 = 12.289（万元）$$

答：该工程期初所投入的资金应为 12.289 万元。

2.4.2.3　等差序列现金流的等值计算

等差序列现金流量是在一定的基础数值上逐期等差增加或逐期等差减少的现金流量。一般是将第 1 期期末的现金流量作为基础数值，然后从第 2 期期末开始逐期等差递增或逐期等差递减。其现金流量图如图 2.8 所示。

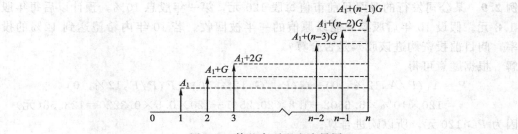

图 2.8　等差序列现金流量图

可将图 2.8 的现金流量分解为两部分：第一部分是由第 1 期期末现金流量 A_1 构成的等额支付序列现金流量，第二部分是由等差额 G 构成的递增等差支付序列现金流量。

由 A_1 组成的等额支付序列的未来值 $F_{A1} = A_1(F/A, i, n)$。由 G，$2G$，$3G$，…，$(n-1)G$ 组成的等差序列的未来值为：

$$F_G = \sum_{j=1}^{n-1} G \times \frac{(1+i)^j - 1}{i}$$

$$= G\left[\frac{(1+i) - 1}{i} + \frac{(1+i)^2 - 1}{i} + \cdots + \frac{(1+i)^{n-1} - 1}{i}\right]$$

$$= \frac{G}{i}\left[(1+i) + (1+i)^2 + \cdots + (1+i)^{n-1} - (n-1)\right]$$

$$= \frac{G}{i}\left[1 + (1+i) + (1+i)^2 + \cdots + (1+i)^{n-1}\right] - \frac{nG}{i}$$

即

$$F_G = \frac{G}{i}\left[\frac{(1+i)^n - 1}{i} - n\right] \tag{2.20}$$

式中系数 $\frac{1}{i}\left[\frac{(1+i)^n - 1}{i} - n\right]$ 称为等差序列终值系数，可记作 $(F_G/G, i, n)$，故上式可简化为：

$$F_G = G(F_G/G, i, n)$$

式（2.20）两端乘以系数 $(1+i)^{-n}$，则可得等差序列现值公式。

$$P_G = \frac{G}{i}\left[\frac{(1+i)^n - 1}{i} - n\right] \times \frac{1}{(1+i)^n} \tag{2.21}$$

式中系数 $\dfrac{1}{i}\left[\dfrac{(1+i)^n-1}{i}-n\right]\times\dfrac{1}{(1+i)^n}$ 称为等差序列现值系数，可记作 $(P_G/G,i,n)$，故上式可简化为：

$$P_G=G(P_G/G,i,n)$$

根据式（2.17）和式（2.20），又可推导出：

$$A_G=\frac{G}{i}\left[\frac{(1+i)^n-1}{i}-n\right]\times\left[\frac{i}{(1+i)^n-1}\right]=G\left[\frac{1}{i}-\frac{n}{(1+i)^n-1}\right]$$

即

$$A_G=G\left[\frac{1}{i}-\frac{n}{(1+i)^n-1}\right] \qquad (2.22)$$

式中系数 $\left[\dfrac{1}{i}-\dfrac{n}{(1+i)^n-1}\right]$ 称为等差序列年值系数，可记作 $(A_G/G,i,n)$，故上式可简化为：

$$A_G=G(A_G/G,i,n)$$

例 2.9 某公司发行的股票目前市值每股 120 元，第一年股息 10%，预计以后每年股息增加 1.8 元。假设 10 年后股票只能以原值的一半被回收。若 10 年内希望达到 12% 的投资收益率，问目前投资购进该股票是否合算？

解 根据题意可得

$$P=A_1(P/A,12\%,10)+G(P_G/G,12\%,10)+F(P/F,12\%,10)$$
$$=120\times10\%\times5.6502+1.8\times20.2541+120\times0.5\times0.3220=123.58（元）$$

因为 $P>120$ 元，所以购进合算。

2.4.2.4 等比序列现金流的等值计算

等比序列现金流量是在一定的基础数值上逐期等比增加或逐期等比减少的现金流量序列。其现金流量图如图 2.9 所示。

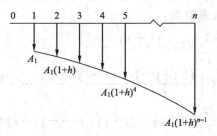

图 2.9 等比序列现金流量图

等比序列现金流的通用公式为：

$$A_t=A_1(1+h)^{t-1}\qquad t=1,2,\cdots,n \qquad (2.23)$$

式中，A_1 为定值；h 为等比系数。

因此，等比序列现金流的现值为：

$$P=\sum_{t=1}^{n}A_1(1+h)^{t-1}(1+i)^{-t}$$
$$=\frac{A_1}{1+h}\sum_{t=1}^{n}\left(\frac{1+h}{1+i}\right)^t$$

利用等比序列求和公式可得：

$$P=A_1\left[\frac{1-(1+h)^n(1+i)^{-n}}{i-h}\right]\quad(i\neq h)\qquad(2.24)$$

式(2.24)即为等比序列现金流量现值公式。式中系数$\dfrac{1-(1+h)^n(1+i)^{-n}}{i-h}$称为等比序列现值系数，可记作$(P/A_1,i,h,n)$。故上式可简化为：

$$P=A_1(P/A_1,i,h,n)$$

同理可得等比序列现金流量终值公式和年值公式。

等比序列现金流量终值公式为：

$$F=A_1\left[\frac{1-(1+h)^n(1+i)^{-n}}{i-h}\right](1+i)^n\qquad(i\neq h)\qquad(2.25)$$

式中系数$\left[\dfrac{1-(1+h)^n(1+i)^{-n}}{i-h}\right](1+i)^n$称为等比序列终值系数，可记作$(F/A_1,i,h,n)$。故上式可简化为：$F=A_1(F/A_1,i,h,n)$

等比序列现金流量年值公式为：

$$A=A_1\left[\frac{1-(1+h)^n(1+i)^{-n}}{i-h}\right]\times\frac{i(1+i)^n}{(1+i)^n-1}\qquad(i\neq h)\qquad(2.26)$$

式中系数$\left[\dfrac{1-(1+h)^n(1+i)^{-n}}{i-h}\right]\times\dfrac{i(1+i)^n}{(1+i)^n-1}$称为等比序列年值系数，可记作$(A/A_1,i,h,n)$。故上式可简化为：$A=A_1(A/A_1,i,h,n)$

例 2.10　某企业需要一块土地建造生产车间。如果是租赁，目前每亩地年租金为 5000 元，预计租金水平在今后 20 年内每年上涨 6%；如果将该土地买下来，每亩地 70000 元，需要一次性支付，但估计 20 年后还可以以原价格的两倍出售。若投资收益率设定为 15%，问是租赁合算还是购买合算？

解　如果租赁土地，20 年内每亩地年租金的现值是

$$P_1=A_1\left[\frac{1-(1+h)^n(1+i)^{-n}}{i-h}\right]$$

$$=5000\times\frac{1-(1+6\%)^{20}(1+15\%)^{-20}}{15\%-6\%}=44669（元）$$

如果购买土地，每亩地全部费用的现值是

$$P_2=70000-2\times70000\times(1+15\%)^{-20}$$

$$=70000-140000\times0.0611=61446（元）$$

由于 $P_1<P_2$，所以租赁更合算。

为了便于理解，现将以上 12 个资金等值计算公式汇总于表 2.3 中。

表 2.3　资金等值计算公式

支付方式	已知	求解	公式	系数名称及符号	现金流量图
一次支付	P	F	终值公式 $F=P(1+i)^n$	一次支付终值系数 $(F/P,i,n)$	
	F	P	现值公式 $P=F\times\dfrac{1}{(1+i)^n}$	一次支付现值系数 $(P/F,i,n)$	

支付方式	已知	求解	公式	系数名称及符号	现金流量图
等额分付	A	F	等额分付终值公式 $F = A \times \dfrac{(1+i)^n - 1}{i}$	等额分付终值系数 $(F/A, i, n)$	
	F	A	等额分付偿债基金公式 $A = F \times \dfrac{i}{(1+i)^n - 1}$	等额分付偿债基金系数 $(A/F, i, n)$	
	A	P	等额分付现值公式 $P = A \times \dfrac{(1+i)^n - 1}{i(1+i)^n}$	等额分付现值系数 $(P/A, i, n)$	
	P	A	等额分付资本回收公式 $A = P \times \dfrac{i(1+i)^n}{(1+i)^n - 1}$	等额分付资本回收系数 $(A/P, i, n)$	
变额支付	G	F_G	等差序列终值公式 $F_G = \dfrac{G}{i}\left[\dfrac{(1+i)^n - 1}{i} - n\right]$	等差序列终值系数 $(F_G/G, i, n)$	
		P_G	等差序列现值公式 $P_G = \dfrac{G}{i}\left[\dfrac{(1+i)^n - 1}{i} - n\right] \times \dfrac{1}{(1+i)^n}$	等差序列现值系数 $(P_G/G, i, n)$	
		A_G	等差序列年值公式 $A_G = G\left[\dfrac{1}{i} - \dfrac{n}{(1+i)^n - 1}\right]$	等差序列年值系数 $(A_G/G, i, n)$	
	A_1 和 h	F	等比序列终值公式 $F = A_1\left[\dfrac{1 - (1+h)^n (1+i)^{-n}}{i - h}\right]$ $(1+i)^n$	等比序列终值系数 $(F/A_1, i, h, n)$	
		P	等比序列现值公式 $P = A_1\left[\dfrac{1 - (1+h)^n (1+i)^{-n}}{i - h}\right]$	等比序列现值系数 $(P/A_1, i, h, n)$	
		A	等比序列年值公式 $A = A_1\left[\dfrac{1 - (1+h)^n (1+i)^{-n}}{i - h}\right] \times$ $\dfrac{i(1+i)^n}{(1+i)^n - 1}$	等差序列年值系数 $(A/A_1, i, h, n)$	

2.4.3 应用

以上所介绍的资金时间价值原理和等值计算公式，其广泛应用于财务管理、投资决策、资产评估等领域。下面通过几个例题我们可以进一步加深对资金时间价值和资金等值计算公式的理解。

例 2.11 某工程项目计划 3 年建成。3 年中每年年初分别贷款 1000 万元，年利率为 8％，若建成后分 3 年等额偿还全部投资款，每年应偿还多少？

解 根据题意画出现金流量图，如图 2.10 所示。

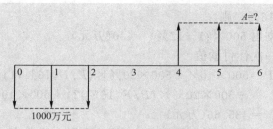

图 2.10　现金流量图

$$1000 \left[(F/P,8\%,3) + (F/P,8\%,2) + (F/P,8\%,1) \right] = A(P/A,8\%,3)$$

解得　$A = 1360.5$（万元）

答：每年应偿还 1360.5 万元。

例 2.12　某台设备价格为 2 万元，其使用寿命为 12 年，第一年维修操作费 1000 元，以后逐年提高，每年递增 150 元，第七年要进行一次大修，另加大修费 5000 元，到第十二年末设备残值为 2000 元。试计算设备的年金费用（取 $i = 6\%$）。

解　根据题意画出现金流量图，如图 2.11 所示。

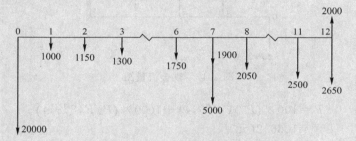

图 2.11　现金流量图

$$A = \left[20000 + 5000(P/F,6\%,7) \right] (A/P,6\%,12) +$$
$$150(A_G/G,6\%,12) - 2000(A/F,6\%,12) + 1000$$
$$= 4385 （元）$$

答：相当于设备在 12 年中每年花费 4385 元。

例 2.13　某企业拟购买大型设备，价值为 500 万元，有两种付款方式可供选择：①一次性付款，优惠 12%；②分期付款，则不享受优惠，首次支付必须达到 40%，第 1 年末付 30%，第 2 年末付 20%，第 3 年末付 10%。假若企业购买设备所用资金是自有资金，自有资金的机会成本为 10%，问应选择哪种付款方式？又假若企业用借款资金购买设备，借款的利率为 16%，则应选择哪种付款方式？

解　（1）若资金的成本为 10%，则

一次性付款，实际支出 $500 \times (1 - 12\%) = 440$（万元）

分期付款，相当于一次性付款值

$$P = 500 \times 40\% + 500 \times 30\% \times (P/F,10\%,1) +$$
$$500 \times 20\% \times (P/F,10\%,2) + 500 \times 10\% \times (F/P,10\%,3)$$
$$= 456.57 （万元）$$

（2）若资金成本为 16％，则

一次性付款，实际支出 $500×(1-12％)=440$（万元）

分期付款，相当于一次性付款值

$$P=500×40％+500×30％×(P/F,16％,1)$$
$$+500×20％×(P/F,16％,2)+500×10％×(F/P,16％,3)$$
$$=435.66（万元）$$

答：对该企业来说，若资金利率为 10％，则应选择一次性付款方式；若资金利率为 16％，则应选择分期付款方式。

例 2.14　某债券是一年前发行的，面额为 1000 元，年限 5 年，年利率 10％，每年支付利息，到期还本，若投资者要求在余下的 4 年中的年收益率为 8％，问该债券现在的价格低于多少时，投资者才会买入？

解　根据题意画出该债券在未来 4 年的收益流图，如图 2.12 所示。

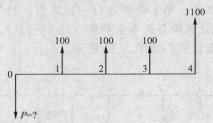

图 2.12　现金流量图

$$P=100×(P/A,8％,4)+1000×(P/F,8％,4)$$
$$=1066.2（元）$$

答：该债券现在价格低于 1066.2 元时投资者才会买入。

思考与练习题

2-1　简述建设项目总投资的构成。

2-2　什么是经营成本、机会成本、沉没成本？试举例说明之。

2-3　增值税、资源税、所得税的征税对象是什么？

2-4　什么是资金的时间价值？

2-5　资金增值的前提条件是什么？

2-6　试述单利法和复利法的主要区别。

2-7　如何理解等值的概念？

2-8　什么是现金流量？怎样绘制现金流量图？

2-9　试解释名义利率和实际利率及两者的关系。

2-10　现金流量图（图 2.13）中，考虑资金时间价值后，总现金流出等于总现金流入。试利用各种资金等值计算系数，用已知项表示未知项。

（1）已知 A_1，A_2，P_1，i，求 P_2；（2）已知 A_1，P_2，P_1，i，求 A_2；（3）已知 P_2，A_2，P_1，i，求 A_1。

2-11　期初存入银行 1000 元，试按名义利率 12％求 7 年后的本利和。

（1）每年复利一次；（2）每半年复利一次；（3）每季复利一次；（4）每月复利一次。

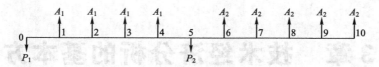

图 2.13　现金流量图

2-12　试证 $(A/P, i, n) - (A/F, i, n) = i$。

2-13　某企业年初从银行借款 1200 万元，并商定从第二年开始每年年末偿还 250 万元，若银行按 12% 年利率计复利，那么该企业大约在第几年可还清这笔贷款？

2-14　5 年中，每年末依次支付 1000 元、1500 元、2000 元、2500 元、3000 元，若年利率为 10%，求与之等值的等额年值 A 和现值 P；若每年末支付依次为 3000 元、2500 元、2000 元、1500 元、1000 元，求等额年值 A 和终值 F。

2-15　照目前生活费水平，每年需 3000 元，预计年通货膨胀率为 6%，到 66 岁起享受 5 年劳动保险，每年末收入能适应当时生活水平的生活费。从 51 岁起到 65 岁的 15 年中，如年利率为 8% 复利计息，问每年末应存储基金多少？

2-16　某电站投资工程，第 4 年投产，生产期 15 年，第 1 年投资 800 万元，若期望投资收益率为 8%，试求第 3 年尚需投资多少万元，才能取得投产后的年均净收益为 289.657 万元？

2-17　某人获得 10000 元贷款，偿还期为 5 年，利率为 10%。在下列几种还款方式下，按复利法计算此人还款总额和利息各是多少？

(1) 每年末只偿还 2000 元本金，所欠利息第 5 年末一次还清；

(2) 每年末偿还 2000 元本金和所欠利息；

(3) 每年末偿还所欠利息，第 5 年末一次还清本金；

(4) 第 5 年末一次还清本利。

2-18　某永久性投资项目，预计建成后年净收益 5600 万元，若期望投资收益率为 12%，求允许的最大投资现值为多少？

本 章 参 考 文 献

[1]　傅家骥，仝允恒. 工业技术经济学（第三版）. 北京：清华大学出版社，2003.

[2]　吴添祖. 技术经济学概论（第三版）. 北京：高等教育出版社，2010.

[3]　陈伟. 技术经济学. 北京：清华大学出版社，2012.

[4]　何建洪. 技术经济学——原理与方法. 北京：清华大学出版社，2012.

[5]　刘晓君. 技术经济学（第二版）. 北京：科学出版社，2013.

第 3 章　技术经济分析的基本方法

对投资项目进行经济性评价，其核心内容是经济效果的评价。为了确保投资决策的正确性和科学性，研究经济效果评价的指标和方法是十分必要的。

经济效果评价的指标是多种多样的，它们从不同角度反映项目的经济性。这些指标一般可分为三大类：一类是以时间作为计量单位的时间型指标，例如投资回收期等；第二类是以货币单位计量的价值型指标，例如净现值、净年值、费用年值等；第三类是反映资金利用效率的效率型指标，例如投资收益率、内部收益率、净现值指数等。这三类指标从不同的角度考察项目的经济性，在对项目方案进行经济效益评价时，应当尽量同时选用这三类指标以利于较全面地反映项目的经济性。

按是否考虑资金的时间价值，投资项目的评价方法可分为两大类：静态评价和动态评价。静态评价是指在对项目和方案效益和费用的计算时，不考虑资金的时间价值，不进行复利计算。动态评价是指在对项目和方案效益和费用的计算时，充分考虑到资金的时间价值，要采用复利计算方法。静态评价主要用于技术经济数据不完备和不精确的项目初选阶段；动态评价主要用于项目最后决策前的可行性研究阶段。其中，动态评价是经济效果评价的主要评价方法。

3.1　静态评价方法

3.1.1　静态投资回收期法

投资回收期（payback period）法，又叫投资偿还期法或投资返本期法。所谓投资回收期是指用项目各年的净收入（年收入－年支出）抵偿全部投资（包括固定资产和流动资金）所需要的时间。通常以"年"为计算单位，从项目开始投入之日算起，即包括建设期。如果从投产年或达产年算起时，应予说明。

投资回收期有静态和动态之分，关于动态投资回收期将在下一节中介绍。静态投资回收期（static payback time）是反映项目财务上投资回收能力的重要评价指标，是用来考察项目投资赢利水平的经济效果指标。

静态投资回收期的计算公式为：

$$\sum_{t=0}^{T_p} (CI - CO)_t = 0 \tag{3.1}$$

式中，CI 为现金流入量；CO 为现金流出量；$(CI-CO)_t$ 为第 t 年的净现金流量；T_p 为静态投资回收期。

静态投资回收期也可根据项目全部投资的财务现金流量表中累计净现金流量计算求得，其实用公式为：

$$投资回收期 = \left(\begin{array}{c}累计净现金流量\\开始出现正值的年份\end{array}\right) - 1 + \frac{|上年累计净现金流量|}{当年净现金流量} \tag{3.2}$$

用投资回收期评价投资项目时，需要与根据同类项目的历史数据和投资者意愿确定的基准投资回收期相比较。设基准投资回收期为 T_b，判别准则为：

若 $T_p \leqslant T_b$ 时，则项目可以考虑接受；

若 $T_p > T_b$ 时,则项目应予以拒绝。

例 3.1 某项目现金流量如表 3.1 所示,基准投资回收期为 5 年,试用静态投资回收期法评价方案是否可行。

表 3.1 某项目现金流量表 单位:万元

项目	0	1 年	2 年	3 年	4 年	5 年	6 年
投资	1200						
收入		500	400	300	200	200	200

解
$$\sum_{t=0}^{T_p} (CI - CO)_t = -1200 + 500 + 400 + 300 = 0$$
$$T_p = 3 (年)$$

由于 $T_p < T_b = 5$ 年,所以该方案可行。

例 3.2 某项目现金流量如表 3.2 所示,基准投资回收期为 6 年,试用公式(3.2)来判断该项目是否可行。

表 3.2 某项目现金流量表 单位:万元

项 目	0	1 年	2 年	3 年	4 年	5 年	6 年
总投资	6000	4000					
收入			5000	6000	8000	8000	7500
支出			2000	2500	3000	3500	3500
净现金收入			3000	3500	5000	4500	4000
累计净现金流量	−6000	−10000	−7000	−3500	1500	6000	10000

解
$$投资回收期 = \left(\begin{array}{c} 累计净现金流量 \\ 开始出现正值的年份 \end{array} \right) - 1 + \frac{|上年累计净现金流量|}{当年净现金流量}$$
$$T_p = 4 - 1 + \frac{3500}{5000}$$
$$= 3.7 (年)$$

由于 $T_p < T_b = 6$ 年,所以该项目可行。

静态投资回收期的优点:第一,概念清晰,简单易用;第二,也是最重要的,该指标不仅在一定程度上反映项目的经济性,而且反映项目的风险大小。项目决策面临着未来的不确定因素的挑战,这种不确定性所带来的风险随着时间的延长而增加,因为离现实愈远,人们所能确知的东西就愈少。为了减少这种风险,就必然希望投资回收期越短越好。因此,作为能够反映一定经济性和风险性的回收期指标,在项目评价中具有独特的地位和作用,被广泛用作项目评价的辅助性指标。

静态投资回收期的缺点:第一,它没有反映资金的时间价值;第二,由于它舍弃了回收期以后的收入与支出数据,故不能全面反映项目在寿命期内的真实效益,难以对不同方案的比较选择做出正确的判断。

3.1.2　投资收益率法

投资收益率（rate of return on investment）也称为投资效果系数、投资利润率。投资收益率是指项目达到生产能力之后的一个正常生产年份的净收益额与项目总投资的比率。它适用于项目处在初期勘察阶段或者项目投资不大、生产比较稳定的财务赢利性分析。如果对生产期内各年的净收益额变化幅度较大的项目，则应计算生产期内年平均净收益额与项目总投资的比率。

投资收益率的计算公式为：

$$R = \frac{NB}{K} \tag{3.3}$$

式中，K 为投资总额（包括固定资产投资和流动资金等）；NB 为正常年份的净收益（或年平均净收益）；R 为投资收益率。

投资收益率指标未考虑资金的时间价值，而且舍弃了项目建设期、寿命期等众多经济数据，故一般仅用于技术经济数据尚不完整的项目初步研究阶段。

用投资收益率指标评价投资方案的经济效果，需要与根据同类项目的历史数据及投资者意愿等确定的基准投资收益率作比较。设基准投资收益率为 R_b，判别准则为：

若 $R \geqslant R_b$，则项目可以考虑接受；

若 $R < R_b$，则项目应予以拒绝。

例 3.3　某项目的经济数据如表 3.3 所示，假定全部投资中没有借款，现已知基准投资收益率 R_b 为 15％，试以投资收益率指标判断项目取舍。

解　由表中数据可得

$$R = \frac{150}{750} = 0.2 = 20\%$$

由于 $R > R_b = 15\%$，故项目可以考虑接受。

表 3.3　某项目的投资及年净收入表　　　　　　单位：万元

项　目	0	1 年	2 年	3 年	4 年	5 年	6 年	7 年	8 年	9 年	10 年	合计
建设投资	180	240	80									500
流动资金			250									250
总投资(1＋2)	180	240	330									750
收入				300	400	500	500	500	500	500	500	3700
支出(不包括投资)				250	300	350	350	350	350	350	350	2650
净收入(4－5)				50	100	150	150	150	150	150	150	1050
累积净现金流量	−180	−420	−750	−700	−600	−450	−300	−150	0	150	300	

3.1.3　追加投资回收期法

对单一方案的评价，如选用投资回收期指标，可用计算获得的方案投资回收期与标准投资回收期相比较，得出是否可行的结论；当投资回收期指标用于对两个方案的优劣评价时，通常采用追加投资回收期指标。

所谓追加投资回收期是指一个方案比另一个方案所追加的投资，用年费用（成本）的节约额或超额年收益去补偿追加投资所需要的时间。

追加投资回收期的计算公式为：

$$\Delta T = \frac{K_1 - K_2}{C_2 - C_1} \tag{3.4}$$

式中，K_1、K_2 分别为两方案的投资总额，且 $K_1 > K_2$；C_1、C_2 分别为两方案的年费用，且 $C_1 < C_2$；ΔT 为追加投资回收期。

计算所得的追加投资回收期需要与根据同类项目的历史数据及投资者意愿等确定的基准追加投资回收期作比较，设基准追加投资回收期为 ΔT_b，判断准则为：

若 $\Delta T \leqslant \Delta T_b$，则投资额大的方案较优；

若 $\Delta T > \Delta T_b$，则投资额小的方案较优。

例 3.4　一工厂拟建一机械加工车间，有两个方案可供选择。甲方案采用中等水平工艺设备，投资 2400 万元，年生产成本为 1400 万元；乙方案采用自动线，投资 3900 万元，年生产成本为 900 万元。该部门的基准追加投资回收期为 5 年，应采用哪种方案较合理？

解
$$\Delta T = \frac{K_1 - K_2}{C_2 - C_1} = \frac{3900 - 2400}{1400 - 900}$$
$$= 3 (年)$$

由于 $\Delta T < \Delta T_b = 5$ 年，故，可采用乙方案。

3.2　动态评价方法

3.2.1　净现值法

（1）净现值的概念及其计算　净现值（net present value，NPV）法是在投资项目的财务评价中计算投资效果的一种常用的动态分析方法。净现值是指方案在寿命期内各年的净现金流量，按照一定的折现率（基准折现率）折现到期初时的现值之和。

净现值的计算公式为：
$$NPV = \sum_{t=0}^{n} (CI - CO)_t (1 + i_0)^{-t} \tag{3.5}$$

式中，i_0 为基准折现率；n 为方案寿命期；NPV 为净现值。

净现值表示在规定的折现率 i_0 的情况下，方案在不同时点发生的净现金流量，折现到期初时，整个寿命期内所能得到的净收益。如果方案的净现值等于零，表示方案正好达到了规定的基准收益率水平；如果方案的净现值大于零，则表示方案除能达到规定的基准收益率之外，还能得到超额收益；如果净现值小于零，则表示方案达不到规定的基准收益率水平。

因此，净现值的判别准则为：对单一方案而言，

若 $NPV \geqslant 0$，则项目应予接受；

若 $NPV < 0$，则项目应予拒绝。

例 3.5　某企业基建项目设计方案总投资 1995 万元，投产后年经营成本 500 万元，年销售额 1500 万元，第三年年末工程配套追加投资 1000 万元，若方案寿命期为 5 年，基准收益率为 10%，残值等于零。试用净现值法确定该项目的经济性。

解　根据题意画出现金流量图，如图 3.1 所示。

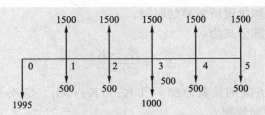

图 3.1　项目现金流量

$$NPV = -1995 + (1500-500)(P/A,10\%,5) - 1000(P/F,10\%,3)$$
$$= -1995 + 1000 \times 3.7908 - 1000 \times 0.7513$$
$$= 1045(万元)$$

由于该项目 $NPV > 0$，说明项目不仅能获得 10% 的收益率，还能多得 1045 万元的收益现值，故项目在经济效果上是可行的。

(2) 净现值函数　从净现值计算公式可知，净现值 NPV 的大小与折现率 i 有很大关系，当折现率 i 变化时，净现值 NPV 也随之变化。我们将净现值 NPV 与折现率 i 之间的函数关系称为净现值函数。

一般情况下，同一净现金流量的净现值 NPV 随着折现率 i 的增大而减小。若 i 连续变化时，可得出 NPV 值随 i 变化的函数，此即净现值函数。例如，某项目于第 0 年末投资 1000 万元并投产，在寿命期 4 年内每年净现金流量为 400 万元，该项目的净现金流量及其净现值随折现率变化而变化的对应关系如表 3.4 所示。若以纵坐标表示净现值，横坐标为折现率，则可绘制出净现值函数曲线，如图 3.2 所示。

表 3.4　某项目的净现金流量及其净现值函数　　　　单位：万元

年	净现金流量	$i/\%$	$NPV(i) = -1000 + 400(P/A,i,4)$
0	−1000	0	600
1	400	10	268
2	400	20	35
3	400	22	0
4	400	20	−133
		40	−260
		50	−358
		∞	−1000

从图 3.2 中，可以发现净现值函数一般有如下特点：

① 同一净现金流量的净现值随折现率 i 的增大而减小。故基准折现率 i_0 定得越高，能被接受的方案越少。

② 在某一个 i^* 值上（本图中 $i^* = 22\%$），曲线与横坐标相交，表示该折现率下的净现值 $NPV = 0$，且当 $i < i^*$ 时，$NPV(i_0) > 0$；$i > i^*$ 时，$NPV(i_0) < 0$。i^* 是一个具有重要经济意义的折现率临界值，被称之为内部收益率，后面将做详细分析。

净现值 NPV 之所以随着折现率 i 的增大而减小，是因为一般投资项目正的现金流入（如收益）总是发生在负的现金流出（如投资）之后，使得随着折现率的增加，正的现金流入折现到期初的时间长，其现值减小得多，而负的现金流出折现到期初的时间短，相应现值减小得

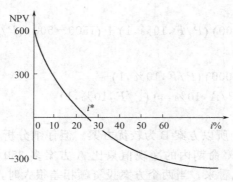

图 3.2　净现值函数曲线

少，这样现值的代数和就减小。

3.2.2　净现值指数法

由于净现值指标是一个反映所评价方案在基准收益率水平下，超额或不足的现值，其用于多方案比较时，不考虑各方案投资额的大小，因而净现值指标不能直接反映资金的利用效率。为了考察所评价方案资金的利用效率，通常用净现值指数作为净现值的辅助指标。净现值指数（net present value index，NPVI）是项目净现值与项目投资总额现值之比，是一种效率型指标，其经济含义是单位投资现值所能带来的净现值。

净现值指数的计算公式为：

$$NPVI = \frac{NPV}{K_p} = \frac{\sum_{t=0}^{n}(CI-CO)_t(1+i_0)^{-t}}{\sum_{t=0}^{n}K_t(1+i_0)^{-t}} \qquad (3.6)$$

式中，K_p 为项目总投资的现值；K_t 为第 t 年的投资额。

净现值指数法的判断准则：

若 $NPVI \geqslant 0$，则项目应予接受；

若 $NPVI < 0$，则项目应予拒绝。

用净现值指数进行方案比较时，以净现值指数较大的方案为优。净现值指数一般作为净现值的辅助指标来使用，净现值指数法主要适用于多方案的优劣排序。

例 3.6　某投资项目有 A、B 两个方案均可行，有关数据如表 3.5 所示，基准收益率为 10%，试用净现值法和净现值指数法判断哪个方案较优？

表 3.5　A、B 两方案数据资料　　　　　　　　单位：万元

年	投资		现金流入		现金流出	
	A	B	A	B	A	B
0	2000	3000				
1			1000	1500	400	1000
2			1500	2500	500	1000
3			1500	2500	500	1000
4			1500	2500	500	1000
5			1500	2500	500	1000

解 ① 按净现值判断

$NPV_A = -2000 + (1000-400)(P/F,10\%,1) + (1500-500)(P/A,10\%,4)(P/F,10\%,1)$

$\qquad = 1427（万元）$

$NPV_B = -3000 + (1500-1000)(P/F,10\%,1)$

$\qquad + (2500-1000)(P/A,10\%,4)(P/F,10\%,1)$

$\qquad = 1777（万元）$

由于 $NPV_A < NPV_B$，所以方案 B 为较优方案。但仔细分析 B 方案比 A 方案多投入资金 1000 万元，而 B 方案在寿命期内的净现值只比 A 方案多 350 万元。如果认为 B 方案较优，显然是不合理的。由此看来，当两个方案投资额相差很大时，仅以净现值的大小来决定方案的优劣可能会导致错误的选择。

② 按净现值指数判断

$$NPVI_A = \frac{NPV_A}{K_A} = \frac{1427}{2000} = 0.713$$

$$NPVI_B = \frac{NPV_B}{K_B} = \frac{1777}{3000} = 0.592$$

由于 $NPVI_A > NPVI_B$，所以方案 A 为较优方案。

A 方案的净现值指数为 0.713，其含义是方案 A 除了有 10% 的基准收益率外，每万元现值尚可获得 0.713 万元的现值收益。

当分别用净现值法和净现值指数法判别的最优方案结果相悖时，最终确定的最优方案应视其具体情况而定。一般把净现值指数作为辅助指标，但当各方案投资额悬殊或资金缺乏时，用净现值指数法确定最优方案更恰当一些。

3.2.3 净年值法

净年值（net annual value，NAV）法是指将方案各个不同时点的净现金流量按基准收益率折算成与其等值的整个寿命期内的等额支付序列年值后再进行评价、比较和选择的方法。年值法的要点是使各备选方案在寿命期中的现金流量年金化，即以年（金）值为准，对所发生的现金流入和流出进行等价可比化并选择最优方案。

净年值的计算公式为：
$$NAV = NPV(A/P,i_0,n)$$

$$= \sum_{t=0}^{n}(CI-CO)_t(1+i_0)^{-t}(A/P,i_0,n) \qquad (3.7)$$

式中，NAV 为净年值。

判别准则：

若 $NAV \geqslant 0$，则项目在经济效果上可以接受；

若 $NAV < 0$，则项目在经济效果上不可接受。

将净年值的计算公式及判别准则与净现值的作比较可知，净年值与净现值在项目评价的结论上总是一致的。因此，就项目的评价结论而言，净年值与净现值是等效评价指标。净现值给出的信息是项目在整个寿命期内获取的超出最低期望盈利的超额收益的现值，与净现值所不同的是，净年值给出的信息是寿命期内每年的等额超额收益。由于信息的含义不同，而且由于在某些决策结构形式下，采用净年值比采用净现值更为简便和易于计算，故净年值指标在经济评价指标体系中占有相当重要的地位。

例 3.7 某设备的购价为 40000 元，每年的运行收入为 15000 元，年运行费用 3500 元，4 年后该设备可以按 5000 元转让，如果基准折现率为 5%，试用净年值法判断此项设备投资是否值得？

解 根据题意画出现金流量图，如图 3.3 所示。

$$NAV = -40000(A/P,5\%,4) + 15000 - 3500 + 5000(A/F,5\%,4)$$
$$= -40000 \times 0.282 + 11500 + 5000 \times 0.232$$
$$= 1380(元)$$

由于 $NAV > 0$，故此项投资是值得的。

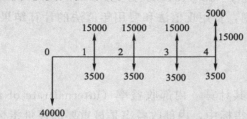

图 3.3 现金流量图

3.2.4 费用现值法与费用年值法

在对多个方案比较选优时，如果诸方案产出价值相同，或者诸方案能够满足同样需要但产出效益难以用价值形态（货币）计量（如环保、教育、保健、国防）时，可以通过对各方案费用现值或费用年值的比较进行选择。

费用现值（present cost，PC），就是把不同方案计算期内的年成本按基准收益率换算为基准年的现值，再加上方案的总投资现值。

费用现值的计算公式为：

$$PC = \sum_{t=0}^{n} CO_t (P/F,i_0,t) \tag{3.8}$$

式中，PC 为费用现值。

费用年值（annual cost，AC），是将方案计算期内不同时点发生的所有支出费用，按基准收益率折算成与其等值的等额支付序列年费用。费用年值与费用现值是一对等效评价指标。

费用年值的计算公式为：

$$AC = \sum_{t=0}^{n} CO_t (P/F,i_0,t)(A/P,i_0,t) \tag{3.9}$$

式中，AC 为费用年值。

费用现值法与费用年值法只能用于多个方案的比选，其判别准则是：费用现值或费用年值最小的方案为优，这一准则也称为最小费用准则。

例 3.8 某项目有三个方案 A、B、C 均能满足同样的需要。其费用数据如表 3.6 所示。在基准折现率为 10% 的情况下，试用费用现值法和费用年值法确定最优方案。

表 3.6 三个方案的费用数据表   单位：万元

方案	总投资（第 0 年末）	年运营费用（第 1 年~第 10 年）
A	200	80
B	300	50
C	500	20

解 ① 用费用现值法选优

$PC_A = 200 + 80(P/A, 10\%, 10) = 691.6(万元)$

$PC_B = 300 + 50(P/A, 10\%, 10) = 607.25(万元)$

$PC_C = 500 + 20(P/A, 10\%, 10) = 622.9(万元)$

② 用费用年值法选优

$AC_A = 200(A/P, 10\%, 10) + 80 = 112.54(万元)$

$AC_B = 300(A/P, 10\%, 10) + 50 = 98.81(万元)$

$AC_C = 500(A/P, 10\%, 10) + 20 = 101.35(万元)$

根据费用最小的选优准则，费用现值法和费用年值法的计算结果均表明，方案 B 最优，方案 C 次之，方案 A 最差。

3.2.5 内部收益率法

（1）内部收益率的概念及其计算　内部收益率（internal rate of return，IRR）又称为内部报酬率。在所有的经济评价指标中，内部收益率是最重要的评价指标之一。

内部收益率，简单地说就是净现值为零时的折现率。在图 3.2 中，随着折现率的不断增大，净现值不断减小，当折现率增至 22% 时，项目净现值为零。对该项目而言，其内部收益率即为 22%。一般而言，内部收益率是净现值曲线与横坐标交点处对应的折现率。

内部收益率可通过解下述方程求得：

$$\sum_{t=0}^{n} (CI - CO)_t (1 + IRR)^{-t} = 0 \tag{3.10}$$

式中，IRR 为内部收益率。

式（3.10）是一个高次方程，不容易直接求得，通常采用"试算内插法"求内部收益率的近似解，其原理如图 3.4 所示。

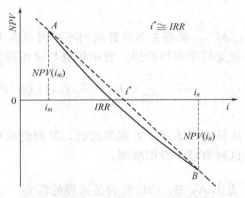

图 3.4　内插法求解 IRR 的示意图

从图 3.4 可以看出，IRR 在 i_m 与 i_n 之间，用 i^* 近似代替 IRR，当 i_m 与 i_n 的距离控制在一定范围内，可以达到要求的精度。具体计算步骤如下：

先给出一个折现率 i_1，计算相应的 $NPV(i_1)$。若 $NPV(i_1) > 0$，说明欲求的 $IRR > i_1$；若 $NPV(i_1) < 0$，则 $IRR < i_1$。根据此数据进行判断，将折现率修正为 i_2，再求 $NPV(i_2)$ 的值。如此反复试算，逐步逼近，最终可得到比较接近的两个折现率 i_m 与 i_n（其中 i_m

$<i_n)$，使得 $NPV(i_m)>0$，$NPV(i_n)<0$，然后再用线性插值的方法确定出 IRR 的近似值。

计算公式为：

$$IRR = i_m + (i_n - i_m) \frac{NPV(i_m)}{NPV(i_m) + |NPV(i_n)|} \tag{3.11}$$

计算误差取决于 $i_n - i_m$ 的大小，为此，一般控制在 $|i_n - i_m| \leqslant 0.05$ 之内。

内部收益率的判别准则：设基准收益率为 i_0，

若 $IRR \geqslant i_0$，则项目在经济效果上可以接受；

若 $IRR < i_0$，则项目在经济效果上不可接受。

例 3.9　某项目的净现金流量如表 3.7 所示。当基准折现率 $i_0 = 12\%$ 时，试用内部收益率法进行判断该项目在经济效果上是否可行。

表 3.7　项目净现金流量　　　　　　　　　　　　　　　　单位：万元

年	0	1	2	3	4	5	6
净现金流量	−200	40	50	40	50	60	70

解　设 $i_1 = 10\%$，$i_2 = 15\%$，下面分别计算其净现值。

$$NPV_1 = \sum_{t=0}^{n}(CI_t - CO_t)(1+i_1)^{-t}$$

$$= -200 + 40(P/F,10\%,1) + 50(P/F,10\%,2) + 40(P/F,10\%,3) +$$

$$50(P/F,10\%,4) + 60(P/F,10\%,5) + 70(P/F,10\%,6) = 18.655(万元)$$

$$NPV_2 = \sum_{t=0}^{n}(CI_t - CO_t)(1+i_2)^{-t}$$

$$= -200 + 40(P/F,15\%,1) + 50(P/F,15\%,2) + 40(P/F,15\%,3) +$$

$$50(P/F,15\%,4) + 60(P/F,15\%,5) + 70(P/F,15\%,6) = -12.428(万元)$$

再用公式(3.11)求解出内部收益率 IRR，则

$$IRR = i_1 + (i_2 - i_1)\frac{NPV(i_1)}{NPV(i_1) + |NPV(i_2)|}$$

$$= 10\% + (15\% - 10\%)\frac{18.655}{18.655 + |-12.428|} = 13.00\%$$

由计算结果可以看出，$IRR > 12\%$，故此项目可以接受。

（2）内部收益率的经济含义　内部收益率的经济含义是指项目寿命期内没有回收的投资的盈利率。也就是说，当资金被投入到项目中后，其回收的方式是通过项目的年净收益。其中尚未回收的部分将以 IRR 为盈利率增值，到项目寿命结束时正好回收全部投资额。

在例 3.9 中，已经计算出其内部收益率为 13%，下面按此利率计算收回全部投资的年限，如表 3.8 所示。

由表 3.8 与图 3.5 不难理解内部收益率的经济含义，即它是项目寿命期内没有回收的投资的盈利率。它不是初始投资在整个寿命期内的盈利率，因而它不仅受项目初始投资规模的影响，而且受项目寿命期内各年净收益大小的影响。

表 3.8 以 *IRR* 为利率的投资回收计算表 单位：万元

年	净现金流量①	年末未回收投资②	年初未回收投资到年末的金额③＝②(1＋*IRR*)	年末未回收的投资④＝③－①
0	－200	—	—	
1	40	200	225.7	185.7
2	50	185.7	209.6	159.6
3	40	159.6	180.2	140.2
4	50	140.1	158.1	108.1
5	60	108.1	122.0	62.0
6	70	62.0	70.0	

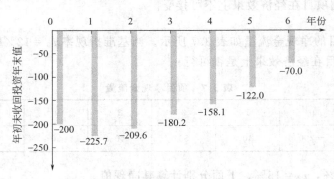

图 3.5 资金增值和回收过程示意图

这一投资回收过程与项目之外的因素无关，只与项目的内在因素如投资额各年的净收益以及被占用资金的增值等内部因素有关，这即是这一指标被称为内部收益率之原因。内部收益率与其它指标的重要区别在于该指标不需要事先确定基准折现率，很大程度上被认为是一种项目投资盈利率的量度，这一指标反映了投资的使用效率，且概念清晰明确，故是世界上通行的常用经济效益评价方法。

（3）关于内部收益率唯一性的讨论

例 3.10 某项目净现金流量如表 3.9 所示。

表 3.9 正负号多次变化的净现金流序列 单位：万元

年	0	1	2	3
净现金流量	－100	470	－720	360

解 经计算可知，使该项目净现值为零的折现率有三个：$i_1 = 20\%$，$i_2 = 50\%$，$i_3 = 100\%$。其净现值曲线如图 3.6 所示。

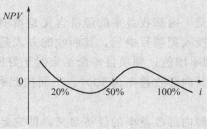

图 3.6 内部收益率方程多解示意图

求解内部收益率方程是一个高次方程。为清楚起见，$(1+IRR)^{-1}=x$，$(CI-CO)_t=a_t(t=0,1,2,\cdots,n)$，则内部收益率方程可写成：$a_0+a_1x+a_2x^2+\cdots+a_nx^n=0$ 这是一个 n 次方程，必有 n 个根（包括复数根和重根），故其正实数根可能不止一个。根据笛卡尔符号法则，若方程的系数序列 $\{a_0,a_1,a_2,\cdots,a_n\}$ 的正负号变化次数为 p，则方程的正根个数（1 个 k 重根按 k 个根计算）等于 p 或者比 p 少一个正偶数，当 $p=0$ 时，方程无正根，当 $p=1$ 时，方程有且仅有一个单正根。也就是说在 $-1<IRR<\infty$ 的域内，若项目的净现金流序列 $(CI-CO)_t$ $(t=0,1,2,\cdots,n)$ 的正负号仅变化一次，内部收益率方程肯定有唯一解，而当净现金流序列的正负号有多次变化，内部收益率方程可能有多解。

在例 3.10 中，净现金流序列（-100，470，-720，360）的正负号变化了 3 次，其内部收益率方程恰有 3 个正数根。

净现金流序列符号只变化一次的项目称作常规项目，净现金流序列符号变化多次的项目称作非常规项目。

就典型情况而言，在项目寿命期初（投资建设期和投产初期），净现金流量一般为负值（现金流出大于流入），项目进入正常生产期后，净现金流量就会变成正值（现金流入大于流出），所以，绝大多数投资项目属于常规项目。只要其累积净现金流量大于零，内部收益率就有唯一解。

非常规投资项目内部收益率方程可能有多个正实根，这些根中是否有真正的内部收益率需要按照内部收益率的经济含义进行检验：即以这些根作为赢利率，看在项目寿命期内是否始终存在未被回收的投资。以例 3.10 中 $i=20\%$ 为例，表示投资回收过程的现金流量如图 3.7 所示。

在图 3.7 中，初始投资（100 万元）在第 1 年末完全收回，且项目有净盈余 350 万元；第 2 年末又有未收回的投资（300 万元）；第 3 年即寿命期末又全部收回。根据内部收益率的经济含义可知，第 2 年初的 350 万元净盈余，其 20% 的赢利率不是在项目之内，而是在项目之外获得的，故这 20% 不是项目的内部收益率。同样，对 i_2，i_3 作类似的计算，就会发现寿命期内（第 1 年）都存在初始投资不但全部收回且有盈余的情况，故它们也不是项目的内部收益率。

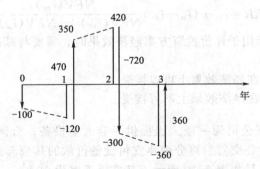

图 3.7　以 20% 利率回收投资的现金流量

可以证明，对于非常规项目，只要 IRR 方程存在多个正根，则所有的根都不是真正的项目内部收益率。但若非常规项目的 IRR 方程只有一个正根，则这个根就是项目的内部收益率。

在实际工作中，对于非常规项目可以用通常的办法（如试算内插法）先求出一个 IRR 的解，对这个解按照内部收益率的经济含义进行检验，若满足内部收益率经济含义的要求（项目寿命期内始终存在未被回收的投资），则这个解就是内部收益率的唯一解，否则项目无内部收益率，不能使用内部收益率指标进行评价。

3.2.6 外部收益率法

内部收益率的计算公式隐含着这样一个假设，即项目寿命期内所获得的净收益全部可用于再投资，再投资的收益率等于项目的内部收益率。这种隐含假定是由于现金流计算中采用复利计算方法导致，下面的推导有助于看清这个问题。

求解内部收益率 IRR 的方程可写成下面的形式：

$$\sum_{t=0}^{n}(NB_t - K_t)(1+IRR)^{-t}=0$$

式中，K_t 为第 t 年的净投资；NB_t 为第 t 年的净收益。

上式两端同乘以 $(1+IRR)^n$，也就是说，通过等值计算将式左端的现值折算成 n 年末的终值，

可得：$\sum_{t=0}^{n}(NB_t - K_t)(1+IRR)^{n-t}=0$

亦即：$\sum_{t=0}^{n}NB_t(1+IRR)^{n-t}=\sum_{t=0}^{n}K_t(1+IRR)^{n-t}$

上式意味着每年的净收益以 IRR 为收益率进行再投资，到 n 年末历年净收益的终值和与历年净投资按 IRR 折算到 n 年末的终值和相等。但是，由于投资机会的限制，这种假定往往难以与实际情况相符。这种假定也是造成非常规投资项目 IRR 方程可能出现多解的原因。

外部收益率（external rate of return，ERR）实际上是对内部收益率的一种修正，计算外部收益率时也假定项目寿命期内所获得的净收益全部可用于再投资，所不同的是假定再投资的收益率等于基准折现率。其计算表达式为：

$$NFV=\sum_{t=0}^{n}NB_t(1+i_0)^{n-t}-\sum_{t=0}^{n}K_t(1+ERR)^{n-t}=0 \tag{3.12}$$

式中，NFV 为净终值；ERR 为外部收益率。

由于式（3.12）为高次方程，不容易直接求得，故外部收益率 ERR 的求法与内部收益率 IRR 相似，也可用"试算内插法"求其近似解。

$$ERR=i_m+(i_n-i_m)\frac{NFV(i_m)}{NFV(i_m)+|NFV(i_n)|} \tag{3.13}$$

外部收益率 ERR 指标用于评价投资方案经济效果时，需要与基准折现率 i_0 相比较，判别准则是：

若 $ERR \geqslant i_0$，则项目在经济效果上可以接受；

若 $ERR < i_0$，则项目在经济效果上不可接受。

例 3.11 某重型机械公司为一项工程提供一套大型设备，合同签订后，买方要分两年先预付一部分款项，待设备交货后再分两年支付设备价款的其余部分。重型机械公司承接该项目预计各年的净现金流量如表 3.10 所示。基准折现率为 10%，试用收益率指标评价该项目是否可行。

表 3.10 某大型设备项目的净现金流表 单位：万元

年	0	1	2	3	4	5
净现金流	1900	1000	−5000	−5000	2000	6000

解　该项目是一个非常规项目，其内部收益率 IRR 方程有两个解：$i=10.3\%$，$i=47.3\%$，不能用内部收益率 IRR 指标评价，可计算其外部收益率 ERR。

设 $i_1=10\%$，$i_2=12\%$，下面分别计算其净终值。

$$NFV_1=1900(F/P,10\%,5)+1000(F/P,10\%,4)-5000(F/P,10\%,3)-$$
$$5000(F/P,10\%,2)+2000(F/P,10\%,1)+6000=19.9(万元)$$

$$NFV_2=1900(F/P,12\%,5)+1000(F/P,12\%,4)-5000(F/P,12\%,3)-$$
$$5000(F/P,12\%,2)+2000(F/P,12\%,1)+6000=-133.2(万元)$$

再用公式（3.13）求解出外部收益率 IRR，则

$$ERR=i_1+(i_2-i_1)\frac{NFV(i_1)}{NFV(i_1)+|NFV(i_2)|}$$

$$=10\%+(12\%-10\%)\frac{19.9}{19.9+133.2}=10.3\%$$

由计算结果可以看出，$ERR>10\%$，故此项目可以接受。

外部收益率 ERR 指标既反映未回收投资的收益率，又反映已回收投资再投资时的收益率。外部收益率的优点是它有唯一解，不会像 IRR 出现多解或无解的现象，是一个较全面的指标。外部收益率 ERR 的值一般在内部收益率 IRR 与基准折现率 i_0 之间。

3.2.7　动态投资回收期法

动态投资回收期（dynamic payback time）是指在考虑资金时间价值条件下，按给定基准收益率收回投资所需要的时间，即使下式成立时的 T_P^*。

$$\sum_{t=0}^{T_P^*}(CI-CO)_t(1+i_0)^{-t}=0 \tag{3.14}$$

式中，T_P^* 为动态投资回收期。

用动态投资回收期 T_P^* 评价投资项目的可行性需要与根据同类项目的历史数据和投资者意愿确定的基准动态回收期相比较。设基准动态投资回收期为 T_b^*，判别准则为：

$T_P^* \leqslant T_b^*$，项目可以被接受，否则应予以拒绝。

例 3.12　某项目有关数据如表 3.11 所示，基准折现率为 $i_0=10\%$，基准动态投资回收期 $T_b^*=5$ 年，试计算动态投资回收期，并判断该项目能否接受。

表 3.11　动态投资回收期计算表 $(i_0=10\%)$　　　　　单位：万元

项目	0	1 年	2 年	3 年	4 年	5 年	6 年
现金流入			5000	6000	8000	8000	7500
现金流出	6000	4000	2000	2500	3000	3500	3500
净现金流量	−6000	−4000	3000	3500	5000	4500	4000
折现值	−6000	−3636	2479	2630	3415	2794	2258
累积折现值	−6000	−9636	−7157	−4527	−1112	1682	3940

解　根据（3.14）计算各年净现金流量的累积折现值。由于动态投资回收期就是净现金流量累积折现值为零的年限，所以本例不能直接得到 T_P^*。应按下式计算：

$$T_P^* = \begin{pmatrix} 累积折现值出 \\ 现正值的年数 \end{pmatrix} - 1 + \frac{上年累积折现值的绝对值}{当年净现金流的折现值} \qquad (3.15)$$

式(3.15)是求动态投资回收期的实用公式。将表 3.8 最末一行有关数据代入式(3.15)，得：

$$T_P^* = 5 - 1 + \frac{|-1112|}{2794} = 4.4(年)$$

因为 $T_P^* < T_b^*$，所以该项目可以接受。

动态投资回收期没有考虑回收期以后的经济效果，因此不能全面地反映项目在寿命期内的真实效益，通常只宜用于辅助性评价。

3.3 投资方案的选择

3.3.1 投资方案的类型

对项目投资方案进行经济评价，通常有两种情况：一是单方案评价，即投资项目只有一种技术方案或独立的项目方案可供评价；二是多方案评价，即投资项目有几种可供选择的技术方案。对单方案的评价，一般采用前述的经济评价指标就可以决定项目的取舍。但应该指出的是，在实际项目评价中，由于决策类型的复杂性、决策结构的多样性，往往只有对多方案进行比较评价，才能判断出技术先进，经济合理、社会效益好的最优方案来。

多方案的动态评价方法的选择和各比选项目方案的不同类型有关，即项目方案之间相互关系有关。项目方案之间的相互关系可分为如下三种类型：

（1）独立型　独立型是指各个方案的现金流量是独立的，不具有相关性，且任一方案的采用与否都不影响其它方案是否采用的决策。如果决策的对象是单一方案，则可认为是独立方案的特例。

（2）互斥型　互斥型是指各方案之间存在着互不相容、互相排斥的关系，在对多个互斥方案进行比选时，最多只能选取其中之一，其余方案必须放弃。

（3）混合型　混合型是指独立方案与互斥方案混合的情况，即各方案之间既有独立关系，又有互斥关系。

3.3.2 互斥方案的选择

在对互斥型方案进行决策时，参加比选的方案必须具有可比性，主要包括计算的时间具有可比性，计算的收益与费用的范围、口径一致，计算的价格可比。

互斥方案经济效果的评价包含了两部分内容：一是考察各个方案自身的经济效果，即进行绝对（经济）效果的检验，用经济效果评价标准（如 $NPV \geqslant 0$，$NAV \geqslant 0$，$IRR \geqslant i_0$）检验方案自身的经济性，叫"绝对（经济）效果的检验"。凡通过绝对（经济）效果检验的方案，就认为它在经济效果上是可以接受的，否则就应予拒绝；二是考察哪个方案相对最优，称"相对（经济）效果检验"。两种检验的目的和作用不同，通常缺一不可。

3.3.2.1 寿命周期相同的互斥方案的选择

对于寿命周期相同的互斥方案，计算期通常设定为其寿命周期，这样能满足计算时间的可比性。互斥方案的评价与选择可以采用不同的评价指标，有许多方法。其中，通过计算增量净现金流量评价增量投资经济效果，也就是增量分析法，是互斥方案比选的基本方法。

（1）增量分析法　先分析一个互斥方案的例子。

例 3.13 现有 A、B 两个互斥方案，寿命相同，其各年的现金流量如表 3.12 所示，试对方案进行评价选择（$i_0 = 10\%$）

表 3.12 互斥方案 A、B 的净现金流及评价指标（$i_0 = 10\%$） 单位：万元

项 目	0	1～10 年	NPV	IRR/%
方案 A 的净现金流	−2500	800	2415.2	29.64
方案 B 的净现金流	−1800	650	2193.6	34.28
增量净现金流（A−B）	−700	150	221.6	17.72

解 首先计算两个方案的绝对经济效果指标 NPV 和 IRR，计算结果示于表 3.12。

$$NPV_A = -2500 + 800(P/A, 10\%, 10) = 2415.2（万元）$$
$$NPV_B = -1800 + 650(P/A, 10\%, 10) = 2193.6（万元）$$

由方程式
$$-2500 + 800(P/A, IRR, 10) = 0$$
$$-1800 + 650(P/A, IRR, 10) = 0$$

可求得：$IRR_A = 29.64\%$

$\qquad IRR_B = 34.28\%$

NPV_A、NPV_B 均大于零，IRR_A、IRR_B 均大于基准折现率，所以方案 A 与方案 B 都能通过绝对经济效果检验，且使用 NPV 指标和使用 IRR 指标进行绝对经济效果检验结论是一致的。

由于 $NPV_A > NPV_B$，故按净现值最大准则方案 A 优于方案 B。但计算结果还表明 $IRR_B > IRR_A$，若以内部收益率最大为比选准则，方案 B 优于方案 A，这与按净现值最大准则比选的结论相矛盾。

到底按哪种准则进行互斥方案比选更合理呢？解决这个问题需要分析投资方案比选的实质。投资额不等的互斥方案比选的实质是判断增量投资（或差额投资）的经济合理性，即投资大的方案相对投资小的方案多投入的资金能否带来满意的增量收益。显然，若增量投资能够带来满意的增量收益，则投资额大的方案优于投资额小的方案，若增量投资不能带来满意的增量收益，则投资额小的方案优于投资额大的方案。

表 3.12 也给出了方案 A 相对于方案 B 各年的增量净现金流，同时计算了相应的差额净现值（也称为增量净现值，记作 ΔNPV）与差额内部收益率（也称为增量投资内部收益率，记作 ΔIRR）。

$$\Delta NPV = -700 + 150(P/A, 10\%, 10) = 221.6（万元）$$

由方程式：$-700 + 150(P/A, \Delta IRR, 10) = 0$

可解得：$\Delta IRR = 17.72\%$

计算结果表明：$\Delta NPV > 0$，$\Delta IRR > i_0$（10%），增量投资有满意的经济效果，投资大的方案 A 优于投资小的方案 B。

上例表明了互斥方案比选的基本方法，即采用增量分析法，计算增量现金流量的增量评价指标，通过增量指标的判别准则，分析增量投资的有利与否，从而确定两方案的优劣。

（2）增量分析指标 净现值、净年值、投资回收期、内部收益率等评价指标都可以用于增量分析，下面就代表性指标净现值和内部收益率在增量分析中的应用作进一步讨论。

① 差额净现值。对于互斥方案，利用不同方案的差额现金流量来计算分析的方法，称为差额净现值法。设 A、B 为投资额不等的互斥方案，A 方案比 B 方案投资大，两方案的差额净现值可由下式求出：

$$\Delta NPV = \sum_{t=0}^{n} \left[(CI_A - CO_A)_t - (CI_B - CO_B)_t \right](1+i_0)^{-t}$$

$$= \sum_{t=0}^{n} (CI_A - CO_A)_t (1+i_0)^{-t}$$

$$- \sum_{t=0}^{n} (CI_B - CO_B)_t (1+i_0)^{-t}$$

$$= NPV_A - NPV_B \tag{3.16}$$

式中，NPV_A，NPV_B分别为方案 A 和方案 B 的净现值。

用增量分析法进行互斥方案比选时，若 $\Delta NPV \geqslant 0$，表明增量投资可以接受，投资（现值）大的方案经济效果好；若 $\Delta NPV < 0$，表明增量投资不可以接受，投资（现值）小的方案经济效果好。显然，用增量分析法计算两方案的差额净现值 ΔNPV 进行互斥方案比选，与分别计算两方案的净现值 NPV，根据净现值 NPV 最大准则进行互斥方案比选，其结论是一致的。

在实际工作中，当有多个互斥方案时，直接用净现值最大准则选择最优方案比两两比较的增量分析更为简便。分别计算各备选方案的净现值，根据净现值最大准则选择最优方案可以将方案的绝对经济效果检验和相对经济效果检验结合起来，判别准则为：净现值最大且非负的方案为最优方案。

类似的等效指标有净年值，即净年值最大且非负的方案为最优方案。当互斥方案的效果一样或者满足相同的需要时，仅需计算费用现金流，采用费用现值或费用年值，其判别准则为：费用现值或费用年值最小的方案为最优方案。

② 差额内部收益率。差额内部收益率是指相比较两个方案的各年净现金流量差额的现值之和等于零时的折现率。计算差额内部收益率的方程式为：

$$\sum_{t=0}^{n} (\Delta CI - \Delta CO)_t (1 + \Delta IRR)^{-t} = 0 \tag{3.17}$$

式中，ΔCI 为互斥方案 A 与 B 的差额（增量）现金流入，$\Delta CI = CI_A - CI_B$；ΔCO 为互斥方案 A 与 B 的差额（增量）现金流出，$\Delta CO = CO_A - CO_B$。

差额内部收益率定义的另一表述方式是：两互斥方案净现值（或净年值）相等时的折现率。其计算公式也可以写成：

$$\sum_{t=0}^{n} (CI_A - CO_A)_t (1 + \Delta IRR)^{-t} - \sum_{t=0}^{n} (CI_B - CO_B)_t (1 + \Delta IRR)^{-t} = 0 \tag{3.18}$$

用差额内部收益率比选方案的判别准则是：若 $\Delta IRR > i_0$，则投资大的方案优；若 $\Delta IRR < i_0$，则投资小的方案优。

下面用净现值函数曲线来说明用差额投资内部收益率的几何意义以及比选方案的原理。

在图 3.8 中曲线 A、B 分别为方案 A、B 的净现值函数曲线。a 点为 A、B 两方案净现值曲线的交点，在这点两方案净现值相等。a 点所对应的折现率即为两方案的差额内部收益率 ΔIRR。由图中可以看出，当 $\Delta IRR > i_0$ 时，$NPV_A > NPV_B$；当 $\Delta IRR < i_0$ 时，$NPV_A < NPV_B$。用 ΔIRR 与 NPV 比选方案的结论是一致的。

由此可见，在对互斥方案进行比较选择时，净现值最大准则以及净年值最大准则、费用现值和费用年值最小准则是正确的判别准则，而内部收益率最大准则只在基准折现率大于被比较的两方案的差额内部收益率的前提下成立。也就是说，如果将投资大的方案相对于投资小的方案的增量投资用于其它投资机会，会获得高于差额内部收益率的盈利率，用内部收益率最大准

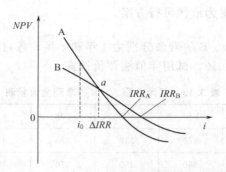

图 3.8　用于方案比较的差额内部收益率

则进行方案比选的结论就是正确的。但是若基准折现率小于差额内部收益率，用内部收益率最大准则选择方案就会导致错误的决策。由于基准折现率是独立确定的，不依赖于具体待比选方案的差额内部收益率，故用内部收益率最大准则比选方案是不可靠的。

用差额内部收益率 ΔIRR 评价互斥方案的步骤如下：

第一步，根据每个方案自身的净现金流，计算每个方案的内部收益率 IRR（或净现值 NPV、净年值 NAV），淘汰内部收益率小于基准折现率 i_0（或净现值 $NPV<0$、净年值 $NAV<0$）的方案，即淘汰通不过绝对经济效果检验的方案。

第二步，按照投资从大到小的顺序排列经过绝对经济效果检验保留下来的方案。首先计算头两个方案的差额内部收益率 ΔIRR。若 $\Delta IRR>i_0$，则保留投资大的方案；若 $\Delta IRR<i_0$，则保留投资小的方案。

第三步，将第二步得到的保留方案与下一个方案进行比较，再计算两方案的差额内部收益率 ΔIRR，取舍判据同上。以此类推，直到检验所有可行方案，找出最优方案为止。

值得指出的是，差额内部收益率 ΔIRR 与差额净现值 ΔNPV 类似，它只能说明增加投资部分的经济性，并不能说明全部投资的绝对经济效果。因此，采用差额内部收益率 ΔIRR 进行方案评选时，首先必须要判断被比选方案的绝对经济效果，只有在某一方案的绝对经济效果较好前提下，才能用为比较对象。

3.3.2.2　寿命周期不同的互斥方案的选择

对于寿命相等的互斥方案，通常将方案的寿命期设定为共同的分析期（或称计算期），这样，在利用资金等值原理进行经济效果评价时，方案间在时间上就具有可比性。

对于寿命期不等的互斥方案进行比选，同样要求方案间具有可比性。满足这一要求需要解决两个方面的问题：一是设定一个合理的共同分析期；二是给寿命期不等于分析期的方案选择合理的方案接续假定或者残值回收假定。下面结合具体评价指标在寿命不等互斥方案比选中的应用讨论这两个问题的解决方法。

（1）年值法　是指投资方案在计算期的收入及支出，按一定的折现率换算为等值年值，用以评价或选择方案的一种方法。

在对寿命不等的互斥方案进行比选时，年值法是最为简便的方法，当参加比选的方案数目众多时，尤其是这样。年值法使用的指标有净年值与费用年值。

设 m 个互斥方案的寿命期分别为 n_1，n_2，n_3，$\cdots$，n_m，方案 j（$j=1$，2，$\cdots$，m）在其寿命期内的净年值为：

$$NAV_j = NPV_j\,(A/P, i_0, n_j)$$

$$= \sum_{t=0}^{n_j} (CI_j - CO_j)_t\,(P/F, i_0, t)\,(A/P, i_0, n_j) \qquad (3.19)$$

净年值最大且非负的方案为最优可行方案。

例 3.14 设互斥方案 A、B 的寿命分别为 4 年和 6 年，各自寿命期内的净现金流量如表 3.13 所示。基准折现率为 10%，试用年值法评价选择。

表 3.13 互斥方案 A、B 的净现金流量表   单位：万元

方案	0	1 年	2 年	3 年	4 年	5 年	6 年
A	−1000	320	320	320	320		
B	−1200	350	350	350	350	350	350

解 由式(3.19)计算可得两方案的净年值

$$NAV_A = -1000(A/P, 10\%, 4) + 320 = 4.5(万元)$$
$$NAV_B = -1200(A/P, 10\%, 6) + 350 = 74.47(万元)$$

由于 $NAV_B > NAV_A > 0$，故可选取 B 方案。

用年值法进行寿命不等的互斥方案比选，实际上隐含着作出这样一种假定：各备选方案在其寿命结束时均可按原方案重复实施或以与原方案经济效果水平相同的方案接续。因为一个方案无论重复实施多少次，其年值是不变的，所以年值法实际上假定了各方案可以无限多次重复实施。在这一假定前提下，年值法以"年"为时间单位比较各方案的经济效果，从而使寿命不等的互斥方案间具有可比性。

对于仅有或仅需要计算费用现金流的互斥方案，可以比照净年值指标的计算方法，用费用年值指标进行比选。判别准则是：费用年值最小的方案为最优方案。

（2）**现值法** 当互斥方案寿命不等时，一般情况下，各方案的现金流在各自寿命期内的现值不具有可比性。如果要使用现值指标进行方案比选，必需设定一个共同的分析期。分析期的设定通常有以下几种方法。

① 寿命期最小公倍数法。此法是以不同方案使用寿命的最小公倍数作为共同的分析期，在此期间各方案分别考虑以同样规模重复投资多次，据此算出各方案的净现值，然后进行比较选优。

例 3.15 互斥方案 A、B 各年的净现金流量如表 3.14 所示，基准收益率为 10%，试用现值法评价选择。

表 3.14 互斥方案 A、B 的净现金流量表   单位：元

方案	投资	年净现金流	残值	寿命/年
A	−100000	30000	15000	6
B	−150000	40000	20000	9

解 由于两方案寿命期不同，须先求出两个方案寿命期的最小公倍数，其值为 18 年，A 方案重复实施 3 次，B 方案重复实施 2 次。

$$NPV_A = -100000[1 + (P/F, 10\%, 6) + (P/F, 10\%, 12)] + 30000(P/A, 10\%, 18) +$$
$$15000[(P/F, 10\%, 6) + (P/F, 10\%, 12) + (P/F, 10\%, 18)]$$
$$= 73665(元)$$

$$NPV_B = -150000[1+(P/F,10\%,9)]+40000(P/A,10\%,18)+$$
$$20000[(P/F,10\%,9)+(P/F,10\%,18)]$$
$$=126505(元)$$

由于 $NPV_B > NPV_A > 0$，故可选取 B 方案。

② 年值折现法。按某一共同的分析期将各备选方案的年值折现得到用于方案比选的现值。这种方法实际上是年值法的一种变形，隐含着与年值法相同的接续方案假定。设方案 j（$j=1$，2，$\cdots$，m）的寿命期为 n_j，共同分析期为 N，按年值折现法，方案 j 的净现值的计算公式为：

$$NPV_j = \Big[\sum_{t=0}^{n_j}(CI_j-CO_j)_t(P/F,i_0,t)\Big](A/P,i_0,n_j)(P/A,i_0,N) \tag{3.20}$$

用年值折现法求净现值时，共同分析期 N 取值的大小不会影响方案比选结论，但通常 N 的取值不大于最长的方案寿命期，不小于最短的方案寿命期。

用上述方法计算出的净现值用于寿命不等互斥方案评价的判别准则是：净现值最大且非负的方案是最优可行方案。对于仅有或仅需计算费用现金流的互斥方案，可比照上述方法计算费用现值进行比选，判别准则是：费用现值最小的方案为最优方案。

例 3.16　设互斥方案 A、B 的寿命分别为 5 年和 3 年，各自寿命期内的净现金流量如表 3.15 所示，基准收益率为 12%，试用现值法比选方案。

表 3.15　互斥方案 A、B 的净现金流量表　　　　　　　　　单位：万元

方案	0	1 年	2 年	3 年	4 年	5 年
A	−280	96	96	96	96	96
B	−100	50	50	50		

解　取最短的方案寿命 3 年作为共同分析期，用年值折现法求各方案的净现值：
$$NPV_A = [-280+96(P/A,12\%,5)](A/P,12\%,5)(P/A,12\%,3) = 44.03(万元)$$
$$NPV_B = -100+50(P/A,12\%,3) = 20.1(万元)$$

由于 $NPV_A > NPV_B > 0$，故选取 A 方案。

对于某些不可再生资源开发型项目（如石油开采），在进行寿命不等的互斥方案比选时，方案可重复实施的假定不再成立。在这种情况下，不能用含有方案重复假定的年值法和前面介绍的现值法，也不能用含有同一假定的内部收益率法。对于这类方案，可以直接按方案各自寿命期计算的净现值进行比选。这种处理方法所隐含的假定是：用最长的方案寿命期作为共同分析期，寿命短的方案在其寿命期结束后，其再投资按基准折现率（最低希望收益率）取得收益。

（3）内部收益率法　用内部收益率法进行寿命不等的互斥方案经济效果评价，需要首先对各备选方案进行绝对经济效果检验，然后再对通过绝对经济效果检验（净现值、净年值大于或等于零，内部收益率大于或等于基准折现率）的方案用计算差额内部收益率的方法进行比选。

求解寿命不等互斥方案间差额内部收益率的方程可用令两方案净年值相等的方式建立，其中隐含了方案可重复实施的假定。设互斥方案 A、B 的寿命期分别为 n_A，n_B，求解差额内部收益率 ΔIRR 的方程为：

$$\sum_{t=0}^{n_A} (CI_A - CO_A)_t (P/F, \Delta IRR, t)(A/P, \Delta IRR, n_A)$$

$$= \sum_{t=0}^{n_B} (CI_B - CO_B)_t (P/F, \Delta IRR, t)(A/P, \Delta IRR, n_B) \tag{3.21}$$

就一般情况而言，用差额内部收益率进行寿命不等的互斥方案比选，应满足下列条件之一：

① 初始投资额大的方案年均净现金流大，且寿命期长。

② 初始投资额大的方案年均净现金流小，且寿命期短。

$$方案 \ j \ 的年均净现金流 = \sum_{t=0}^{n_j} (CI_j - CO_j)_t / n_j \tag{3.22}$$

方案比选的判别准则为：在 ΔIRR 存在的情况下，若 $\Delta IRR > i_0$，则年均净现金流大的方案为优；若 $0 < \Delta IRR < i_0$，则年均净现金流小的方案为优。

例 3.17 设互斥方案 A、B 的寿命分别为 5 年和 3 年，各自寿命期内的净现金流量如表 3.16 所示，基准收益率为 12%，试用内部收益率法比选方案。

表 3.16 互斥方案 A、B 的净现金流量表　　　　　　单位：万元

方案	0	1 年	2 年	3 年	4 年	5 年
A	−300	96	96	96	96	96
B	−100	42	42	42		

解 首先进行绝对经济效果检验，计算每个方案在各自寿命期内现金流的内部收益率。列出求解内部收益率的方程式：

$$-300 + 96(P/A, IRR_A, 5) = 0$$
$$-100 + 42(P/A, IRR_B, 3) = 0$$

可求得 $IRR_A = 18.14\%$；$IRR_B = 12.53\%$。

由于 IRR_A、IRR_B 均大于基准折现率，故方案 A、B 均能通过绝对经济效果检验。

方案比选应采用差额内部收益率指标。初始投资大的方案 A 的年均净现金流（$-300/5 + 96 = 36$）大于初始投资小的方案 B 的年均净现金流（$-100/3 + 42 = 8.7$），且方案 A 的寿命 5 年长于方案 B 寿命 3 年的，差额内部收益率可以使用。根据式（3.21）列出求解差额内部收益率的方程式：

$$[-300 + 96(P/A, \Delta IRR, 5)](A/P, \Delta IRR, 5)$$
$$-[-100 + 42(P/A, \Delta IRR, 3)](A/P, \Delta IRR, 3) = 0$$

利用试算内插法，可求得：$\Delta IRR = 20.77\%$。由判断准则可知，应选择年均净现金流大的方案 A。

3.3.3 独立方案的选择

3.3.3.1 完全不相关的独立方案

独立方案的采用与否，只取决于方案自身的经济性，即只需检验它们是否能够通过净现值、净年值或内部收益率等绝对经济效益评价指标。因此，多个独立方案与单一方案的评价方法是相同的。

例 3.18　三个独立方案 A、B、C，其现金流如表 3.17 所示。设基准收益率为 12％，试判断其经济可行性。

表 3.17　独立方案 A、B、C 的净现金流量表　　　　单位：万元

方案	0	1～8 年
A	−140	45
B	−180	47
C	−170	32

解　本例为独立方案，可首先计算方案自身的绝对经济效果指标：净现值、或净年值、或内部收益率，然后根据各指标的判别准则进行绝对经济效果检验并决定取舍。

（1）$NPV_A = -140 + 45(P/A, 12\%, 8) = 83.56$（万元）

$NPV_B = -180 + 47(P/A, 12\%, 8) = 53.50$（万元）

$NPV_C = -170 + 32(P/A, 12\%, 8) = -11.02$（万元）

由于 $NPV_A > 0$、$NPV_B > 0$、$NPV_C < 0$，根据净现值判别准则，A、B 方案可以接受；C 方案应予拒绝。

（2）$NAV_A = -140(A/P, 12\%, 8) + 45 = 16.82$（万元）

$NAV_B = -180(A/P, 12\%, 8) + 47 = 10.77$（万元）

$NAV_C = -170(A/P, 12\%, 8) + 32 = 2.22$（万元）

由于 $NAV_A > 0$、$NAV_B > 0$、$NAV_C < 0$，根据净年值判别准则，A、B 方案可以接受；C 方案应予拒绝。

（3）设 A 方案内部收益率为 IRR_A，B 方案内部收益率为 IRR_B，C 方案内部收益率为 IRR_C，由方程：

$-140 + 45(P/A, IRR_A, 8) = 0$

$-180 + 47(P/A, IRR_B, 8) = 0$

$-170 + 32(P/A, IRR_C, 8) = 0$

解得各方案内部收益率为 $IRR_A = 27.6\%$；$IRR_B = 20.1\%$；$IRR_C = 10.1\%$。

由于 $IRR_A > i_0 (12\%)$、$IRR_B > i_0 (12\%)$、$IRR_C < i_0 (12\%)$，根据内部收益率判别准则，A、B 方案可以接受，C 方案应予拒绝。

对于独立方案而言，经济上是否可行的判断依据是其绝对经济效果指标是否优于一定的检验标准。不论采用净现值、净年值和内部收益率当中哪种评价指标，评价结论都是一样的。

3.3.3.2　有资源约束的独立方案的选择

这里讨论的独立方案是指方案之间虽然不存在相互排斥或相互补充的关系，但由于资源的约束，不可能满足所有方案投资的要求，或者由于投资项目的不可分性，这些约束条件意味着接受某几个方案必须要放弃另一些方案，使之成为相关的互相排斥的方案。

受资源约束的方案选择使用的主要方法有"互斥方案组合法"和"净现值指数排序法"。

（1）互斥方案组合法　尽管独立方案之间互不相关，但在有约束条件下，它们会成为相关方案。互斥方案组合法的基本思想是把各个独立方案进行组合，其中每一个组合方案就代表一个相互排斥的方案，这样就可以利用互斥方案的评选方法，选择最佳的方案组合。

例 3.19　有三个独立方案 A、B、C，各方案的有关数据如表 3.18 所示，已知总投资限额为 210 万元，基准收益率为 10%，试选择最佳投资方案组合。

表 3.18　A、B、C 方案的有关数据　　　　　　　　　　　　　单位：万元

方案	投资额	1～10 年净收入
A	100	30
B	70	27
C	120	32

解　由于 A、B、C 三个方案的总投资 290 万元超过了投资限额，因而不能同时被选中。

互斥方案组合法的基本步骤如下：

第一步，列出全部相互排斥的组合方案。如果有 m 个独立方案，组合方案数共（2^m-1）个。本例原有 3 个独立方案，互斥组合方案共有 7 个（2^3-1）。这 7 个方案彼此互不相容，互相排斥。组合结果见表 3.19。

第二步，保留投资额不超过投资限额的方案，淘汰其余组合方案。本例中，除去不满足约束条件的 A、C 组合及 A、B、C 组合。

第三步，采用净现值或差额内部收益率法选择最佳方案组合。本例采用净现值法，净现值最大的组合方案为最佳组合方案。结果见表 3.19。

表 3.19　用净现值法选择最佳组合方案　　　　　　　　　　　单位：万元

序号	方案组合	投资	1～10 年净收入	净现值	决策
1	A	100	30	84.32	
2	B	70	27	95.89	
3	C	120	32	76.61	
4	A+B	170	57	180.21	最佳
5	B+C	190	59	172.5	
6	A+C	220	62	160.93	不可行
7	A+B+C	290	89	256.82	不可行

由上表可知，按最佳投资决策确定选择方案 A 和 B，其净现值总额为 180.21 万元。

当方案的个数增加时，其组合数将成倍增加。所以互斥方案组合法比较适用于方案数比较小的情况。当方案数目较多时，可采用净现值指数排序法。

（2）净现值指数排序法　此法是在计算各方案净现值指数的基础上，将净现值指数大于或等于零的方案按净现值指数大小排序，并依此次序选取项目方案，直至所选取方案的投资总额最大限度地接近或等于投资限额为止。这一方法的目标是达到总投资的净现值最大。

例 3.20　某地区投资预算为 150 万元，有 6 个投资方案，其净现值及投资额如表 3.17 所示，基准折现率为 10%，试按净现值指数排序法进行评选。

解　各方案的净现值、净现值指数及排序结果如表 3.20 所示。

表 3.20　各方案的有关指标计算表　　　　单位：万元

方案	第 0 年投资	净现值	净现值指数	按净现值指数排序
A	60	13.73	0.23	1
B	40	1.78	0.04	5
C	35	5.5	0.16	3
D	20	−1.56	−0.08	6
E	55	11.58	0.21	2
F	10	1.06	0.11	4

由上表可知，方案的优先顺序为 A、E、C、F、B、D，方案 D 净现值指数小于零，应淘汰。当资金总额为 150 万元时，最优组合方案是 A、E、C，净现值总额为 30.81 万元。

值得注意的是，用净现值指数排序法来评选独立方案，并不一定能保证获得最佳组合方案。只有当各方案投资占总投资比例很小或者入选方案投资累加与总投资限额相差无几时才能保证获得最佳组合方案。

实际上，在各种情况下都能保证实现最优选择的更可靠的方法是互斥方案组合法。

3.3.4　混合型方案的选择

当方案组合中既包含有互斥方案，也包含有独立方案时，就构成了混合方案。独立方案或互斥方案的选择，属于单项决策。但在实际情况下，需要考虑各个决策之间的相互关系。混合型方案的特点，就是在分别决策基础上，研究系统内诸方案的相互关系，从中选择最优的方案组合。

混合型方案的选择可按以下步骤进行：

第一，按不同组之间的方案互相独立，组内方案互相排斥的原则，形成所有可能的组合。

第二，以互斥型方案比选的原则筛选组内方案。

第三，在总的投资限额下，以独立型方案比选原则选择最优的方案组合。

例 3.21　某投资项目有一组 6 个可供选择的方案，其中两个是互斥型方案，其余为独立型方案。基准收益率为 10%，其投资、净现值等指标如表 3.21 所示。试进行方案选择。分别假设：①该项目投资限额为 1000 万元；②该项目投资限额为 2000 万元。

表 3.21　混合方案比选　　　　单位：万元

投资方案		投资	净现值	净现值指数
互斥型	A	500	250	0.5
	B	1000	300	0.3
独立型	C	500	200	0.4
	D	1000	275	0.28
	E	500	175	0.35
	F	500	150	0.3

解　6 个方案的净现值均大于零，表明方案都是可取的。

① 在 1000 万元资金限额下，以净现值指数为判断，选择 A、C 两个方案。A、C 方案的组合效益：$NPV=250+200=450$（万元）

② 在 2000 万元资金限额下，选择 A、C、E、F 四个方案。A、C、E、F 四个方案的组合效益：$NPV=250+200+175+150=775$（万元）

思考与练习题

3-1 经济效果评价指标有哪些类型？

3-2 试评价净现值指标的特点及适用性。

3-3 内部收益率的经济含义是什么？

3-4 净现值函数的特点是什么？

3-5 怎样用内部收益率法进行多方案项目的比选？

3-6 有资源约束的独立方案有哪些评价方法，如何选择？

3-7 某项目净现金流量如下表所示（单位：万元），试计算静态投资回收期、净现值、净年值、内部收益率、净现值指数和动态投资回收期。（$i_0=10\%$）

年	0	1	2	3	4	5	6
净现金流量	−60	−40	30	50	50	50	50

3-8 生产同种产品有 A、B 两台设备供选择。设备 A、B 投资额分别为 2500 万元和 5800 万元，年操作费用分别为 1000 万元和 500 万元，若基准投资回收期为 5 年，选哪台设备好？

3-9 某投资工程项目，建设期 2 年。第一年投资 1200 万元，第二年投资 1000 万元，第三年投产当年年收益 100 万元，项目生产期 14 年，若从第四年起到生产期末的年均收益为 390 万元，基准收益率为 12% 时，试计算并判断：（1）项目是否可行？（2）若不可行时，从第四年起的年均收益需增加多少万元，才能使基准收益率为 12%？

3-10 某拟建项目，第一年初投资 1000 万元，第二年初投资 2000 万元，第三年初投资 1500 万元，从第三年起连续 8 年每年可获得净收入 1450 万元。若期末残值忽略不计，基准折现率为 12%，试计算净现值和内部收益率，并判断该项目经济上是否可行。

3-11 某项目有 A、B 两个方案待选，各年净现金流量如下表所示（单位：万元）。

方案	0	1 年	2 年	3 年	4 年	5 年	6 年
A	−1000	300	300	300	300	300	450
B	−1200	350	350	350	350	350	500

试以基准折现率 12% 和 15% 分别计算净现值和净现值指数，比较哪个方案为优。

3-12 拟建一座用于出租的房屋，获得土地的费用为 30 万元。房屋有 4 种备选高度，不同建筑高度的建造费用和房屋建成后的租金收入及经营费用（含税金）如下表所示（单位：万元）。房屋寿命为 40 年，寿命期结束时土地价值不变，但房屋将被拆除，残值为零。若最低希望收益率为 15%，用增量分析法确定房屋应建多少层。

项目	2 层	3 层	4 层	5 层
初始建造费用	200	250	310	385
年运行费用	15	25	30	42
年收入	40	60	90	106

3-13　有 A、B 两个互斥方案，其净现金流量如下表所示（单位：万元）。

方案	0	1 年	2 年	3 年	4 年	5 年	6 年
A	−100	40	40	40	40	—	—
B	−250	60	60	60	60	60	60

若基准折现率为 10%，试以净现值法选优。

3-14　有 A、B、C、D 四个互斥方案，各年净现金流量如下表所示（单位：万元）。

项　目	方案 A	方案 B	方案 C	方案 D
期初投资	65	58	93	100
1～5 年年收益	18	15	23	25
期末残值	0	10	15	0

若基准折现率为 10%，试以内部收益率法选优。

3-15　在某一项目中，有 A、B 两种机器可以选用，都能满足生产需要。机器 A 买价为 10000 元，在第 6 年年末的残值为 4000 元，前三年的年运行费用为 5000 元，后三年为 6000 元。机器 B 买价为 8000 元，第 6 年年末的残值为 3000 元，其运行费用前三年为每年 5500 元，后三年为每年 6500 元。运行费用增加的原因是维护修理工作量及效率上的损失随着机器使用时间的增加而提高。基准收益率为 15%。试用费用现值和费用年值法选择机器。

3-16　有 6 个可供选择的独立方案，各方案初始投资及每年净收益如下表所示（单位：万元），当资金预算为 2700 万元时，试按净现值指数排序法对方案做出选择（$i_0 = 12\%$）。

项　目	方案Ⅰ	方案Ⅱ	方案Ⅲ	方案Ⅳ	方案Ⅴ	方案Ⅵ
投资	600	640	700	750	720	680
1～10 年净收益	250	280	310	285	245	210

本 章 参 考 文 献

[1]　徐寿波. 技术经济学（第五版）. 北京：经济科学出版社，2012.
[2]　卢明银，张振芳，李洁. 技术经济学. 北京：中国矿业大学出版社，2012.
[3]　何建洪. 技术经济学：原理与方法. 北京：清华大学出版社，2012.
[4]　刘晓君. 技术经济学（第二版）. 北京：科学出版社，2013.
[5]　夏恩君. 技术经济学. 北京：中国人民大学出版社，2013.

第4章 项目风险与不确定性分析

项目评价是通过各种评价指标来判断项目是否可行，如净现值、内部收益率等。计算这些指标所用的基础数据如现金流等大部分是在估算和预测的基础上获得的，有一定程度的不确定性和风险；经济全球化程度日益加深，企业参与的市场范围更加广泛，项目面临的不确定性和风险加大。为了尽量避免投资决策失误，有必要进行风险与不确定性分析（risk and uncertainty analysis）。

不确定性是与确定性相对的一个概念，是指某一事件、活动在未来可能发生，也可能不发生，其发生状况、时间及其结果的可能性或概率是未知的。1921年，美国经济学家弗兰克奈特（Frank Knight）对风险进行了开拓性的研究，他首先将风险与不确定性区分开来，认为风险是介于确定性和不确定性之间的一种状态，其出现的可能性是可以知道的，而不确定性的概率是未知的。由此，出现了基于概率的风险分析，以及概率未知的不确定性分析两种决策分析方法。

项目的风险分析主要涉及风险识别、风险估计、风险决策和风险应对。项目的不确定性分析考查的是当建设投资、经营成本、产品售价、销售量、项目寿命等对拟建项目有较大影响的因素发生变化时，对项目经济评价指标所产生的影响。这种影响越强烈，表明所评价的项目方案对某个或某些因素越敏感。对于这些敏感因素，要求项目决策者和投资者要予以充分的重视和考虑。

本章学习的项目风险与不确定性分析方法包括：盈亏平衡分析、敏感性分析、概率分析和风险决策分析四类。

4.1 盈亏平衡分析方法

盈亏平衡分析（break-even analysis）在确定项目的盈亏平衡点的基础上，分析各种因素的变动（如投资、成本、销售量、产品价格、项目寿命期等）对项目盈利能力的影响。盈亏平衡点（break-even point，BEP）即项目盈利与亏损的转折点，又称盈亏临界点、保本点。在该点销售收入等于销售成本，盈亏恰好平衡。盈亏平衡点的表达方式有多种，如产量、生产能力利用率、产品销售价格、单位产品可变成本等。根据生产成本、销售收入与产量（销量）之间是否呈线性关系，盈亏平衡分析又可分为线性盈亏平衡分析和非线性盈亏平衡分析。

4.1.1 线性盈亏平衡分析

线性盈亏平衡分析（linear break-even analysis）是指投资项目的销售收入和销售成本与产品销售量呈线性关系情况下的盈亏平衡分析。

4.1.1.1 线性盈亏平衡分析应具备的条件

① 产品销售量和生产量相等（即各年产品全部售出）；

② 产品的销售价格在不同的销售水平条件下保持不变，销售收入是销售量的线性函数；

③ 产量变化，单位可变成本不变，从而使总成本成为产量的线性函数；

④ 项目生产的是单一产品，如同时生产几种类似产品，则应把几种产品组合折算为一种产品。

4.1.1.2 线性盈亏平衡分析的方法

盈亏平衡分析方法将总生产成本划分为固定成本和可变成本。所谓固定成本是指在一定生产规模限度内不随产品产量的变动而变动的费用，它包括固定资产折旧费、大修理费、管理人员工资及工资附加费等；可变成本是指随产量变动而按正比例变化的费用，它包括原材料、辅助材料及工人工资等。此外，还有一类半可变成本，它随产品产量变化而变化但不成正比例，如工夹模具费和运输费等。由于半可变成本在总成本中所占比例很小，所以在盈亏平衡分析中，可以近似地认为它与产量呈正比例变动。

设：Q 为产量或销量，P 为单位产品售价，F 为固定成本，V 为单位可变成本
则可建立以下方程：

总销售收入方程：

$$TR = PQ \tag{4.1}$$

总成本支出方程：

$$TC = F + VQ \tag{4.2}$$

(1) 图解法 图解法主要是通过绘制盈亏平衡图的方法来分析产量、成本和盈利之间的关系，找出盈亏平衡点。如图 4.1 所示的点 BEP 就是盈亏平衡点。

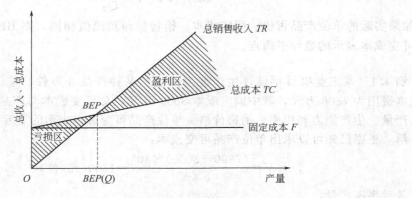

图 4.1 线性盈亏平衡分析

图中纵坐标表示销售收入或销售成本，横坐标表示产品产销量，销售收入线与总成本线的交点即为盈亏平衡点 BEP，BEP 所对应的销售量 $BEP(Q)$ 是盈亏平衡产销量或保本量。在 BEP 的右边销售量大于保本量，销售收入大于销售成本，项目盈利；相反，在 BEP 左边，销售量小于保本量，销售收入小于销售成本，项目亏损；在 BEP 上，项目既不亏损也不盈利。因此，BEP 成为项目盈利与否的临界点。这个临界点越低，盈利区就越大，项目盈利机会就越大，承受经济风险与意外冲击的能力越大；反之，项目面临的风险就大。在进行方案选择时应优先选择盈亏平衡点较低者。当然，要提高盈利机会，还应重视投资项目的技术和设备选择以及其它可能影响投资项目成本的因素，以尽量降低产品的固定成本和可变成本。

(2) 代数法 代数法是通过求解方程求得盈亏平衡点。根据盈亏平衡原理，在盈亏平衡点上，利润恰好为 0，销售收入等于销售成本。

设利润为 B，则利润方程为：

$$B = TR - TC = PQ - (F + VQ) \tag{4.3}$$

当盈亏平衡时，$B = 0$，即：

$$PQ = F + VQ \tag{4.4}$$

若以产量表示盈亏平衡点，则

$$BEP(Q)=\frac{F}{P-V} \tag{4.5}$$

式中，$P-V$ 称为产品的边际贡献。

若项目设计生产能力为 Q_0，则盈亏平衡生产能力利用率为：

$$BEP(E)=\frac{BEP(Q)}{Q_0}\times100\% \tag{4.6}$$

当未来产品的固定成本、可变成本、售价都与预测相同时，如果生产能力利用率低于 $BEP(E)$，则项目亏损；高于 $BEP(E)$，则项目盈利；等于 $BEP(E)$，则不盈不亏。

若按设计生产能力进行生产和销售，则盈亏平衡销售价格为：

$$BEP(P)=V+\frac{F}{Q_0} \tag{4.7}$$

当单位产品可变成本、固定成本、销售量与预测量相同，若产品售价高于 $BEP(P)$，则项目盈利；低于 $BEP(P)$ 则亏损，等于 $BEP(P)$ 则不亏不盈。

若按设计生产能力进行销售，且销售价格已定，则盈亏平衡单位可变成本为：

$$BEP(V)=P-\frac{F}{Q_0} \tag{4.8}$$

如果实际的单位产品售价、固定成本、销售量与预测值相同，则 $BEP(V)$ 就成为用单位产品可变成本表示的盈亏平衡点。

例 4.1 某工业项目年设计生产能力为生产某种产品 3 万件，单位产品售价 3000 元，总成本费用为 7800 万元，其中固定成本 3000 万元，总可变成本与产品产量呈正比例关系，求以产量、生产能力利用率、销售价格、单位产品可变成本表示的盈亏平衡点。

解 根据已知可以求出单位产品可变成本：

$$V=\frac{(7800-3000)\times10^4}{3\times10^4}=1600(元/件)$$

盈亏平衡产量：

$$BEP(Q)=\frac{3000\times10^4}{3000-1600}=21400(件)$$

盈亏平衡生产能力利用率：

$$BEP(E)=\frac{3000\times10^4}{(3000-1600)\times3\times10^4}\times100\%=71.43\%$$

盈亏平衡销售价格：

$$BEP(P)=1600+\frac{3000\times10^4}{3\times10^4}=2600(元/件)$$

盈亏平衡单位产品可变成本：

$$BEP(V)=3000-\frac{3000\times10^4}{3\times10^4}=2000(元/件)$$

在该例中，若未来的产品销售价格及生产成本与预期相同，项目不发生亏损的条件是年销售量不低于 21400 件，生产能力利用率不低于 71.43%；如果按照设计生产能力生产并全部销售，生产成本与预期相同，项目不发生亏损的条件是产品价格不低于 2600 元/件；如果销售量、产品价格与预期值相同，项目不发生亏损的条件是单位产品可变成本不高于 2000 元/件。

4.1.2　非线性盈亏平衡分析

　　销售收入与生产成本方程不一定都是产量的线性方程。随着生产规模的扩大，生产资料和劳动力的供给可能发生变化，设备维修费用可能会增加等原因都可能造成产品生产成本与产量变化不再保持线性关系；市场供求关系发生变化，企业为了竞争而采取降价促销等措施可能造成销售收入与产量不再呈线性关系。当产品的总成本与产量不呈线性关系，销售收入与产量不呈线性关系时，盈亏平衡点可能出现一个以上，此时应进行非线性盈亏平衡分析（non-linear break-even analysis）。

　　假定销售收入与产量、总生产成本与产量之间均为一元二次函数关系，表示如下。

　　销售收入函数 TR 与销售成本函数 TC 分别为：

$$TR = aQ + bQ^2 \tag{4.9}$$
$$TC = c + dQ + eQ^2 \tag{4.10}$$

式中，a、b、c、d、e 均为常数；Q 为产量。

　　当盈亏平衡时，$TR = TC$，即：

$$aQ + bQ^2 = c + dQ + eQ^2$$

　　解此一元二次方程，可得盈亏平衡点的产量：

$$BEP(Q) = -\frac{d-a}{2(e-b)} \pm \frac{\sqrt{(d-a)^2 - 4(e-b)c}}{2(e-b)} \tag{4.11}$$

　　式（4.11）表示销售收入曲线与销售成本曲线有两个交点，因此解得两个盈亏平衡点 $BEP(Q)_1$ 和 $BEP(Q)_2$（图 4.2）。产量或销售量低于 $BEP(Q)_1$ 或高于 $BEP(Q)_2$，项目都亏损，只有在两者之间，项目才能盈利。当产品销售量在 $BEP(Q)_1$ 和 $BEP(Q)_2$ 之间，项目盈利为：

$$B = TR - TC = (b-e)Q^2 + (a-d)Q - c \tag{4.12}$$

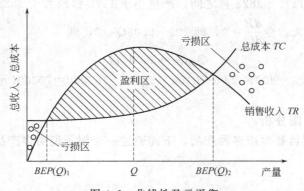

图 4.2　非线性盈亏平衡

　　若使盈利 B 最大，令 $\dfrac{dB}{dQ} = 0$，则有：

$$Q_{\text{max}B} = \frac{d-a}{2(b-c)} \tag{4.13}$$

　　$Q_{\text{max}B}$ 即为最大盈利对应的产量。

　　例 4.2　某厂生产豪华落地扇，每台价格为 300 元，且每多销售一台则单价降低 0.03 元。固定成本 180000 元。单位产品可变成本为 100 元，且每多销售一台就增加 0.01 元（因为随着产量的增加，单位产品可变成本不能完全维持不变）。求盈亏平衡点产销量、盈利产量范围、最大利润时产销量及最大利润额？

解 根据题意

产品单价为：

$$P = 300 - 0.03Q$$

式中，Q 为产销量。

销售收入为：

$$TR = PQ = (300 - 0.03Q)Q = -0.03Q^2 + 300Q$$

单位产品可变成本为：

$$V = 100 + 0.01Q$$

总成本为：

$$\begin{aligned} TC &= F + VQ \\ &= 180000 + (100 + 0.01Q)Q \\ &= 0.01Q^2 + 100Q + 180000 \end{aligned}$$

经营利润为：

$$\begin{aligned} B &= TR - TC \\ &= -0.03Q^2 + 300Q - 0.01Q^2 - 100Q - 180000 \\ &= -0.04Q^2 + 200Q - 180000 \end{aligned}$$

盈亏平衡时 $B = 0$，即

$$-0.04Q^2 + 200Q - 180000 = 0$$

解得盈亏平衡时的产量：

$$BEP(Q)_1 = 1175 \text{（台）}, \quad BEP(Q)_2 = 3825 \text{（台）}$$

产品盈利范围在 1175～3825 台之间；产量小于 1175 台或大于 3825 台则会发生亏损。

若使得利润 B 最大，令 $\dfrac{dB}{dQ} = 0$，即 $200 - 0.08Q = 0$，则

$$Q_{maxB} = 2500 \text{（台）}$$

$$B_{max} = 200 \times 2500 - 0.04 \times 2500^2 - 180000 = 70000 \text{（元）}$$

4.1.3 多产品盈亏平衡分析

在多数情况下，项目要生产多种产品，下面通过一个例子说明多产品盈亏平衡分析的具体方法。

例 4.3 某项目年销售收入 1300 万元，销售收入中变动成本为 795 万元，年固定成本为 416 万元。该项目生产 A、B、C 三种产品，其它情况如表 4.1 所示。试确定该项目的盈亏平衡点。

表 4.1 项目产品资料

项目	产品 A	产品 B	产品 C
单位售价/元	500	400	200
单位变动成本/(元/吨)	300	250	120
产销量/吨	10000	15000	10000
销售收入/万元	500	600	200

解　第一步，计算各产品的边际贡献。如下：

A 产品的边际贡献 $=P_A-V_A=500-300=200$（元）

B 产品的边际贡献 $=P_B-V_B=400-250=150$（元）

C 产品的边际贡献 $=P_C-V_C=200-120=80$（元）

式中，P_i 为产品 i 的售价；V_i 为产品 i 的单位变动成本，$i=$A，B，C。

第二步，计算三种产品的加权平均边际贡献率。

计算公式如下：

$$多种产品的加权平均边际贡献率=\frac{所有产品边际贡献之和}{所有产品销售额之和}$$

则：

$$A、B、C 的加权平均边际贡献率=\frac{200\times10000+150\times15000+80\times10000}{500\times10000+400\times15000+200\times10000}$$
$$=0.3885$$

第三步，计算盈亏平衡点。

此处以销售收入表示盈亏平衡点，计算公式如下：

$$多产品盈亏平衡点=\frac{年固定成本总额}{加权平均边际贡献率}$$

则：

$$A、B、C 三种产品对应的多产品盈亏平衡点=\frac{416}{0.3885}=1070.79（万元）$$

即当销售收入达到 1070.79 万元时，项目可以保本。

可以通过改变项目产品结构的方式改变项目的盈亏平衡点，不同的盈亏平衡点的优劣程度不同，从而可以找到更好的产品组合。本例中，如果将 A 产品的产量调整为 20000 吨、B 产品产量调整为 5000 吨、C 产品产量调整为 10000 吨，则：

$$A、B、C 的加权平均边际贡献率=\frac{200\times20000+150\times5000+80\times10000}{500\times20000+400\times5000+200\times10000}$$
$$=0.4269$$

$$A、B、C 三种产品对应的多产品盈亏平衡点=\frac{416}{0.4269}=974.47（万元）$$

该产品组合下的盈亏平衡点销售收入比原产品组合下降 96.32（$=1070.79-974.47$）万元，显然该方案优于原方案。

4.1.4　互斥方案的优劣平衡分析

在对互斥方案的比较选优时，如果某一个共有的不确定因素影响方案的经济效果，那么表示两个互斥方案经济效果的曲线（或直线）会有一个交点。当互斥方案变量的取值在交点时，两个方案的经济效果相同，交点被称为优劣平衡点。当变量的取值在交点左边和右边，对应选择不同的最优方案。这种比选方法就称为优劣平衡点分析。

例如，设有两个方案，其成本分别为 TC_1 和 TC_2，且受到同一个变量 x 的影响，即 $TC_1=f_1(x)$，$TC_2=f_2(x)$；当 $TC_1=TC_2$ 时，$f_1(x)=f_2(x)$。解出此时的 x 值，就得出了两个方案的优劣平衡点。

根据分析中是否考虑资金时间价值，可分为静态和动态优劣平衡点分析。此处仅以静态优劣平衡点分析为例对互斥方案的优劣平衡分析进行说明。

例 4.4 建设某工厂有三种方案：

A：从国外引进，每年固定成本 800 万元，单位产品可变成本为 10 元；

B：采用一般国产自动化装置，每年固定成本为 500 万元，单位产品可变成本为 12 元；

C：采用自动化程度较低的生产设备，每年固定成本为 300 万元，单位产品可变成本为 15 元。

若市场预测该产品的销售量为 80 万件，请问应该选择哪种建设方案？

解 各方案的总成本函数为：

$$TC_A = F_A + V_A Q = 800 + 10Q$$
$$TC_B = F_B + V_B Q = 500 + 12Q$$
$$TC_C = F_C + V_C Q = 300 + 15Q$$

各方案的总成本曲线如图 4.3 所示。

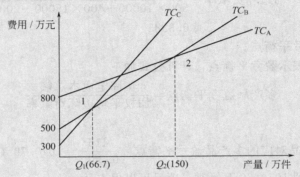

图 4.3 三个方案优劣盈亏分析图

从图 4.3 可以看出，最低成本线被两个交点分为三段，其中 Q_1、Q_2 分别为优劣平衡点 1、2 下的产量。具体计算如下：

对于点 1： $$TC_B = TC_C$$

即 $$500 + 12Q = 300 + 15Q$$

解得 $$Q_1 = 66.7 （万件）$$

对于点 2： $$TC_A = TC_B$$

即 $$800 + 10Q = 500 + 12Q$$

解得 $$Q_2 = 150 （万件）$$

因此，当产量小于 66.7 万件时，C 方案成本最低；当产量在 66.7 万～150 万件时，B 方案成本最低；当产量大于 150 万件时，A 方案成本最低。

市场预测的销售量为 80 万件，处于 66.7 万～150 万件之间，因此选择 B 方案建厂最有利。

4.2 敏感性分析方法

4.2.1 敏感性分析的概念

项目经济评价指标对不同的不确定因素的敏感程度是不一样的。有的因素稍有变化就会使项目经济评价指标发生较大的变化，而有些因素本身虽然变化较大，但使项目经济评价指标的变动程度却不大。那些对经济评价指标影响程度较大的不确定因素叫做敏感性因素，反之叫做一般性敏感因素或不敏感因素。

敏感性分析（sensitivity analysis）是指通过分析、预测项目主要不确定因素发生变化时对经济评价指标的影响，从中找出敏感性因素，并确定其影响程度，从而当外部条件发生不利变化时可以利用敏感性分析的信息对投资方案的承受能力进行判断。

敏感性分析的作用有以下几个方面：

① 找出影响项目经济效益变动的敏感性因素，分析敏感性因素变动的原因，使项目分析者和管理者全面掌握项目的盈利能力和潜在风险，做到心中有数，制定相应对策；

② 研究不确定性因素变动如引起项目经济效益值变动的范围或极限值，分析判断项目承担风险的能力；

③ 比较多方案的敏感性大小，决策者可以根据自己对风险程度的偏好选择经济回报与所要承担风险相当的投资方案。

根据不确定性因素每次变动数目的多少，敏感性分析可以分为单因素敏感性分析和多因素敏感性分析。

4.2.2　敏感性分析的步骤

进行敏感性分析，一般遵循以下步骤。

（1）确定分析的经济效益指标　进行敏感性分析，首先要确定敏感性分析的具体经济效益评价指标。一般是选取一些能综合反映项目经济效益的指标作为分析对象，这些指标主要包括：净现值、内部收益率、投资利润率、投资回收期等。根据《建设项目经济评价方法与参数（第二版）》的要求，敏感性分析通常是分析不确定因素单独变化或多个因素同时变化对内部收益率的影响。必要时也可分析对投资回收期和借款偿还期指标的影响。

（2）选定不确定性因素，设定其变化范围　确定所要分析的经济效益指标后，就要选择影响经济效益指标的主要因素。可以根据以下原则选择主要的不确定因素加以分析。

① 该因素的变化将会对经济效益指标有较大的影响；

② 该因素在项目计算期内有可能发生较大的变化；

③ 该因素确实不容易准确地进行预测。

敏感性分析中的不确定性因素通常从下面这些因素中选定：产品销量、产品售价、经营成本、项目的建设期限、投产期限以及达产期限、折现率、固定资产投资、流动资产投资以及汇率等。在进行敏感性分析时，可根据上述原则和实际情况选择一个或几个可能发生变化的不确定性因素进行分析。

在确定拟分析的不确定因素后，要根据实际情况分析、确定各个不确定因素的可能变动幅度，即拟分析的因素均从确定性分析中所采用的数值开始变动，且各因素每次变动的幅度（增或减的百分数）相同。

（3）确定敏感性因素　根据所选择的不确定性因素及其设定的变化幅度，计算各个不确定性因素的变化对经济效益指标的影响程度，并建立一一对应的关系，并用图或表的形式表示出来，在此基础上确定敏感性因素。判断敏感性因素的方法有两种：

① 相对测定法。使要分析的不确定性因素均从所采用的数据开始变动，各因素每次变动的幅度相同，比较在同一个变动幅度下各因素对经济效益指标的影响程度，选择其中使经济效果变化幅度较大的因素作为敏感性因素，使经济效益指标变化幅度较小的因素作为不敏感性因素。

② 绝对测定法。使各因素均向对项目不利的方向变动，并取其有可能出现的对项目最不利的数值，计算此时对应的经济效益指标值，并与经济指标值的是否可接受的临界值进行比较。如果某因素可能出现的最不利数值使项目变得不可接受，则该因素是项目的敏感性因素。

实践中，可以将两种方法结合使用。

（4）分析结论　通过以上分析，对项目的风险进行预测。

4.2.3 单因素敏感性分析

单因素敏感性分析（single factor sensitivity analysis）是指单个不确定性因素变动对项目经济评价指标的影响，即每次只变动一个因素而其它因素保持不变时所做的敏感性分析，称为单因素敏感性分析。

例 4.5　某项目各年的现金流量见表 4.2，基准收益率为 12%，计算期为 10 年，由于对未来影响经济环境的某些因素把握不大，投资额、经营成本和销售收入均有可能在 ±10% 的范围内变动。试分别就上述三个不确定因素作单因素变动的敏感性分析。

表 4.2　项目现金流量

项目	0	1～10 年
投资额	1000	
销售收入		250
经营成本		50
资产残值		20

解　设投资额为 K，年销售收入为 B，年经营成本为 C，期末残值为 L。用内部收益率指标评价方案经济效果，计算公式如下：

$$-K+B(P/A,IRR,10)-C(P/A,IRR,10)+L(P/F,IRR,10)=0$$

用试算内插法求得：$IRR=15.25\%$

下面用内部收益率指标分别就投资额、销售收入和经营成本三个不确定性因素作敏感性分析。

（1）相对测定法　设投资额的变动百分比为 Y，投资额变动后内部收益率的计算公式为：

$$-K(1+Y)+B(P/A,IRR,10)-C(P/A,IRR,10)+L(P/F,IRR,10)=0$$

设销售收入变动的百分比为 X，分析销售收入变动后内部收益率的计算公式为：

$$-K+B(1+X)(P/A,IRR,10)-C(P/A,IRR,10)+L(P/F,IRR,10)=0$$

设经营成本的变动的百分比为 Z，分析经营成本变动后内部收益率的计算公式为：

$$-K+B(P/A,IRR,10)-C(1+Z)(P/A,IRR,10)+L(P/F,IRR,10)=0$$

将本例中的有关数据及设定不确定因素的变动百分比（均为 10%）分别代入以上三个公式即可计算出：

$$Y=13.64\%；X=-9.66\%；Z=48.3\%$$

从这一计算结果可以看出，若销售收入减少幅度超过 9.66%，则该方案的内部收益率达不到基准收益率 $i_0=12\%$ 的水平，因而销售收入为最敏感因素。

各不确定因素在不同变动幅度下的内部收益率，见表 4.3。根据表中数据可以绘出敏感性分析图（见图 4.4）

表 4.3　敏感性分析

项目	基本方案	投资		经营成本		销售收入	
		10%	-10%	10%	-10%	10%	-10%
内部收益率/%	15.25	12.83	18.09	14.60	15.88	18.44	11.79
较基本方案增减/%		-2.42	2.84	-0.65	0.63	3.19	-3.64

　　从表中亦可以看出，各因素变动都不同程度地影响内部收益率，其中销售收入的提高或降低对内部收益率的影响最大，是最敏感因素，其次是投资额。

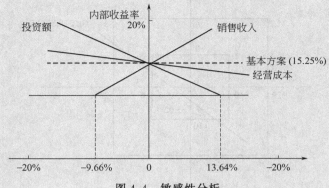

图 4.4　敏感性分析

　　图 4.4 是敏感性分析。纵坐标为敏感性分析的经济评价指标内部收益率，横坐标是各不确定因素变动幅度。各不确定因素与纵轴的交点为原方案的内部受益率（15.25%），本例中各不确定因素分别为销售收入、经营成本及投资额。各不确定因素曲线与基本收益率曲线的交点所对应的百分数即为不确定因素变动的临界值，若超出此临界值则方案即变得不可行。如销售收入降低超过 −9.66%、或投资提高超过 13.64%、或经营成本提高超过 48.3%，则此方案内部收益率低于 12%，使方案不可行。

　　(2) 绝对测定法　此处应用的是绝对测定法的一种变通方式。以基准收益率 $i_0 = 12\%$ 替换上述三个公式中的 IRR，并将本例中的有关已知数据如 B、C、L 等代入上述三个公式，可以求得：

$$Y = 13.64\%; \quad X = -9.66\%; \quad Z = 48.3\%$$

4.2.4　多因素敏感性分析

　　单因素敏感性分析适用于寻找最敏感因素，然而它容易忽略各因素之间相互作用的结果，所以要进行多因素敏感性分析，即考察多个不确定因素同时变动时对方案经济评价指标的影响，以判断其风险情况。多因素敏感性分析是指在假定其它不确定性因素不变条件下，计算分析两种或两种以上不确定性因素同时发生变动，对项目经济效益值的影响程度，确定敏感性因素及其极限值。多因素敏感性分析一般是在单因素敏感性分析基础上进行，且分析的基本原理与单因素敏感性分析大体相同，但需要注意的是，多因素敏感性分析须进一步假定同时变动的几个因素都是相互独立的，且各因素发生变化的概率相同。

　　多因素敏感性分析（multi-factor sensitivity analysis）要考虑各种因素可能发生的不同变动幅度的组合，其计算要比单因素敏感性分析复杂得多。现以双因素敏感性分析和三因素敏感性分析为例对多因素敏感性进行说明。

4.2.4.1　双因素敏感性分析

　　一次改变一个因素的敏感性分析可以得到一条曲线——敏感性曲线。但当分析两个因素同时变动时的敏感性时，可以得到一个敏感面。

　　例 4.6　设某项目固定资产投资为 170 万元，年销售收入为 35 万元，年经营费用为 3 万元，项目计算起为 10 年，期末固定资产残值为 20 万元，基准收益率为 13%。试就最关键的两个因素——初始投资和年销售收入，对该项目的净现值进行双因素敏感性分析。

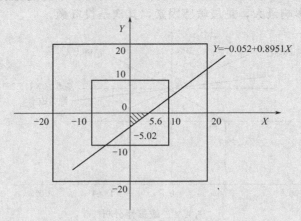

图 4.5　双因素敏感性分析图

解　设 X 表示初始投资变化的百分数，Y 表示年销售收入变化的百分数，则：

$$NPV(13\%) = -170(1+x) + 35(1+Y)(P/A, 13\%, 10)$$
$$-3(P/A, 13\%, 10) + 20(P/F, 13\%, 10)$$
$$= 9.53 - 170X + 189.92Y$$

如果 $NPV(13\%) \geqslant 0$，则该投资方案的盈利能力在 13% 以上。

$$NPV(13\%) \geqslant 0$$

即：

$$9.53 - 170X + 189.92Y \geqslant 0$$

亦即：

$$Y \geqslant -0.0502 + 0.8951X$$

将以上不等式绘制成图形，可以得到如图 4.5 所示的两个区域。

斜线以上的区域，$NPV(13\%) > 0$，斜线以下的区域，$NPV(13\%) < 0$。从图 4.5 可以看出，项目对投资的增加相当敏感。投资增加和年销售收入减少时，项目 $NPV(13\%) \geqslant 0$ 的区域如图 4.5 中的阴影区域，该区域是比较狭窄的。

4.2.4.2　三因素敏感性分析

例 4.7　若例 4.6 中经营费用也是一个重要的影响参数，试进行初始投资、年销售收入和经营费用三个参数同时变化的敏感性分析。

解　绘制一个三维的敏感性分析图是很困难的，可以用降维的方法来简单地表示。

设 X、Y、Z 分别表示初始投资变化百分数、销售收入变化的百分数和经营费用变化的百分数，则：

$$NPV(13\%) = -170(1+X) + 35(1+Y)(P/A, 13\%, 10)$$
$$-3(1+Z)(P/A, 13\%, 10) + 20(P/F, 13\%, 10)$$
$$= 9.53 - 170X + 189.92Y - 16.28$$

取不同的经营费用变动幅度代入上式，可以求出一组 $NPV(13\%) = 0$ 的临界线方程。

当 $Z = 100\%$ 时，$Y = 0.8951X + 0.0355$；

当 $Z=50\%$ 时，$Y=0.8951X-0.0007$；

当 $Z=-50\%$ 时，$Y=0.8951X-0.0930$；

当 $Z=-100\%$ 时，$Y=0.8951X-0.1359$。

根据以上方程可画出如图 4.6 所示的一组盈亏线。

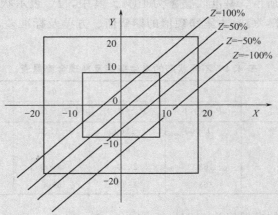

图 4.6　三因素敏感性分析图

由图 4.6 可以看出，经营费用上升，临界线往左上方移动。经营费用下降，临界线往右下方移动。根据该图我们可以直观地了解初始投资、年销售收入和经营费用这三个因素同时变动对决策的影响。

4.3　概率分析

4.3.1　概率分析的概念

概率分析（probability analysis）是使用概率研究预测各种不确定性因素和风险因素的发生对经济评价指标影响的一种定量方法。一般是计算该项目净现值的期望值及净现值大于或等于零时的累计概率，累计概率值越大，说明项目承担的风险越小。根据对基础数据的取值及其发生概率的估算方法不同，概率分析可分成客观概率分析和主观概率分析。如果历史基础数据的取值及其发生概率会以同样的规律出现在未来的项目寿命期内，那么就可以根据历史统计数据来估算项目寿命期内基础数据的取值及其发生概率，并以此为基础计算净现值的概率分布，这种概率分析称为客观概率分析。水利工程是一类典型的可用客观概率分析的项目，因为历史洪水水位、净流量等基础数据及其发生的概率基本上会以同样的规律出现在未来。而对于大量工业交通项目未来的情况和历史情况会有很大差别，此时基础数据的取值及其发生概率主要凭主观预测、分析和估算，这种概率分析方法叫主观概率分析。

4.3.2　概率分析的步骤

概率分析的一般步骤如下：

① 列出各种拟考虑的不确定因素，如原材料价格、产品销售量、经营成本和投资等；

② 分别设想各个不确定因素可能发生的情况，即该不确定因素可能出现的数值；

③ 分别确定每种情况出现的可能性，即概率，每种不确定因素可能发生的概率之和必须等于 1；

④ 分别求出各可能发生事件的净现值、加权净现值、然后求出加权净现值期望值；

⑤ 求出净现值大于或等于零的累计概率。

4.3.3 概率分析应用举例

例 4.8 某项目的产品生产方案在计算期内可能会出现 5 种状态，每种状态的净现金流量及发生概率如表 4.4 所示，基准收益率为 10%。其中，P_i 表示状态 θ_i($i=1$，2，3，4，5）发生的概率。试计算：(1) 方案净现值的期望值、方差及标准差；(2) 净现值大于或等于零的概率。

表 4.4 不同状态的发生概率及净现金流量表   单位：万元

概率 净现值流量	θ_1 $P_1=0.1$	θ_2 $P_2=0.2$	θ_3 $P_3=0.4$	θ_4 $P_4=0.2$	θ_5 $P_5=0.1$
第 0 年	−15000	−15000	−15000	−15000	−15000
第 1 年	0	0	0	0	0
第 2~10 年	1630	2620	4600	5060	5290
第 11 年	3630	4620	6600	7060	7290

解 (1) 设状态 θ_i 的净现值为 NPV_i($i=1$，2，3，4，5），则

$NPV_1 = -15000 + 1630(P/A,10\%,9)(P/F,10\%,1) + 3630(P/F,10\%,11) = -5194$（万元）

$NPV_2 = -15000 + 2620(P/A,10\%,9)(P/F,10\%,1) + 4620(P/F,10\%,11) = 210$（万元）

$NPV_3 = -15000 + 4600(P/A,10\%,9)(P/F,10\%,1) + 6600(P/F,10\%,11) = 11397$（万元）

$NPV_4 = -15000 + 5060(P/A,10\%,9)(P/F,10\%,1) + 7060(P/F,10\%,11) = 13966$（万元）

$NPV_5 = -15000 + 5290(P/A,10\%,9)(P/F,10\%,1) + 7290(P/F,10\%,11) = 15251$（万元）

方案净现值的期望值：

$E(NPV) = P_1 NPV_1 + P_2 NPV_2 + P_3 NPV_3 + P_4 NPV_4 + P_5 NPV_5 = 9439$（万元）

方案净现值的方差：

$$D(NPV) = [NPV_1 - E(NPV)]^2 P_1 + [NPV_2 - E(NPV)]^2 P_2$$
$$+ [NPV_3 - E(NPV)]^2 P_3$$
$$+ [NPV_4 - E(NPV)]^2 P_4 + [NPV_5 - E(NPV)]^2 P_5$$
$$= (-5194 - 9439)^2 \times 0.1 + (210 - 9439)^2 \times 0.2 + (11397 - 9439)^2 \times 0.4$$
$$+ (13966 - 9439)^2 \times 0.2 + (15251 - 9439)^2 \times 0.1$$
$$= 26328906.5$$

方案净现值的标准差：

$$\sigma(NPV) = \sqrt{D(NPV)} = 5131.2 \text{（万元）}$$

(2) 计算净现值大于或等于零的概率 把方案净现值看作连续型随机变量，且服从参数为 μ，σ 的正态分布。由 (1) 中结果知：

$$\mu = E(NPV) = 9439 \text{（万元）}$$
$$\sigma = \sigma(NPV) = 5131.2 \text{（万元）}$$

令 $Z=\dfrac{NPV-E(NPV)}{\sigma(NPV)}=\dfrac{NPV-9439}{5131.2}$，服从标准正态分布 $N(0,1)$。

净现值大于或等于零的概率为：

$$P(NPV\geqslant0)=1-P(NPV<0)$$
$$=1-P\left(Z<\frac{0-9439}{5131.2}\right)$$
$$=1-P(Z<-1.84)$$

查标准正态分布表，$P(Z<-1.84)=0.0329$。

所以，$P(NPV\geqslant0)=1-0.0329=0.9671$。即本方案净现值大于或等于零的概率为 96.71%。

4.4　风险决策分析

4.4.1　风险决策的条件

风险决策讨论在风险条件下方案取舍的原则和多方案比选的方法。风险决策必备的条件包括：

① 存在着决策人希望达到的目标（如收益最大或损失最小）；

② 存在着两个或两个以上的方案可供选择；

③ 存在着两个或两个以上不以决策者的主观意志为转移的自然状态（如不同的市场状态或其它经营条件）；

④ 可以计算出不同方案在不同自然状态下的损益值；

⑤ 在可能出现的不同自然状态中，决策者不能肯定未来将出现哪种自然状态，但能确定每种状态出现的概率。

4.4.2　风险决策的原则

通常的风险决策的原则有如下 5 种。

4.4.2.1　优势原则

在 A 与 B 两个备选方案中，如果不论在什么状态下，A 总是优于 B，则可以认定 A 相对于 B 是优势方案，或者说 B 相对于 A 是劣势方案。因而 B 方案就应从备选方案中剔除，这就是风险决策的优势原则。在有两个以上备选方案的情况下，应用优势原则一般不能确定最佳方案，但能减少备选方案数目，缩小决策范围。在采用其它决策原则进行方案比选之前，应首先应用优势原则剔除劣势方案。

4.4.2.2　期望值原则

期望值原则是指根据备选方案损益值的期望值大小进行决策；如果损益值用收益表示，则应选择期望值最大的方案。

例 4.9　某企业近一两年来老产品销售情况一直不好，经过细致而周密的分析讨论，企业决定引入新产品取代老产品。新产品将来大致面临 4 种可能情况：畅销（称为状态 1，记为 θ_1）、销路一般（称为状态 2，记为 θ_2）、销路不太好（称为状态 3，记为 θ_3）以及没有销路（称为状态 4，记为 θ_4）。目前有 A_1、A_2、A_3 三个可供选择的方案，有关资料如表 4.5 所示。其中，P_i 表示状态 $\theta_i(i=1,2,3,4)$ 发生的概率。试用期望值原则评价方案的优劣。

状态	θ_1	θ_2	θ_3	θ_4
概率	$P_1=0.3$	$P_2=0.4$	$P_3=0.2$	$P_4=0.1$
A_1 方案	150	120	50	-100
A_2 方案	250	200	100	-200
A_3 方案	300	200	-150	-300

表4.5　各方案在不同状态下的净现值　　　　　单位：万元

解　三个方案净现值的期望值：

A_1 方案：

$$E(NPV)_1=150\times0.3+120\times0.4+50\times0.2-100\times0.1=93\text{（万元）}$$

A_2 方案：

$$E(NPV)_2=250\times0.3+200\times0.4+100\times0.2-200\times0.1=155\text{（万元）}$$

A_3 方案：

$$E(NPV)_3=300\times0.3+200\times0.4-150\times0.2-300\times0.1=110\text{（万元）}$$

根据净现值的期望值最大原则，A_2 方案为最优方案。

4.4.2.3　最小方差原则

方差量度风险的大小。方差越大，实际中方案损益值偏离其期望值的可能性越大，从而方案的风险也越大，因而人们倾向于选择经济效益指标方差较小的方案，这就是最小方差原则。需要说明的是，在某一方案的决策过程中，有时会出现期望值准则和最小方差准则矛盾的情况。当发生这种情况时，由于决策者本身的胆略、冒险精神以及对风险的承受能力的不同会做出不同的决策。一般来说，风险承受能力较强的投资者倾向于按期望值准则进行决策，而风险承受能力较弱的投资者则倾向于按最小方差准则决策。

在例 4.9 中，设方案 A_1、A_2、A_3 的方差分别为 $D(NPV)_1$、$D(NPV)_2$、$D(NPV)_3$，则：

$$D(NPV)_1=(150-93)\times0.3+(120-93)^2\times0.4+(50-93)^2\times0.2+(-100-93)^2\times0.1=5361$$

$$D(NPV)_2=(250-155)^2\times0.3+(200-155)^2\times0.4+(100-155)^2\times0.2+(-200-76)^2\times0.1=16725$$

$$D(NPV)_3=(300-110)^2\times0.3+(200-110)^2\times0.4+(-150-110)^2\times0.2+(300-110)^2\times0.1=44400$$

按方差最小原则，应选择 A_1 方案，显然这与利用期望值最大原则选择的结论不一致。

4.4.2.4　最大可能原则

风险决策中，如果一种状态发生的概率显著大于其它状态，那么就把这种状态视作肯定状态，根据这种状态下各方案损益值的大小进行决策，而置其余状态于不顾，这就是最大可能原则。按照最大可能原则进行风险决策实际上是把风险决策问题化为确定性问题求解。

值得指出的是，只有当某一状态发生的概率大大高于其它状态发生的概率，并且各方案在不同状态下的损益值差别不是很悬殊时，最大可能原则才是适用的。在例 4.9 中，状态 θ_2 发生的概率最大，如果按照最大可能原则，应选择状态 θ_2 下净现值最大的方案 A_3。但是必须看到，θ_2 发生的概率 $P(\theta_2)=0.4$，与其它状态发生概率的差别不是很大，而且方案 A_3 在不同状态下净现值相差较大，所以，对于例 4.9 的问题用最大可能原则进行决策是不太合适的。

4.4.2.5　满意原则

对于比较复杂的风险决策问题，人们往往难以发现最佳方案，因而采用一种比较现实的决策原则——满意原则，即定出一个足够满意的目标值，将各备选方案在不同状态下的损益值与此目标值相比较，损益值优于或等于此满意目标值的概率最大的方案即为当选方案。

在例 4.9 中，假定满意目标是净现值不小于 30 万元，则各方案达到此目标的概率分别为：

方案 A_1：

$$P(NPV \geqslant 30) = P(\theta_1) + P(\theta_2) = 0.7$$

方案 A_2：

$$P(NPV \geqslant 30) = P(\theta_1) + P(\theta_2) + P(\theta_3) = 0.9$$

方案 A_3：

$$P(NPV \geqslant 30) = P(\theta_1) + P(\theta_2) = 0.7$$

方案 A_2 达到满意目标的可能性最大，故按照满意原则应选择 A_2。

4.4.3　风险决策的方法

风险决策的方法有多种。这里主要介绍决策树方法（decision tree method）。决策树法是风险决策的重要方法，有利于分析多级决策问题。这种决策方法把未来的各种情况彻底展开，从而形成未来发展动态的各种不同的比较方案，然后结合未来各种不同情况发生的概率进行计算，使其有机地结合在各种方案的比较中。

决策树由不同的节点和分枝组成。如图 4.7 为例 4.9 的决策树。符号"□"表示决策节点，从决策节点引出的每一分枝表示一个可供选择的方案。符号"○"表示的节点称为状态点，从状态点引出的每一分枝表示一种可能发生的状态。根据各种状态发生的概率与相应的损益值分别计算每一方案的损益期望值，并将其标注在相应的状态点上。

在图 4.7 中，$\theta_i (i=1, 2, 3, 4)$ 表示第 i 种状态，括号内的数值表示该状态发生的概率，每一状态分枝末端的数值为相应的损益值。根据各种状态发生的概率与相应的损益值分别计算每一方案的损益期望值，并将其标在相应的状态点上，就可以直观地判断出应该选择哪个方案。

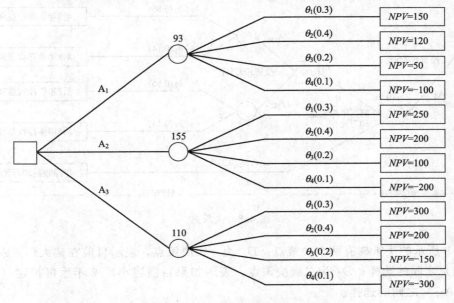

图 4.7　用决策树描述的风险决策问题

例 4.10　某公司拟生产一种新产品，根据预测，该产品可以行销 10 年。公司目前面临一个建大厂还是建小厂的决策：如果建大厂，需投资 450 万元，建成后无论产品销路如何，10 年内将维持原规模；如果建小厂，需投资 100 万元，两年后还可根据市场情况再做出是否扩建的新决策，如果扩建小厂需再投资 300 万元。根据预测，该产品未来面临三种可能的市场前景：

θ_1——10 年内销路一直很好，发生的概率为 $P(\theta_1)=0.6$；

θ_2——10 年内销路一直不好，发生的概率为 $P(\theta_2)=0.3$；

θ_3——前两年销路好，后 8 年销路不好，发生的概率为 $P(\theta_3)=0.1$；

各种情况下每年的净收益见表 4.6。

表 4.6　不同情况下方案各年净收益　　　　　　　　单位：万元

市场前景 年净收益		$P(\theta_1)=0.6$		$P(\theta_2)=0.3$		$P(\theta_3)=0.1$	
		1～2 年	3～10 年	1～2 年	3～10 年	1～2 年	3～10 年
建大厂		100	100	40	40	100	40
建小厂	两年后扩建	30	60	—	—	30	50
	不扩建	30	30	20	20	30	20

本例是一个多级风险决策问题，根据上面数据可以绘制出如图 4.8 所示的决策树。

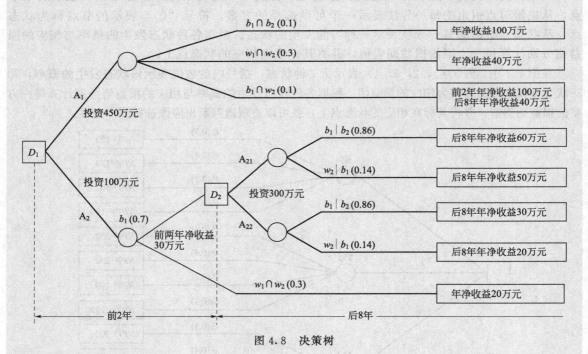

图 4.8　决策树

图 4.8 所示的决策树有两个决策点：D_1 为一级决策点，表示目前在建大厂（A_1）和建小厂（A_2）之间的选择；D_2 为二级决策点，表示如果目前建小厂 2 年后再扩建（A_{21}）和不扩建（A_{22}）之间的选择。

三种市场前景可以看作是 4 个独立事件的组合，这 4 个独立事件是：b_1——前 2 年销路好；b_2——后 8 年销路好；w_1——前两年销路不好；w_2——后 8 年销路不好。决策树上各种状态的发生概率如下：

已知 10 年内销路一直很好的概率：

$$P(b_1 \bigcap b_2) = P(\theta_1) = 0.6$$

10 年内销路一直不好的概率：

$$P(w_1 \bigcap w_2) = P(\theta_2) = 0.3$$

前 2 年销路好，后 8 年销路不好的概率：

$$P(b_1 \bigcap w_2) = P(\theta_3) = 0.1$$

则：

前 2 年销路好的概率：

$$P(b_1) = P(b_1 \bigcap b_2) + P(b_1 \bigcap w_2) = 0.7$$

前 2 年销路好的条件下，后 8 年销路好的概率：

$$P(b_1 | b_2) = \frac{P(b_1 \bigcap b_2)}{P(b_1)} = \frac{0.6}{0.7} = 0.86$$

在前 2 年销路好的条件下，后 8 年销路不好的概率：

$$P(w_2 | b_2) = \frac{P(b_1 \bigcap w_2)}{P(b_1)} = \frac{0.1}{0.7} = 0.14$$

利用决策树进行多级风险决策要从最后一级决策点开始，在本例中先计算第二级决策点被选方案净现值的期望值，设基准收益率 $i_0 = 10\%$。

扩建方案的净现值的期望值（以第二年末为基准年）：

$$E(NPV)_{21} = 60(P/A, 10\%, 8) \times 0.86 + 50(P/A, 10\%, 8) \times 0.14 - 300 = 12.6(万元)$$

不扩建方案的期望值（以第二年末为基准年）：

$$E(NPV)_{22} = 30(P/A, 10\%, 8) \times 0.86 + 20(P/A, 10\%, 8) \times 0.14 = 152.6(万元)$$

因为 $E(NPV)_{21} < E(NPV)_{22}$，根据期望值原则，在第二级决策点选择不扩建方案。

用不扩建方案净现值的期望值 $E(NPV)_{22}$ 代替第二级决策点，可得如图 4.9 的缩减决策树。

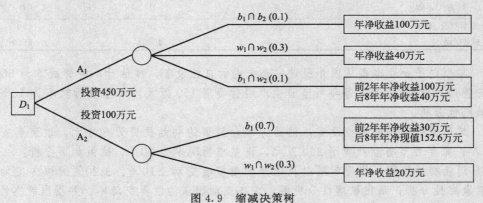

图 4.9　缩减决策树

根据缩减决策树计算第一级决策点各备选方案净现值的期望值：

建大厂方案净现值的期望值（以第 0 年末为基年）为：

$$E(NPV)_1 = 100(P/A,10\%,10) \times 0.6 + 40(P/A,10\%,10) \times 0.3$$
$$+ [100(P/A,10\%,2) + 40(P/A,10\%,8)(P/F,10\%,2)] \times 0.1 - 450$$
$$= 27.4(万元)$$
$$E(NPV)_2 = [152.6(P/A,10\%,2) + 30(P/A,10\%,2)] \times 0.7 + 20(P/A,10\%,10) \times 0.3 - 100$$
$$= 61.6(万元)$$

$E(NPV)_1$ 与 $E(NPV)_2$ 均大于零,由于 $E(NPV)_1 < E(NPV)_2$,故在第一级决策点应选择建小厂方案。

思考与练习题

4-1 为什么要进行项目的风险与不确定性分析?

4-2 什么是盈亏平衡分析?盈亏平衡点的表达形式有哪些?

4-3 什么是敏感性分析?进行敏感性分析一般遵循的步骤是什么?

4-4 风险决策应具备哪些条件?遵循哪些原则?

4-5 某项目设计年产量为 18 万吨化纤,总成本为 8.32 亿元,其中固定成本为 1.121 亿元,单位可变成本为 4000 元/吨,销售单价为 7000 元/吨。试求以生产量、生产能力利用率及销售收入表示的盈亏平衡点。

4-6 某厂生产某种产品 D,已知季度成本费用中固定成本为 5000 元,单位产品可变成本为 500 元。单位产品的销售价格为 750 元/件。试求:

① 用产量及销售收入表示的该产品的盈亏平衡点;

② 2010 年该厂每季度产量为 180 件,求该季度盈亏额;

③ 2011 年该厂产量提高到每季度 250 件,求该季度盈亏额;

④ 2012 年计划每季获得 2 万元的利润,则每季度应安排生产多少件该产品?

4-7 拟建某项目,有三种技术方案可供采纳,每一方案的产品成本见表 4.7,试比较三个方案的优劣。若市场预测该项目生产的产品未来的销售量为 150 万件,那么应采取三种技术方案中的哪一种?

表 4.7 三种技术方案的成本数据表

方　案	A	B	C
产品可变成本/(元/件)	50	20	10
产品固定成本/元	1500	4500	6500

4-8 某个电子企业准备从国外引进一套先进的自控设备,据估计,投资成本为 500 万元,该设备安装后可使用 10 年,每年可节省生产经营费用 150 万元,设基准折现率为 10%,试做单因素敏感性分析。

4-9 某厂拟引进一套自控设备,据估计每台装置的初始投资为 800 元,该装置安装后可使用 10 年,每年可节省生产费用 200 万元,设基准折现率为 10%,试做如下分析:

① 分别就初始投资、使用年限以及生产费用节省变动 ±10%、±20% 对该方案的净现值做单因素敏感性分析,画出敏感性分析图,求各变动因素的临界变动率、并指出敏感性因素。

② 就初始投资和使用年限两个变量对方案净现值作双因素敏感性分析,并指出方案的可行区域。

③ 就初始投资、生产费用节省额与使用年限三个变量对方案净现值做三因素敏感性分析。

4-10 某投资项目各年净现金流量的期望值与标准差见表 4.8,假定各年的随机现金流量之间互不相关，基准收益率为 12%，试计算：（1）净现值大于或等于零的概率；（2）净现值大于 500 万元的概率。

表 4.8 项目各年净现金流量的期望值与标准 单位：万元

年末	0	1	2	3	4	5
净现金流量期望值	−900	500	500	500	500	500
净现金流量标准差	300	300	350	400	450	500

4-11 某企业拟生产一种新产品，根据预测，该产品很可能在两年后开始换代，其未来可能面临三种市场前景：

θ_1——两年后出现换代产品，出现换代产品后，换代产品畅销，现有产品滞销，这种情况发生的概率为 50%；

θ_2——两年后出现换代产品，但换代产品出现后 6 年内，换代产品与现有产品都畅销，这种情况发生的概率为 40%；

θ_3——8 年内不会出现有竞争力的换代产品，现有产品一直畅销，这种情况出现的概率为 10%。

公司面临一个两阶段风险决策问题，目前需要做出的选择是立即建厂生产现有产品还是暂不投资。如果立即建厂生产现有产品需投资 300 万元，两年后要根据市场情况决定是否对生产线进行改造以生产换代产品，生产线改造需要投资 150 万元；如果目前暂不投资则要待两年后视市场情况决定是建厂生产现有产品还是建厂生产换代产品，两年后建厂生产现有产品需投资 340 万元，建厂生产换代产品需投资 380 万元。设计算期为 8 年，基准折现率为 15%，在各种情况下可能采取的方案以及方案在不同情况下的年净收益（包括期末设备残值）见表 4.9。试用决策树法进行决策。

表 4.9 各方案不同市场前景下各年份年净收益情况 单位：万元

市场前景		θ_1				θ_2				θ_3		
年份		1～2	3	4～7	8	1～2	3	4～7	8	1～2	3	4～7	8
立即建厂	两年后改造	120	60	130	180	120	60	130	180				
	两年后不改造	120	100	60	90	120	120	120	150	120	120	120	150
暂不投资	两年后建厂生产换代产品	0	60	130	200	0	60	130	200				
	两年后建厂生产现有产品					60	120	0	0	60	120	180

本 章 参 考 文 献

[1] 刘晓君. 技术经济学（第二版）. 北京：科学出版社，2013.
[2] 陈立文. 技术经济学概论（第二版）. 北京：机械工业出版社，2013.
[3] 陈伟等. 技术经济学. 北京：清华大学出版社，2012 年 9 月.
[4] 何建洪. 技术经济学：原理与方法（第 1 版）. 北京：清华大学出版社，2012.
[5] 王璞. 技术经济学. 北京：机械工业出版社，2012.
[6] 吴添祖. 技术经济学概论（第三版）. 北京：高等教育出版社，2010.

第 5 章　投资项目可行性研究

投资项目可行性研究是固定资产投资活动的一项基础性工作，可行性研究结论是投资决策的重要依据。可行性研究是以未来建设项目为研究对象，以（市场）调查研究、科学预测、定性分析和定量计算等为手段，以了解拟建项目的经济效益、社会效益为主要研究方向，如实地反映拟建项目存在的问题，并从技术、经济和社会发展的角度对项目进行考察、论证，提出解决问题的办法和方案，再对拟建项目的各种建设方案进行全面、综合地评价、比较和择优，最终做出决策的科学方法。

5.1　可行性研究概述

5.1.1　可行性研究的起源和发展

可行性研究（feasibility study）起源于美国。在 20 世纪 30 年代，美国为开发田纳西河流域，在新建工程项目投资前景分析时第一次使用了"可行性研究"一词，同时使可行性研究成为项目开发的重要阶段，可行性研究在促使项目开发最终顺利进行、提高项目投资效益和优化项目开发方案过程中起了重要作用。第二次世界大战后，西方工业发达国家在普遍将这一方法应用到各个领域的同时也使其不断的充实和完善，逐步形成了一整套较系统的科学研究方法。此后，经过数十年的发展，伴随着应用计算技术和电子计算机的兴起，可行性研究已渗透到许多领域，成为世界各国项目投资决策前期的重要工作内容。

国外可行性研究自诞生以来，大致经历了 4 个发展阶段。

第一阶段是从 19 世纪初到 20 世纪 50 年代中期，西方国家主要采用可行性研究财务评价的做法，即主要从企业立场出发，通过对项目收入和支出的比较来判断项目的优劣，其本质就是简单的财务评价。但随着社会的发展，简单的财务评价已不能满足社会、政府和企业对项目投资决策的多元化需求。法国工程师让尔·杜比在 1844 年发表《公共工程效用的评价》一文，针对财务分析方法不能正确评价公共事业项目对整个社会的经济效益问题，提出了"消费者剩余"的思想。这种思想引起了英国经济学家阿尔弗雷德·马歇尔（Alfred Marshall，1842—1924）的兴趣，他从多方面研究，正式提出了"消费者剩余"的概念。随后，这种思想发展成社会净收益的概念，成为现在"费用-效益"分析的基础，构成了可行性研究的雏形，强调政府在进行公共工程项目投资时，要从整个社会角度衡量投资的得失。

第二阶段是从 20 世纪 50 年代至 20 世纪 60 年代末期，在"费用-效益"分析被普遍认同后，可行性研究逐渐从侧重微观财务分析发展到同时从微观和宏观双角度评价项目的经济效果。1950 年美国发表了《内河流域项目经济分析的实用办法》，规定了研究效益、费用比率的原则程序、评价项目效益与国民生产总值之间的关系。随后，诺贝尔经济学奖获得者、荷兰计量经济学家丁伯根于 1958 年首次提出影子价格的主张，对完善经济分析理论起了重要作用。20 世纪 60 年代，美国实行《规划—计划—预算制度》（planning programming budgeting system，PPBS），要求政府机关对各项计划方案都要从"费用-效益"的角度来审查其是否合理。1968 年，英国福利经济学家利特尔（D. Little）和经济数学家 J·莫里斯（James A Mirrlees）联合为经济合作与发展组织编写了《发展中国家工业项目分析手册》，该书中的方法被称为 L-M 法。此后，世界银行和联合国工业发展组织都在其贷款项目评价中使用财务分析和经济分析两种方法。

第三阶段是 20 世纪 60 年代末期到 20 世纪 80 年代初，社会分析这一新方法的提出，把可行性研究及项目评价的水平又提高到了一个新的高度。社会分析是以国民福利最大化为目标，被认为是最理想的项目评价方法。1972 年联合国工业发展组织（United Nations Industrial Development Organization，UNIDO）委托伦敦经济学院教授 P·达斯古普塔（P Dasgupta）和哈佛大学教授 S·马格林（S Marglin）等编写了《项目评价准则》一书，该书所使用的方法被称为 UNIDO 法，也称传统法。UNIDO 法与 L-M 法分别代表了当今项目评价中的两个主要派别在经济分析价格问题上的两种处理方法。

20 世纪 60 年代后，西方工业发达国家普遍采用可行性研究方法，在实践中不断充实和完善，加上现代科学技术、经济管理科学等学科的发展，可行性研究逐步形成了一整套较为系统的科学研究方法，可行性研究发展为投资决策前的一个普遍工作阶段。1978 年，为了向发展中国家提供一个提高投资建议质量的工具，为发展中国家的工业项目可行性研究的标准化做出贡献，联合国工业发展组织编著出版了《工业可行性研究编制手册》（该书 1991 年又出版最新修订及增补版）。1980 年，该组织与阿拉伯国家工业发展中心共同编制了《工业项目评价手册》。在《工业可行性研究编制手册》一书中正式规定了可行性研究的主要内容和计算方法，至此，可行性研究理论框架初步形成，并成为世界各国订立可行性分析标准的基础。各国根据《工业可行性研究编制手册》中的方法对建设项目进行可行性研究和应用。同时，国际性金融机构如国际货币基金组织、世界银行、国际开发协会和国际金融公司等都把可行性研究作为申请贷款的必要条件，各国要获得国际金融机构的贷款必须提交可行性研究报告，否则将无法获得国际银行的资助。这种做法也使各工业国在新建、改建、扩建项目中大都进行可行性研究，在此过程中，可行性研究得到了广泛普及。

第四阶段是从 20 世纪 80 年代初以来，可行性研究理论逐步向各种专业领域渗透，与各专业进行理论交叉和融合，可行性研究理论在基础理论、方法论和应用方面得到了更为广泛的发展。在这个阶段中，许多研究者详细分析了项目投资的不确定性和风险，使可行性研究理论更为完善。

相对于西方工业发达国家，我国进行可行性研究起步较晚，新中国建立至 20 世纪 70 年代末，对建设项目没有规定进行可行性研究，但"一五"计划期间，有一些大的建设项目进行了技术经济分析比较，这些工作跟欧美的可行性研究差不多。虽然不如可行性研究做得详细，但这些程序、调查研究、技术经济分析工作为建设工作的顺利进行仍起了很大的作用。我国经济体制改革后，1979 年国家科委技术经济和管理现代化办公室同中国技术经济研究会一起，组织向国内介绍了包括可行性研究在内的一些国外的技术经济分析方法。我国从 1982 年开始，将可行性研究列为基本建设中的一项重要程序。1983 年国家计委颁发了《关于建设项目进行可行性研究的试行管理办法》，规定大中型工业交通项目，重大技术改造项目，利用外资项目，技术和设备引进的项目，都必须进行可行性研究。2002 年中国电力出版社编写了《投资项目可行性研究指南》，该书的出版为建设项目的投资分析提供了一个标准的框架。1987 年、1993 年、2006 年国家计委（发改委）又先后出版了《建设项目经济评价方法与参数》一书三个版本，这些填补了我国建设项目经济评价方面的空白，是各工程咨询公司、规划设计单位进行投资项目评价、评估的指导性文件，也是各级计划部门审批可行性研究报告和金融机构审查投资贷款的重要依据。这一系列重要的文件和规定，以法律形式保证了建设项目必须进行可行性研究。

改革开放以来，国家对原有的投资体制进行了一系列改革，打破了传统计划经济体制下高度集中的投资管理模式，初步形成了投资主体多元化、资金来源多渠道、投资方式多样化、项目建设市场化的新格局。国务院于 2004 年 7 月发布关于投资体制改革的决定以来，我国投资项目的前期决策体制已经发生深刻变化。企业在投资活动中的主体地位逐步得以确立，企业不使用政府性资金的项目不再实行审批制，区别不同情况分别实行核准制和备案制。国家不再对所有项目都要求进行可行性研究，对于核准类的项目，企业仅需向核准机关提交项目申请报告，不再经过批准项目建议书、可行性研究报告和开工报告的行政审批程序，但出于不同的需要，投资项目的可行性研究依然非常必要。

5.1.2 可行性研究的任务和作用

5.1.2.1 可行性研究的任务

（1）建设项目在技术上是否先进，是否适用以及怎样获得技术；

（2）建设项目在经济上是否有利，在结构上是否合理，在市场上是否具有竞争力；

（3）建设项目在各个时期需要多少人力、物力以及它们是否能够保证到位；

（4）建设项目需要多少投资资金以及如何筹集到全部资金；

（5）有哪些制约因素会影响项目的建设和将来的生产，以及怎样处理好这些制约因素，即建设项目的抗风险能力如何；

（6）项目的建设期有多长，生产期有多长，即有关项目的生命周期问题；

（7）建设项目对国家和社会的贡献有多大，即从宏观角度上考察是否经济合理，是否符合国家各项法律法规。

5.1.2.2 可行性研究的作用

（1）作为拟建项目投资决策的依据 建设项目投资决策就是选择正确的投资方向，确定合理的投资结构，通过对若干个投资方案进行分析比较，做出最优选择，这个过程的依据就是可行性研究。可行性研究不仅对拟议中的项目进行系统分析和全面论证，判断项目是否可行，还要进行反复比较，寻求最佳建设方案，避免方案多变造成人财物的巨大浪费和时间的延误。这就需要严格项目建议书和可行性研究的审批制度，确保报告的质量和足够的深度。假如在设计初期不能提出高质量的、切合实际的设计任务书，不能将建设意图用标准的技术术语表达出来，自然也就无法有效地控制设计全过程。

（2）规避企业投资决策风险 可行性研究是规避企业投资决策风险的最重要环节，它通过对拟建项目全面的技术经济分析论证，为理性的投资者提供全面、系统、客观的决策参考依据。因此，投资体制改革取消的是对企业投资项目可行性研究报告进行行政审批这道"坎"，而不是取消可行性研究本身。相反，企业只有更好地做好可行性研究工作，才能最大限度地规避投资风险，实现投资效益。

（3）作为筹资贷款的依据 凡是应向银行贷款或申请国家补助资金的项目，必须向有关部门报送项目的可行性研究报告。银行或国家有关部门通过对可行性研究进行审查，并认定项目确实可行后，才同意贷款或进行资金补助。如世界银行等国际金融组织以及我国建设银行、国家开发银行等金融机构都要求把提交可行性研究报告作为建设项目申请贷款的先决条件。

商业银行在贷款前进行风险评估时，需要项目方出具详细的可行性研究报告。对于国家开发银行等国内银行，该报告由甲级资格单位出具，通常不需要再组织专家评审，部分银行的贷款可行性研究报告不需要资格，但要求融资方案合理，分析正确，信息全面。另外，在申请国家的相关政策支持资金、工商注册时往往也需要编写可行性研究报告，该文件类似用于银行贷款的可行性研究报告。

（4）作为与有关部门谈判和签订协议或合同的依据 可行性研究是建设单位与各有关部门签订各种协议和合同的依据。建设单位在可行性研究确定的项目实施方案框架内，落实项目的各项工作，并与设计、监理、施工、供应、资金融通等单位签订有关合同。因此，可行性研究是建设单位与项目参与各方签订合同的依据，同时也为上级主管部门提供了定向决策的依据。通过项目可行性研究，在掌握翔实资料的基础上，撰写《可行性研究报告》，有理、有据的论证涉及新建项目的各项因素，提高分析的说服力和可信度。

（5）作为开展设计工作和建设工作的依据　可行性研究对所要建设的项目规划出实际性的建设蓝图，即较详尽地规划出此项目的规模、总体布置、工艺流程、设备选型、劳动定员、三废治理、建设工期、投资概算、技术经济指标等内容，根据这些内容进行其它建设前期工作。

（6）作为向当地政府及环保部门申请建设施工的依据　为了实施可持续发展战略，预防因规划和建设项目实施后对环境造成不良影响，促进经济、社会和环境的协调发展，国家要求对环境有影响的项目都应进行环境影响评价。环境影响评价是可行性研究的重要内容，它是对规划和建设项目实施后可能造成的环境影响进行分析、预测和评估，提出预防或者减轻不良环境影响的对策和措施，进行跟踪监测的方法与制度。通俗说就是分析项目建成投产后可能对环境产生的影响，并提出污染防止对策和措施。

（7）作为项目后期评价的比较依据　项目后期评价是指在项目已经完成并运行一段时间后，对项目的目的、执行过程、效益、作用和影响进行系统的、客观的分析和总结的一种技术经济活动。项目后期评价是以项目前期所确定的目标和各方面指标与项目实际实施的结果之间的对比为基础的，因此，可行性研究为项目后期评价提供了重要的比较依据。

5.1.3　可行性研究的阶段

一般情况下，一个建设项目要经历建设前期、建设期及生产经营期三个时期，每个时期又可分为若干阶段（如图 5.1 所示）。根据联合国工业发展组织编写的《工业可行性研究编制手册》的规定，工程项目建设前期的可行性研究工作分为机会研究、初步可行性研究、详细可行性研究、评价与决策 4 个阶段。

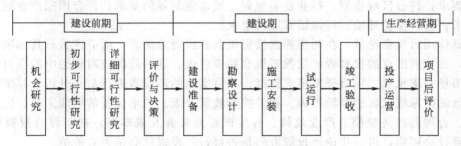

图 5.1　建设项目的三个时期

5.1.3.1　机会研究阶段

投资机会研究（investment opportunity study），也称投资机会鉴别，是指为寻求有价值的投资机会而对项目的有关背景、资源条件、市场状况等所进行的初步调查研究和分析预测，包括一般机会研究和特定项目机会研究。一般机会研究又分为地区机会研究（寻找某一特定区域内的投资机会）、部门机会研究（寻找某一特定产业部门的投资机会）和资源开发机会研究（即以资源开发和加工为目的的投资机会研究）三类。特定项目机会研究就是对于初步确立投资意向的项目，在市场调查的基础上，对市场、投资、政策、企业等方面进行客观的机会分析，重点在于投资环境的分析及投资前景的判断，并提供项目提案和投资建议。

机会研究是进行初步可行性研究之前的准备性调查研究，它把项目设想变为概略的项目投资建议，以便进行下一步的深入研究。机会研究的方法主要是依靠经验进行粗略的估计，不进行详细的分析计算，建设投资和生产成本的估算主要是参考类似项目套算，其精确度在±30％左右，所需时间约为 1～2 月，所需费用约占投资额的 0.2％～1％。

（1）分析投资动机　首先应分析投资动机，然后才能在此基础上鉴别投资机会，论证投资方向。投资动机是投资活动主体进行投资活动所要达到的目的。一般可以从以下方面对投资的动机进行识别和论证：

① 激烈的市场竞争，迫使投资者进行技术更新改造和研发新产品；

② 为降低单位产品成本，实现最大利润，增加投资，扩大生产规模，达到经济规模；

③ 市场需求巨大，产品供不应求，丰厚的营销利润诱导投资商投资开发新产品；

④ 为分散经营风险，改善投资经营结构，拓宽投资领域，全方位多元化投资经营；

⑤ 改善投资区域分布，转移投资区域，形成合理的投资布局；

⑥ 受国家宏观政策和大气候影响，转移投资方向，调整投资产业结构；

⑦ 利用高科技和独特的专利技术，研究开发新产品，填补空白，开辟潜在市场，获取超额投资利润；

⑧ 发挥独特的资源优势和特定的投资优势，投资开发项目；

⑨ 为某一大型工程项目辅助配套。

（2）鉴别投资机会　在进行投资机会咨询论证时，应根据投资动机，对各种投资机会进行鉴别和初选，鉴别投资机会应遵循"优势原则"和"趋势原则"。优势原则是指要尽量发挥利用自身优势、资源优势、新技术优势、地理位置优势。趋势原则是应考虑未来发展趋势，要有发展潜力。

（3）论证投资方向　把握好的投资机会，关键问题在于选对投资方向。所谓企业投资方向，就是企业围绕其自身投资动因，使其投资要素进入特定的生产或服务领域。确定企业投资方向的问题，也就是确定企业究竟在哪个生产经营范围内进行投资，为形成何种生产或服务能力而分配运用其经济资源的问题。确定投资方向应考虑几个基本要求：符合合理配置和有效利用资源的要求；符合区域规划、行业发展规划、城市规划等的要求；符合国家产业政策和技术政策的要求；符合保护环境、可持续发展的要求。

（4）具体项目机会论证　在初步筛选投资机会和投资方向后，就应该进行具体项目的投资机会研究，并应向潜在的投资者散发投资机会初步建议。这一阶段应对设想中的项目的自然资源条件、市场需求预测、项目开发模式选择、项目实施的环境等进行初步分析，并结合其它类似经济背景的国家或地区的经验教训、相关投资政策法规、技术设备的可能来源、生产前后延伸的可能、合理的经济规模、产业政策、各生产要素来源及成本等，初步评价投资机会的财务、经济及社会影响，进一步论证投资方向是否可行，投资机会是否有价值。

具体项目机会研究比一般机会研究更为普遍，它将项目设想转变为概略的投资建议，其目的是要促使投资者做出反应，因此必须梳理清楚该项目的一些基本资料，而不是简单地列举一些可能具有一定潜力的项目或产品名录。

5.1.3.2　初步可行性研究阶段

初步可行性研究，是正式的详细可行性研究前的预备性研究阶段。经过投资机会研究认为可行的建设项目，表明该项目值得继续研究，但又不能肯定是否值得进行详细可行性研究时，就要先进行初步可行性研究，以进一步判断这个项目是否具有较高的经济效益。初步可行性研究是介于机会研究和可行性研究的中间阶段，是在机会研究的基础上进一步弄清拟建项目的规模、选址、工艺设备、资源、组织机构和建设进度等情况，以判断其是否有可能和有必要进行下一步的可行性研究工作。其研究内容与详细可行性研究的内容基本相同，只是深度和广度略低。估算精度一般控制在±20%以内，所需时间约为4~6月，所需费用约占投资额的0.25%~1.25%。

此阶段主要工作：

① 分析投资机会研究的结论；

② 对关键性问题进行专题的辅助性研究；

③ 论证项目的初步可行性，判定有无必要继续进行研究；

④ 编制初步可行性研究报告。

5.1.3.3　详细可行性研究阶段

详细可行性研究，通常简称为可行性研究，它是项目前期研究的关键环节，是项目投资决策的基础。可行性研究为项目决策提供技术、经济、商业方面的评价依据，为项目的具体实施（建设和生产）提供科学依据。因此，该阶段是进行详细深入的技术经济分析论证阶段。

这一阶段的主要目标有：

① 提出项目建设方案；

② 效益分析和最终方案选择；

③ 确定项目投资的最终可行性和选择依据标准。

这一阶段的内容比较详尽，所花费的时间和精力都比较大。而且本阶段还为下一步工程设计提供基础资料和决策依据。因此，在此阶段，建设投资和生产成本计算精度控制在 ±10%，大型项目研究工作所需费用占投资总额的 0.2%～1%，中小型项目研究工作所需费用占投资总额的 1%～3%，所需时间一般应在 6 个月以上。

5.1.3.4　评价与决策阶段

评价与决策是由投资决策部门组织和授权有关咨询公司或有关专家，代表项目业主和出资人对建设项目可行性研究报告进行全面的审核和再评价。其主要任务是对拟建项目的可行性研究报告提出评价意见，最终决策该项目的投资是否可行，确定最佳投资方案。项目评价与决策是在可行性研究报告基础上进行的，其内容包括：

① 全面审核可行性研究报告中反映的各项情况是否属实；

② 分析项目可行性研究报告中各项指标计算是否正确，包括各种参数、基础数据、定额费率的选择；

③ 从企业、国家和社会等方面综合分析和判断工程项目的经济效益和社会效益；

④ 分析判断项目可行性研究的可靠性、真实性和客观性，对项目做出最终的投资决策；

⑤ 写出项目评估报告。

由于建设前期的各研究阶段的工作内容、工作性质、工作要求及作用不同，因而其工作时间与费用也各不相同。通常因为各阶段研究的内容是由浅入深的，故项目投资和成本估算的精度要求也由粗到细，研究工作量由小到大，研究的目标和作用逐步提升，因而研究工作时间和费用也随之逐渐增加（如表 5.1 所示）。

表 5.1　可行性研究的阶段划分及内容深度比较

工作阶段	工作内容	工作性质	估算精度	研究所需时间	研究费用占总投资额的比重
机会研究	鉴别投资方向，寻找投资机会（地区、行业、资源和项目的机会研究），提出项目投资建议	项目设想	±30%	1～2 个月	0.2%～1%
初步可行性研究	对项目做专题辅助研究，广泛分析、筛选方案，确定项目的初步可行性	项目初选	±20%	4～6 个月	0.25%～1.25%
详细可行性研究	对项目做深入细致的技术经济论证，重点对项目进行财务效益和经济效益分析评价，多方案比较，提出结论性意见，确定项目投资的可行性和选择依据标准	项目拟定	±10%	6 个月以上	大项目：0.2%～1% 中小项目：1%～3%
评价与决策	综合分析各种效益，对可行性研究报告进行评估与审核，分析判断可行性研究的可靠性和真实性，对项目做出最终决策	项目评估	±10%	—	—

5.2 可行性研究内容

我国投资体制改革一直伴随着从计划经济向社会主义市场经济的转变。2004年，国务院根据党的十六届三中全会《中共中央关于完善社会主义市场经济体制若干问题的决定》提出的深化投资体制改革的任务，出台了投资体制改革决定。《国务院关于投资体制改革的决定》（国发〔2004〕20号）提出：对于企业不使用政府投资建设的项目，一律不再实行审批制，区别不同情况实行核准制和备案制。其中，政府仅对重大项目和限制类项目从维护社会公共利益角度进行核准，其它项目无论规模大小，均改为备案制。十八届三中全会决定提出的投资体制改革是在2005年投资体制改革基础上的进一步深化。十八届三中全会《中共中央关于全面深化改革若干重大问题的决定》进一步提出，企业投资项目，除关系国家安全和生态安全、涉及全国重大生产力布局、战略性资源开发和重大公共利益等项目外，一律由企业依法依规自主决策，政府不再审批。这就是说，要按照谁投资、谁决策、谁受益、谁承担风险的原则，最大限度地缩小政府审批、核准、备案的范围，修订政府核准投资项目目录。对确需核准、备案的项目，要大大简化程序，同时明确规定限时办结提高效率，为企业服好务。由政府直接投资和注入资本金方式投资的项目，实行项目审批制，项目报批应提交项目建议书和可行性研究报告。

5.2.1 项目建议书

项目建议书（project proposals），又称立项报告，是项目建设筹建单位或项目法人根据国民经济的发展、国家和地方中长期规划、产业政策、生产力布局、国内外市场、所在地的内外部条件，提出的某一具体项目的建议文件，是对拟建项目提出的框架性的总体设想。往往是在项目早期，由于项目条件还不够成熟，仅有规划意见书，对项目的具体建设方案还不明晰，市政、环保、交通等专业咨询意见尚未办理。项目建议书主要论证项目建设的必要性，建设方案和投资估算也比较粗，投资误差为±30％左右。

项目建议书是由项目投资方向其主管部门上报的文件，目前广泛应用于项目的国家立项审批工作中。它要从宏观上论述项目设立的必要性和可能性，把项目投资的设想变为概略的投资建议。项目建议书的呈报可以供项目审批机关做出初步决策。它可以减少项目选择的盲目性，为下一步可行性研究打下基础。

对于大中型项目和一些工艺技术复杂、涉及面广、协调量大的项目，还要编制可行性研究报告。项目建议书是项目发展周期的初始阶段基本情况的汇总，是国家选择和审批项目的依据，也是制作可行性研究报告的依据。

5.2.2 可行性研究基本内容

项目可行性研究是在对建设项目进行深入细致的技术经济论证的基础上做多方案的比较和优选，提出结论性意见和重大措施建议，为决策部门最终决策提供科学依据。因此，它的内容应能满足作为项目投资决策的基础和重要依据的要求。可行性研究根据建设项目的性质和条件的不同，研究的重点也应有所区别，但基本内容大致相同。一般工业建设项目的可行性研究应包含以下几个方面的内容。

5.2.2.1 项目兴建理由与目标

项目兴建理由与目标的研究，是根据已确定的初步可行性研究报告（或者项目建议书），从总体上进一步论证项目提出的依据、背景、理由和预期目标，即进行项目建设必要性分析；与此同时，分析论证项目建设和生产运营必备的基本条件及其获得的可能性，即进行项目建设可能性分析。对于确实必要又有可能建设的项目，继续进行可行性研究，开展技术、工程、经济、环境等方案的构造、具体论证、比选和优化工作。

项目兴建理由与目标是项目存在的依据。项目兴建理由必须回答两个基本的问题，即为什么要有一个项目和为什么要有这样一个项目。前一个问题是有无之别，即有这样一个项目和无这样一个项目，对投资者来说，究竟会有什么区别？从战略上看，从经济方面看，从风险方面看，投资者从这一个项目上究竟能够得到什么好处？后一个问题是彼此之别，即拟议的项目同其它的可替换的选择方案相比，有哪些不同？其相对的主要优点是什么？这两个问题解决了，项目兴建目标就简单了，因为项目兴建理由必然包括项目目标的一些基本方面，项目目标可以在此基础上具体化。

（1）项目兴建理由　拟建项目都有其特定的背景、依据和原因，一般来说有以下理由：新建或者扩大企业生产能力，提供产品或服务，满足社会需求，获取经济利益的需要；进行基础设施建设，改善交通运输条件，促进地区经济和社会发展的需要；合理开发利用资源，增加社会财富，实施可持续发展的需要；发展文化、教育、卫生等公益事业，满足人民不断增长的物质文化生活的需要；增强国防和社会安全能力的需要。

可行性研究阶段应对项目建设的依据和主要理由进行分析论证。这种分析，一般应从项目本身和国民经济两个层次进行。

① 项目层次分析：项目业主或投资人兴建项目的理由，或者是为了在向社会提供产品、服务的同时获取合法利润或投资回报，或者为了促进国家、地区经济和社会发展。项目层次分析，应侧重从项目产品和投资效益角度论证兴建理由是否充分合理。

② 国民经济层次分析：有些项目兴建的理由从项目层次看可能是合理的、可行的，但从国民经济全局看就不一定合理、可行。因此对那些受宏观经济条件制约较大的项目，应进行国民经济层次分析。

（2）项目预期目标　根据项目兴建的理由，对初步可行性研究报告提出的拟建项目的轮廓和预期达到的目标进行总体分析论证。分析论证的内容主要有：项目建设内容和建设规模；技术装备水平；产品性能和档次；成本、收益等经济目标；项目建成后在国内外同行业中所处的位置或者在经济和社会发展中的作用等。通过分析论证，判别项目预期目标与项目兴建理由是否相吻合，预期目标是否具有合理性与现实性。

例 5.1　中外合资某年产 60 万吨乙烯工程项目兴建理由和目标

【项目兴建理由】以乙烯为代表的石油化学工业是为轻工、化纤、纺织等众多行业提供原料的基础工业，对人民生活水平的提高以及整个国民经济的发展起着十分重要的作用，是我国国民经济的重要支柱产业。尽管中国的石化工业发展很快，但国内乙烯的自给率仅约60%，石化产品的产量、品种和质量等方面仍不能满足国民经济的发展和人民生活水平提高的需要。这为中外合资 A-B 年产 100 万吨乙烯工程提供了较大的市场空间。

B 化学股份有限公司在国际跨国石化公司中位居前列，是合资建设大型乙烯联合工程项目比较理想的合作伙伴，通过合资，可以填补国内市场的供需缺口，提高国内产品档次。

【项目兴建目标】本项目拟建设 100 万吨/年乙烯、60 万吨/年低密度聚乙烯、40 万吨/年丁辛醇等三套生产装置及必须配套的公用工程和辅助生产设施等。拟采用世界先进技术、引进关键设备和材料进行建设。项目达成后每年向社会提供石化产品约 200 万吨，实现销售收入 153.69 亿元，不仅投资者可以获得良好的经济效益，其建成对周边地区的塑料加工、精细化工、建材加工和电子工业等的发展都有很强的带动作用。

5.2.2.2 市场预测

市场预测是对项目的产出品和所需的主要投入品的市场容量、价格、竞争力以及市场风险进行分析预测。市场预测结果为确定项目建设规模与产品方案提供依据，市场预测深度应满足确定项目建设规模与产品方案的要求。市场预测的研究内容主要有以下方面。

（1）市场现状调查　主要是调查拟建项目同类产品的市场容量、价格以及市场竞争力现状，市场现状调查是进行市场预测的基础。

① 市场容量现状调查。主要是调查项目产品在近期和预测时段的市场供需总量及其分布情况。

② 价格现状调查。调查项目产品的国内外市场价格，价格变化过程及变化规律，最高价格和最低价格出现的时间和原因，分析价格的合理性，有无垄断或倾销等情况，调查价格形成机制，即项目产品价格是市场形成价格还是政府调控价格。

③ 市场竞争力现状调查。主要是分析项目产品目前国内外市场竞争程度，市场竞争的主要对手的生产、营销及其竞争力情况等。

（2）产品供需预测　是利用市场调查所获得的信息资料，对项目产品未来市场供应和需求的数量、品种、质量、服务进行定性与定量分析。

① 供应预测。预测拟建项目产品在生产运营期内全社会和目标市场的可供量，包括国内外现有供应量和新增供应量。

② 需求预测。预测拟建项目产品在生产运营期内全社会和目标市场需求总量，包括国内需求量和出口需求量。

③ 产品供需平衡分析。在产品供应和需求预测的基础上，分析项目产品在生产运营期内的供需平衡情况和满足程度，以及可能导致供需失衡的因素和波及范围。

④ 目标市场分析。根据市场结构、市场分布与区位特点、消费习惯、市场饱和度以及项目产品的性能、质量和价格的适应性等因素，选择确定项目产品的目标市场，预测可能占有的市场份额。

（3）价格预测　项目产品价格是测算项目投产后的销售收入、生产成本和经济效益的基础，也是考察项目产品竞争力的重要方面。预测价格时，应对影响价格形成与导致价格变化的各种因素进行分析，初步设定项目产品的销售价格和投入品的采购价格。进行价格预测时，不应低估投入品的价格和高估产出品的价格，避免预测的项目经济效益失真。

（4）竞争力分析　是研究拟建项目在国内外市场竞争中获胜的可能性和获胜能力。进行竞争力分析，既要研究项目自身竞争力，也要研究竞争对手的竞争力，并进行对比。以此进一步优化项目的技术经济方案，扬长避短，发挥竞争优势。

① 竞争力优势、劣势分析，包括：自然资源占有、工艺技术和装备、规模效益、新产品开发能力、产品质量性能、价格、商标、品牌、商誉、项目区位以及人力资源等方面的优势、劣势。

② 竞争力对比，即选择项目目标市场范围内占市场份额较大、实力较强的几家竞争对手，将项目自身条件与竞争对手条件的优势、劣势对比并排序。

（5）市场风险分析　是在产品供需、价格变动趋势和竞争能力等常规分析已达到一定深度要求的情况下，对未来国内外市场某些重大不确定因素发生的可能性，及其可能对项目造成的损失程度进行分析。市场风险分析可定性描述，估计风险程度；也可定量计算风险发生概率，分析对项目的影响程度。

产生市场风险的主要因素有：

① 技术进步加快，新产品和新替代产品的出现，导致部分用户转向购买新产品和新替代

产品，减少了对项目产品的需求，影响项目产品的预期效益。

② 新竞争对手加入，市场趋于饱和，导致项目产品市场占有份额减少。

③ 市场竞争加剧，出现产出品市场买方垄断，项目产出品价格急剧下降；或者出现投入品市场卖方垄断，项目所需的投入品价格大幅上涨。这种激烈价格竞争，导致项目产品的预期效益减少。

④ 国内外政治经济出现突发性变化，引起市场激烈震荡。

上述情况的出现，均影响项目的预期收益。在可行性研究中，应根据项目的具体情况，确定项目可能面临的主要风险并分析风险对项目的影响程度。

5.2.2.3　资源条件评价

矿产资源、水利水能资源和森林资源等是资源开发项目的物质基础，直接关系到项目开发方案和建设规模的确定。资源开发项目包括：金属矿、煤矿、石油天然气矿、建材矿、化学矿以及水利水电和森林采伐等。在可行性研究阶段，应对资源开发利用的可能性、合理性和资源的可靠性进行研究和评价，为确定项目的开发方案和建设规模提供依据。

资源评价主要是对拟开发利用资源的合理性、可利用量、自然品质、赋存条件、开发价值进行评价。

5.2.2.4　建设规模与产品方案

建设规模与产品方案研究是在市场预测和资源评价的基础上，论证比选拟建项目的建设规模和产品方案，作为确定项目技术方案、设备方案、工程方案、原材料燃料供应方案及投资估算的依据。

（1）建设规模方案的选择　建设规模也称生产规模，是指项目设定的正常生产运营年份可能达到的生产能力或者使用效益。确定建设规模一般应研究以下主要因素和内容：合理（或最优）经济规模、市场容量、环境容量、资金、原材料以及主要外部协作条件。

（2）产品方案选择　产品方案是研究拟建项目生产的产品品种及其组合的方案。确定产品方案一般应研究以下主要因素和内容：市场需求、产业政策、专业化协作、资源综合利用、环境条件、原材料燃料供应、技术设备条件、生产储运条件等。

5.2.2.5　场址选择

可行性研究阶段的场址选择，是在初步可行性研究规划选址已确定的建设地区和地点范围内，进行具体坐落位置选择，也称为工程选址。场址选择内容：指出建厂地区的地理位置，与原材料产地和产品市场的距离；根据建设项目的生产技术要求，在指定的建设地区内，对建厂的地理位置、气象、水文、地质、地形条件、地震、洪水情况和社会经济现状进行调查研究，收集基础资料，了解交通运输、通信设施及水、电、气、热的现状和发展趋势；厂址面积、占地范围，厂区总体布置方案，建设条件，地价、拆迁及其它工程费用情况；对厂址选择进行多方案的技术经济分析和比选，提出选择意见。

进行场址选择，应对多个场址方案进行工程条件和经济性条件的研究比较。

工程条件研究比选应考虑场址位置、占地面积、地形地貌、气象条件、地震情况、工程地质水文地质条件、征地拆迁移民安置条件、交通运输条件、水电等供应条件、环境保护条件、法律支持条件、生活设施依托条件、施工条件等。

经济性条件研究比选的内容，一是建设投资比较，主要有土地购置费、场地平整费、基础工程费、场外运输投资、场外公用工程投资、防洪工程投资、环境保护投资以及施工临时设施费用等，应编制场址方案建设投资费用比较表。二是运营费用比较，包括原材料及燃料运输费、产品运输费、动力费、排污费和其它费用等，应编制场址方案运营费用比较表。

经过工程条件和经济性条件的比选，提出推荐场址方案，并绘制场址地理位置图。在地形图上，标明场址的四周界址。场址内生产区、办公区、场外工程、取水点、堆场、运输线等位置，以及与周边建筑物、设施的相互位置。

5.2.2.6　技术方案、设备方案和工程方案

项目的建设规模与产品确定后，应进行技术方案、设备方案和工程方案的具体研究论证工作。技术、设备与工程方案构成项目的主体，体现项目的技术和工艺水平，也是决定项目是否经济合理的重要基础。

（1）技术方案选择　主要包括生产方法和工艺流程方案的选择。多个方案比选论证后应提出推荐方案，并绘制主要工艺流程图，编制主要物料平衡表，车间组成表，主要原材料、辅助材料及水、电、汽等消耗定额表等。

生产方法选择时要研究：与项目产品相关的国内外各种生产方法，分析其优缺点及发展趋势，采用先进适用的生产方法；拟采用的生产方法是否与采用的原材料相适应；拟采用的生产方法技术来源的可得性，若采用引进技术或者专利，应比较购买技术或者专利所需的费用；拟采用生产方法是否符合节能和清洁生产要求，力求能耗低、物耗低，废弃物少。

工艺流程方案选择时要研究：工艺流程方案对产品质量的保证程度；工艺流程各工序之间是否合理衔接，工艺流程是否通畅、简捷；物料消耗定额是否先进合理；工艺流程是否具有柔性。

（2）主要设备方案选择　是在研究和初步确定技术方案的基础上，对所需主要设备的规格、型号、数量、来源、价格等进行研究比选。

（3）工程方案选择　工程方案构成项目的实体。工程方案选择是在已选定项目建设规模、技术方案和设备方案的基础上，研究论证主要建筑物、构筑物的建造方案。

（4）节能节水措施　在研究技术方案、设备方案和工程方案时，水资源消耗量大的项目，应提出节水措施，并对水耗指标进行分析；能源消耗量大的项目，应提出节约能源措施，并对能耗指标进行分析。

5.2.2.7　原材料燃料供应

在研究确定项目建设规模、产品方案、技术方案和设备方案的同时，还应对项目所需的原材料、辅助材料和燃料的品种、规格、成分、数量、价格、来源及供应方式进行研究论证，以确保项目建成后正常生产运营，并为计算生产运营成本提供依据。

5.2.2.8　总图运输与公用辅助工程

总图运输与公用辅助工程是在已选定的场址范围内，研究生产系统、公用工程、辅助工程及运输设施的平面和竖向布置以及相应的工程方案。

（1）总图布置方案　项目总图布置应根据项目的生产工艺流程或者使用功能的需要及其相互关系，结合场地和外部环境条件，对项目各个组成部分的位置进行合成，使整个项目形成布置紧凑、流程顺畅、经济合理、使用方便的格局。

总图布置研究包括：研究项目的建设内容，确定各个单项工程建筑物、构筑物的平面尺寸和占地面积。研究功能区（包括基本生产系统、辅助生产系统和非生产系统）的合理划分，技术改造项目还要研究如何与企业现有的功能分区相协调。研究各功能区和各单项工程的总图布置（平面布置和竖向布置），各功能区应合理布置各系统的单项工程位置。研究场内外运输、消防道路、火车专用线走向，以及码头和堆场的位置。研究确定土地利用系数、建筑系数和绿化系数。

总图布置方案应从技术经济指标和功能方面进行比选，选择确定推荐方案。技术经济指标比选，主要包括场区占地面积、建筑物构筑物占地面积、道路和铁路占地面积、土地利用系数、建筑系数、绿化系数、土石方挖填工程量、地上和地下管线工程量、防洪治涝措施工程

量、不良地质处理工程量以及总图布置费用等。功能比选，主要比选生产流程的短捷、流畅、连续程度，内部运输的便捷程度以及满足安全生产程度。

（2）场内外运输方案　根据建设规模、产品方案、技术方案的主要投入品和产出品的品种、数量、特征、流向，研究提出项目内外部运输方案。

运输方案研究包括：计算运输量；选择运输方式；选择运输设备和建设运输设施。

① 运输量的计算。计算各种物料进出的年运量以及场内各个环节的物料、中间产品的运输量，并说明物料形态和包装形式。

② 运输方式选择。根据已确定的运输量和物料特性，研究选择物料的运输方式。调查研究项目所在地区现有和在建的铁路、公路、水运、空运、管道等运输能力，能否承担项目投入品和产出品的运输。依托社会运输系统解决运输的，应研究场内与外部运输方式接卸设施的方案，根据物料特性、流向及数量、装卸位置等，确定项目内部运输方式和标准。

③ 运输设备选择。运输设备的配置形式，可以采用自备、租赁、委托等形式。应优先研究依托社会运输系统的可能性和经济性，尽量减少自备。需要自备运输设备的，应研究提出所需运输设备清单。

（3）公用工程与辅助工程方案　公用工程与辅助工程是为项目主体工程正常运转服务的配套工程。公用工程主要有给水、排水、供电、通信、供热、通风等工程；辅助工程包括维修、化验、检测、仓储等工程。在可行性研究阶段，公用工程和辅助工程应与主体工程同时进行研究，公用工程和辅助工程的设置，应尽可能依托社会进行专业化协作。

5.2.2.9　环境影响评价

建设项目一般会引起项目所在地自然环境、社会环境和生态环境的变化，对环境状况、环境质量产生不同程度的影响。环境影响评价是在研究确定场址方案和技术方案中，调查研究环境条件，识别和分析拟建项目影响环境的因素，研究提出治理和保护环境的措施，比选和优化环境保护方案。

5.2.2.10　劳动安全卫生与消防

拟建项目劳动安全卫生与消防的研究是在已确定的技术方案和工程方案的基础上，分析论证在建设和生产过程中存在的对劳动者和财产可能产生的不安全因素（如工伤和职业病、火灾隐患），并提出相应的防范措施。

（1）劳动安全卫生

① 危害因素和危害程度分析。分析在生产或者作业过程中可能对劳动者身体健康和生产安全造成危害的物品、部位、场所，以及危害范围和程度。a. 有毒有害物品的危害。分析生产和使用带有危害性的原料、材料和产品，包括爆炸品类，易燃、易爆、有毒气体类，易燃液体类，易燃固体类，氧化剂和过氧化物类，毒害品类，腐蚀品类，辐射物质类以及工业粉尘类等。分析有毒有害物品的物理化学性质，引起火灾爆炸危险的条件，对人体健康的危害程度以及造成职业性疾病的可能性。b. 危险性作业的危害。分析高空、高温、高压作业，井下作业，辐射、震动、噪声等危险性作业场所可能对人身造成的危害。

② 安全措施方案。在选择工艺技术方案时，应尽可能选用安全生产和无危害的生产工艺和设备。对不可避免的可能危害，应针对不同危害和具有危险性因素的场所、范围以及危害程度，研究提出相应的安全措施方案。a. 对危险部位和危险作业应提出安全防护措施方案。b. 对危险场所，按劳动安全规范提出合理的生产工艺方案和设置安全间距。煤炭、冶金等矿井开采项目，应提出防止瓦斯爆炸、矿井涌水、塌方冒顶等技术和安全措施方案。c. 对易产生职业病的场所，应提出防护和卫生保健措施方案。

（2）消防设施　消防设施研究主要是分析项目在生产运营过程中可能存在的火灾隐患和重

点消防部位，根据消防安全规范确定消防等级，并结合当地公安消防设施状况，提出消防监控报警系统和消防设施配置方案。

① 火灾危险性分析。分析生产过程中所使用的原材料、中间产品、成品的火灾危险性，包括存储物品的火灾危险性，生产过程中易燃、易爆产生的部位及火灾危险性，运输过程中的火灾危险性等。

② 调查项目场址周围消防设施状况。调查场址周边公安消防机构的规模、装备，所在地公安消防队与场址的距离等，确定项目对公安消防机构的依托程度。

③ 消防措施和设施。根据项目在生产运营过程中火灾隐患的部位，火灾危险类别以及可能波及的范围，确定应采用的消防等级，并结合项目场址周围消防设施状况，提出消防监控报警系统和消防设施配置方案。

5.2.2.11　组织机构与人力资源配置

合理、科学地确定项目组织机构和配置人力资源是保证项目建设和生产运营顺利进行、提高劳动效率的重要条件。在可行性研究阶段，应对项目的组织机构设置、人力资源配置、员工培训等内容进行研究，比选和优化方案。

（1）组织机构设置及其适应性分析　根据拟建项目出资者特点，研究确定相适应的组织机构模式；根据拟建项目的规模大小，研究确定项目的管理层次；根据建设和生产运营特点和需要，设置相应的管理职能部门。技术改造项目，应分析企业现有组织机构、管理层次、人员构成情况，结合改造项目的需要，制定组织机构设置方案。

经过比选提出推荐方案，并应进行适应性分析，主要分析项目法人的组建方案是否符合《公司法》和国家有关规定的要求；项目执行机构是否具备指挥能力、管理能力和组织协调能力；组织机构的层次和运作方式能否满足建设和生产运营管理的要求；项目法人代表及主要经营管理人员的素质能否适应项目建设的生产运营管理的要求，能否承担项目筹资建设、生产运营、偿还债务等责任。

（2）人力资源配置　在组织机构设置方案确定后，应研究确定各类人员，包括生产人员、管理人员和其它人员的数量和配置方案，满足项目建设和生产运营的需要，为提高劳动生产率等创造条件。人力资源配置的内容包括：研究制定合理的工作制度与运转班次，根据行业类型和生产过程特点，提出工作时间、工作制度和工作班次方案；研究员工配置数量，根据精简、高效的原则和劳动定额，提出配备各职能部门、各工作岗位所需人员数量；研究确定各类人员应具备的劳动技能和文化素质；研究测算职工工资和福利费用；研究测算劳动生产率；研究提出员工选聘方案，特别是高层次管理人员和技术人员的来源和选聘方案。

（3）员工培训　可行性研究阶段应研究提出员工培训计划，包括培训岗位、人数，培训内容、目标、方法、地点和培训费用等。为保证项目建成后顺利投入生产运营，应重点培训生产线关键岗位的操作运行人员和管理人员。

5.2.2.12　项目实施进度

项目工程建设方案确定后，应根据勘察设计、设备制造、工程施工、安装、试生产所需时间与进度要求，研究提出项目的建设工期和实施进度方案，科学组织建设过程中各阶段的工作，按工程进度安排建设资金，并用横杠图和网络图来表述最佳实施方案，保证项目按期建成投产。

（1）建设工期　建设工期一般是指拟建项目开工之日，到项目全面建成投产或交付使用所需的全部时间。建设工期主要包括土建施工、设备采购与安装、生产准备、设备调试、试运转、交付使用等阶段。项目建设工期可参考有关部门或专门机构制定的建设项目工期定额和单位工程工期定额，结合项目建设内容、工程量大小、建设难易程度，以及施工条件等具体情况综合研究确定。

（2）实施进度安排　项目建设工期确定后，应根据工程实施各阶段工作量和所需时间，对时序做出大体安排，并使各阶段工作相互衔接，编制项目实施进度表（如图 5.2）。大型建设项目，应根据项目总工期要求，制定主体工程和主要辅助工程的建设起止时间及时序表。

序号	工作内容	时间进度							
		2015年				2016年			
		1季度	2季度	3季度	4季度	1季度	2季度	3季度	4季度
1	设备订货	▬							
2	动力电增容		▬						
3	原厂房设备搬迁		▬	▬					
4	一车间设备安装				▬	▬			
5	二车间土建施工			▬	▬	▬			
6	二车间设备安装							▬	▬
7	人员招聘培训				▬	▬	▬		

图 5.2　某项目实施进度横杠图

5.2.2.13　投资估算和资金筹措

投资估算包括项目总投资估算，主体工程及辅助、配套工程的估算，以及流动资金的估算。投资估算是在对项目的建设规模、技术方案、设备方案、工程方案及项目实施进度等进行研究并基本确定的基础上，估算项目投入总资金并测算建设期内分年资金需要量，投资估算是制定融资方案、进行经济评价以及编制初步设计概算的依据。

建设投资由建筑工程费、设备及工器具购置费、安装工程费、工程建设其它费用、基本预备费、涨价预备费、建设期利息构成。其中，建筑工程费、设备及工器具购置费、安装工程费形成固定资产；工程建设其它费用可分别形成固定资产、无形资产、递延资产。基本预备费、涨价预备费、建设期利息，在可行性研究阶段为简化计算方案，一并计入固定资产。

建设投资可分为静态投资和动态投资两部分。静态投资部分由建筑工程费、设备及工器具购置费、安装工程费、工程建设其它费用、基本预备费构成；动态投资部分由涨价预备费和建设期利息构成（如图 5.3）。

图 5.3　建设投资构成

资金筹措应说明资金来源、筹措方式、各种资金来源所占的比例、资金成本及贷款的偿付方式。资金筹措是在投资估算的基础上，研究拟建项目的资金渠道、融资形式、融资结构、融资成本、融资风险，比选推荐项目的融资方案，并以此研究资金筹措方案和进行财务评价。

5.2.2.14　项目的经济评价

项目的经济评价包括财务评价和国民经济评价，并通过有关指标的计算，进行项目盈利能力、偿债能力等分析，得出经济评价结论。

财务评价是在国家现行财税制度和市场价格体系下，分析预测项目的财务效益与费用，计算财务评价指标，考察拟建项目的盈利能力、偿债能力，据以判断项目的财务可行性。财务评价是从项目角度考察项目的盈利能力和偿债能力，在市场经济条件下，大部分项目财务评价结论可以满足投资决策要求。但有些项目需要进行国民经济评价，从国民经济角度评价项目是否可行。需要进行国民经济评价的项目主要是铁路、公路等交通运输项目，较大的水利水电项目，国家控制的战略性资源开发项目，动用社会资源和自然资源大的中外合资项目，以及主要产出物和投入物的市场价格不能反映其真实价值的项目。

国民经济评价是按合理配置资源的原则，采用影子价格等国民经济评价参数，从国民经济的角度考察投资项目所耗费的社会资源和对社会的贡献，评价投资项目的经济合理性。国民经济评价的研究内容主要是识别国民经济效益与费用，计算和选取影子价格，编制国民经济评价报表，计算国民经济评价指标并进行方案比选。

5.2.2.15　社会评价

社会评价旨在系统调查和预测拟建项目的建设、运营产生的社会影响与社会效益，分析项目所在地区的社会环境对项目的适应性和可接受程度。通过分析项目设计的各种社会因素，评价项目的社会可行性，提出项目与当地社会协调关系，规避社会风险，促进项目顺利实施，保持社会稳定的方案。社会评价从以人为本的原则出发，研究内容包括项目的社会影响分析、项目与所在地区的互适性分析和社会风险分析。

5.2.2.16　风险分析

投资项目风险是在市场预测、技术方案、工程方案、融资方案和社会评价论证中已进行的初步风险分析的基础上，进一步综合分析识别拟建项目在建设和运营中潜在的风险因素，揭示风险来源，判别风险程度，提出规避风险对策，降低风险损失。

可以看出：建设项目可行性研究的内容可概括为三大部分。首先是市场研究，包括产品的市场调查和预测研究，这是项目可行性研究的前提和基础，其主要任务是要解决项目的"必要性"问题；第二是技术研究，即技术方案和建设条件研究，这是项目可行性研究基础，它要解决项目在技术上的"可行性"问题；第三是效益研究，即经济效益的分析和评价，这是项目可行性研究的核心部分，主要解决项目在经济上的"合理性"问题。市场研究、技术研究和效益研究共同构成项目可行性研究的三大支柱。

5.2.3　项目的经济评价

5.2.3.1　财务评价

财务评价（financial appraisal）是从企业的角度出发，依据国家现行财税制度、现行价格和有关法规，研究和预测投资项目在建成投产以后能给企业带来的经济效益，并根据经济效益大小，来决定拟建的项目或不同技术方案的取舍。进行项目财务评价首先要估算或计算出项目的投资、成本、收入、各项税金和利润等基础数据，然后据此编制财务报表，计算相应的技术经济指标，并与有关标准进行对比，判断拟建项目是否可行，或从中选择最佳方案。其基本流程如图5.4。财务评价是建设项目经济评价中的微观层次，它主要从微观投资主体的角度分析项目可以给投资主体带来的效益以及投资风险。

（1）编制财务报表　财务报表是进行财务评价的主要依据，基本报表有现金流量表、损益表、资金来源与运用表、资产负债表等。

① 现金流量表。现金流量表是反映项目在计算期内各年的现金流入、现金流出和净现金

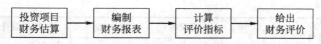

图 5.4　财务评价的基本流程

流量的表格，它可以反映项目对企业和社会的贡献，也可以反映项目收回全部投资的时间。通过现金流量表可以计算项目的财务内部收益率、财务净现值和投资回收期等反映项目盈利能力的指标（见表 5.2）。

表 5.2　现金流量表　　　　　　　　　　　单位：万元

序号	项目	建设期		投产期		达到设计能力生产期				合计
		1	2	3	4	5	6	…	n	
	生产负荷/%									
1	现金流入									
1.1	产品销售（营业）收入									
1.2	回收固定资产余值									
1.3	回收流动资金									
2	现金流出									
2.1	建设投资									
2.2	流动资金									
2.3	经营成本									
2.4	销售税金及附加									
2.5	所得税									
3	净现金流量（1－2）									
4	累计净现金流量									
5	所得税前净现金流量（3＋2.5）									
6	所得税前累计净现金流量									

计算指标：财务内部收益率　　　　　财务净现值　　　　　投资回收期

② 损益表。损益表反映项目计算期内各年的利润总额、所得税及税后利润的分配情况，用以计算投资利润率、投资利税率和资本金利润率等指标（见表 5.3）。

表 5.3　损益表　　　　　　　　　　　　单位：万元

序号	项目	建设期		投产期		达到设计能力生产期				合计
		1	2	3	4	5	6	…	n	
	生产负荷/%									
1	产品销售（营业）收入									
2	销售税金及附加									
3	总成本费用									
4	利润总额（1－2－3）									
5	所得税									
6	税后利润（4－5）									

续表

序号	项目	建设期		投产期		达到设计能力生产期				合计
		1	2	3	4	5	6	...	n	
7	可供分配利润									
7.1	盈余公积金									
7.2	应付利润									
7.3	未分配利润									
	累计未分配利润									

③ 资金来源与运用表。资金来源与运用表反映项目计算期内各年的资金盈余或短缺情况，用于选择资金筹措方案，制订适宜的借款及偿还计划，并为编制资产负债表提供依据（见表5.4）。

表5.4 资金来源与运用表 单位：万元

序号	项目	建设期		投产期		达到设计能力生产期				合计
		1	2	3	4	5	6	...	n	
	生产负荷/%									
1	资金来源									
1.1	利润总额									
1.2	折旧费									
1.3	摊销费									
1.4	长期借款									
1.5	流动资金借款									
1.6	其它短期借款									
1.7	自有资金									
1.8	其它									
1.9	回收固定资产余值									
1.10	回收流动资金									
2	资金运用									
2.1	固定投资									
2.2	建设期利息									
2.3	流动资金									
2.4	所得税									
2.5	应付利润									
2.6	长期借款本金偿还									
2.7	短期借款本金偿还									
3	盈余资金(1-2)									
4	累计盈余资金									

④ 资产负债表。资产负债表综合反映项目计算期内各年年末资产、负债和所有者权益的增减变化及对应关系，以考察项目资产、负债、所有者权益的结构是否合理，用以计算资产负

债率、流动比率及速动比率，进行清偿能力分析（见表5.5）。

表 5.5　资产负债表　　　　单位：万元

序号	项目	建设期		投产期		达到设计能力生产期				合计
		1	2	3	4	5	6	…	n	
1	资产									
1.1	流动资产总额									
1.1.1	应收账款									
1.1.2	存货									
1.1.3	现金									
1.1.4	累计盈余资金									
1.2	在建工程									
1.3	固定资产净值									
1.4	无形资产及递延资产净值									
2	负债及所有者权益									
2.1	流动负债总额									
2.1.1	应付账款									
2.1.2	短期借款									
2.2	长期负债									
	负债合计									
2.3	所有者权益									
2.3.1	资本金									
2.3.2	资本公积金									
2.3.3	累计盈余公积金									
2.3.4	累计未分配利润									
计算指标:资产负债率　　　　流动比率　　　　速动比率										

　　（2）财务评价指标　　根据国家发改委、原建设部颁布的《建设项目经济评价方法与参数》（第三版），在进行投资项目财务评价时，应进行项目盈利能力和项目偿债能力的分析评价。

　　① 项目盈利能力指标。主要计算指标有财务内部收益率、投资回收期等，根据项目特点及实际需要，也可计算财务净现值、投资利润率、投资利税率和资本金利润率等指标。

　　财务内部收益率（FIRR）反映了项目所占用资金的盈利率，是考察项目盈利能力的主要动态评价指标。FIRR 可根据财务现金流量表中净现金流量用试差法求得，该值愈大愈好，当所求得的 FIRR 不小于行业基准收益率或设定的折现率时，即认为其盈利能力已满足最低要求，在财务评价上是可以考虑接受的。

　　投资回收期指以项目的净收益抵偿全部投资所需要的时间，它是考察项目在财务上的投资回收能力的主要静态评价指标。可根据现金流量表计算，其具体计算又分以下两种情况。

　　a.项目建成投产后各年的净收益（即净现金流量）均相同，则静态投资回收期的计算公式如下：

$$投资回收期 = \frac{总投资额}{净现金流量} \qquad (5.1)$$

b. 项目建成投产后各年的净收益不相同，则静态投资回收期可根据累计净现金流量求得，也就是在现金流量表中累计净现金流量由负值转向正值之间的年份。该值愈小愈好，当所求得的投资回收期不大于行业的基准投资回收期或设定的回收期时，即表明项目是可行的。

财务净现值（FNPV）是考察项目在计算期内盈利能力的动态指标，该值愈大愈好。FNPV 可根据财务现金流量表计算求得，当 FNPV 大于或等于零时可认为项目是可行的。

投资利润率、投资利税率和资本金利润率这三项指标均是反映项目盈利水平的静态相对指标，可根据损益表中的有关数据计算，其计算公式为：

$$投资利润（税）率 = \frac{年利润（税）总额或年平均利润（税）总额}{项目总投资} \times 100\% \qquad (5.2)$$

$$资本金利润率 = \frac{年利润总额或年平均利润总额}{资本金} \times 100\% \qquad (5.3)$$

这些指标愈大愈好，当所求得的数值不小于行业平均水平时，即认为项目是可行的。

② 项目偿债能力指标。主要计算指标有资产负债率、借款偿还期、流动比率、速动比率等。

资产负债率是反映项目各年所面临的财务风险及偿债能力指标，可根据资产负债表计算求得。其计算公式为：

$$资产负债率 = \frac{负债总额}{资产总额} \times 100\% \qquad (5.4)$$

一般来说，在项目投入期资产负债率较高，但在投产后，应逐年下降，最后达到一个合适的水平（如 60% 左右）。需指出的是，资产负债率的衡量并没有一成不变的指标，其大小受各种因素的影响，如企业盈利的稳定性、营业额的增长率、企业实力和负债期限等。

流动比率和速动比率是反映项目各年偿付流动负债的指标，可根据资产负债表计算求得。其计算公式为：

$$流动比率 = \frac{流动资产}{流动负债} \times 100\% \qquad (5.5)$$

$$速动比率 = \frac{速动资产}{流动负债} \times 100\% \qquad (5.6)$$

一般来说，流动比率以 2∶1 较合适，速动比率以 1∶1 较合适。

借款偿还期是指项目投产后可用于还款的资金偿还借贷款本利所需的时间。可由资金来源与运作表及国内借款还本付息计算表直接推算，该值愈小愈好，当借款偿还期满足贷款机构的要求期限时，即认为项目是有清偿能力的。

例 5.2 智能化免维护型柜式气体绝缘金属封闭开关设备（C-GIS）技术改造项目经济评价

1 概述

1.1 编制依据 （1）国家发展和改革委员会与原建设部共同发布的《建设项目经济评价方法与参数》（第三版）及国家现行财税政策、会计制度与相关法规；（2）项目建设方案。

1.2 计算期 计算期包括建设期和生产经营期，根据项目实施计划建设期确定为 1 年，生产经营期确定为 10 年，则项目计算期为 11 年。

1.3　产销计划　投产后第 1 年生产负荷达到设计能力的 80％，第 2 年达到 100％。产品产销率按 100％考虑。

1.4　基准收益率　根据国家发布的有关参数，并考虑行业特点、融资成本、项目风险等因素，确定项目投资基准收益率为 12％，项目资本金最低可接受收益率为 15％。

2　费用与效益估算

2.1　投资估算　项目总投资 14373.91 万元，其中建设投资 12183.91 万元，铺底流动资金 2190 万元。

2.2　固定资产、无形资产和其它资产的原值形成　项目投产交付使用后，建设投资分别形成固定资产、无形资产和其它资产。

2.3　经营成本和总成本费用估算　采用要素成本法按生产要素分项估算各项成本费用。正常年总成本费用 15463.7 万元，经营成本 15124.56 万元，见表 5.6。

费用估算的基础数据：

(1)　主要原辅助材料、动力消耗量及价格。根据目前原辅助材料及燃料动力的市场价格，预计正常年份项目年消耗原辅助材料及燃料动力 12022.74 万元；

(2)　工资及福利费。项目定员 156 人，人均工资及福利费按 3000 元/月计，则每年工资及福利费 561.6 万元；

(3)　固定资产折旧年限及折旧方式。固定资产折旧采用直线法计算。项目固定资产为机械设备和厂房建筑物，其中机器设备折旧年限为 10 年，厂房建筑物折旧年限为 20 年。净残值率取 10％；

(4)　无形资产和其它资产摊销。无形资产为土地使用权，按 50 年等额摊销；其它资产按 5 年摊销；

(5)　修理费。修理费按固定资产原值的 3％计取，正常年为 365.5 万元；

(6)　其它费用。其它费用按销售收入的 10％计取。

2.4　收入和税金估算

(1)　收入估算　按照目前产品市场价格估算，项目正常年营业收入为 21747.00 万元，具体见表 5.7。

(2)　增值税及附加　产品增值税税率为 17％，城市维护建设税为增值税 4％，教育费附加为增值税 3％。营业收入、营业税金及附加和增值税估算具体见表 5.7。

(3)　所得税　本项目所得税按 25％计算，见表 5.8。

3　财务分析

3.1　现金流量分析　项目（全部投资）现金流量表见表 5.9。

3.2　利润分析　根据损益表计算利润相关指标（详见表 5.8）。

投资收益率：32.18％；销售利润率：21.27％。

本项目的获利能力高于同类公司的平均水平，通过以上盈利能力指标的计算，可以看出该项目的盈利能力较强。

4　评价结论

综上所述，在现有价格体系及计算基准下，项目投资税后财务内部收益率为 30.96％，总投资收益率为 32.18％，销售利润率 21.27％，表明项目经济效益较好。因此，从财务评价看，项目是可行的。

表 5.6 总成本费用估算表

单位：万元

序号	项目	2	3	4	5	6	7	8	9	10	11
	生产负荷/	80	100	100	100	100	100	100	100	100	100
1	原辅材料	9449.34	11811.68	11811.68	11811.68	11811.68	11811.68	11811.68	11811.68	11811.68	11811.68
2	水	3.65	4.56	4.56	4.56	4.56	4.56	4.56	4.56	4.56	4.56
3	电	165.20	206.50	206.50	206.50	206.50	206.50	206.50	206.50	206.50	206.50
4	工资及福利费	561.60	561.60	561.60	561.60	561.60	561.60	561.60	561.60	561.60	561.60
5	修理费	365.52	365.52	365.52	365.52	365.52	365.52	365.52	365.52	365.52	365.52
6	其它管理费用	1739.76	2174.70	2174.70	2174.70	2174.70	2174.70	2174.70	2174.70	2174.70	2174.70
7	经营管理费用	12285.07	15124.56	15124.56	15124.56	15124.56	15124.56	15124.56	15124.56	15124.56	15124.56
8	折旧费	218.53	218.53	218.53	218.53	218.53	218.53	218.53	218.53	218.53	218.53
9	摊销费	58.35	58.35	58.35	58.35	58.35	58.35	58.35	58.35	58.35	58.35
10	利息支出	62.26	62.26	62.26	62.26	62.26	62.26	62.26	62.26	62.26	62.26
11	总成本费用	12624.21	15463.70	15463.70	15463.70	15463.70	15463.70	15463.70	15463.70	15463.70	15463.70
11.1	可变成本	10179.79	12584.34	12584.34	12584.34	12584.34	12584.34	12584.34	12584.34	12584.34	12584.34
11.2	固定成本	2444.42	2879.36	2879.36	2879.36	2879.36	2879.36	2879.36	2879.36	2879.36	2879.36

表 5.7 营业收入、营业税金附加和增值税估算表

单位：万元

序号	项目	2	3	4	5	6	7	8	9	10	11
1	营业收入	17397.60	21747.00	21747.00	21747.00	21747.00	21747.00	21747.00	21747.00	21747.00	21747.00
2	销售成本	9618.19	12022.74	12022.74	12022.74	12022.74	12022.74	12022.74	12022.74	12022.74	12022.74
3	增值税	1322.50	1653.12	1653.12	1653.12	1653.12	1653.12	1653.12	1653.12	1653.12	1653.12
2	营业税金与附加	92.57	115.72	115.72	115.72	115.72	115.72	115.72	115.72	115.72	115.72
2.1	城市维护建设费	52.90	66.12	66.12	66.12	66.12	66.12	66.12	66.12	66.12	66.12
2.2	教育费附加	39.67	49.59	49.59	49.59	49.59	49.59	49.59	49.59	49.59	49.59

表 5.8　损益表

单位：万元

序号	项目	2	3	4	5	6	7	8	9	10	11
	生产负荷/%	80	100	100	100	100	100	100	100	100	100
1	营业收入	17397.6	21747.00	21747.00	21747.00	21747.00	21747.00	21747.00	21747.00	21747.00	21747.00
2	营业税金及附加	92.57	115.72	115.72	115.72	115.72	115.72	115.72	115.72	115.72	115.72
3	总成本费用	12624.21	15463.70	15463.70	15463.70	15463.70	15463.70	15463.70	15463.70	15463.70	15463.70
4	利润总额	4680.82	6167.58	6167.58	6167.58	6167.58	6167.58	6167.58	6167.58	6167.58	6167.58
5	所得税（25%）	1170.20	1541.90	1541.90	1541.90	1541.90	1541.90	1541.90	1541.90	1541.90	1541.90
6	净利润	3510.61	4625.69	4625.69	4625.69	4625.69	4625.69	4625.69	4625.69	4625.69	4625.69

表 5.9　现金流量表（全部投资）

单位：万元

序号	项目	合计	1	2	3	4	5	6	7	8	9	10	11
	生产负荷/%			80	100	100	100	100	100	100	100	100	100
1	现金流入	217100.67	0.00	17397.60	21747.00	21747.00	21747.00	21747.00	21747.00	21747.00	21747.00	21747.00	26978.81
1.1	营业收入	213120.60		17397.60	21747.00	21747.00	21747.00	21747.00	21747.00	21747.00	21747.00	21747.00	21747.00
1.2	回收固定无形资产余值	1790.07											3041.81
1.3	回收流动资金	2190.00											2190.00
2	现金流出	178961.31	14373.91	13547.85	16782.17	16782.17	16782.17	16782.17	16782.17	16782.17	16782.17	16782.17	16789.85
2.1	建设投资	12183.91	12183.91										
2.2	铺底流动资金	2190.00	2190.00										
2.3	经营成本	148406.08		12285.07	15124.56	15124.56	15124.56	15124.56	15124.56	15124.56	15124.56	15124.56	15121.68
2.4	营业税金及附加	1134.04		92.57	115.72	115.72	115.72	115.72	115.72	115.72	115.72	115.72	115.72
2.5	所得税	15047.27	1170.20	1541.90	1541.90	1541.90	1541.90	1541.90	1541.90	1541.90	1541.90	1552.45	
3	税后净现金流量	38139.36	−14373.91	3849.75	4964.83	4964.83	4964.83	4964.83	4964.83	4964.83	4964.83	4964.83	10188.96
4	累计净现金流量		−14373.91	−10524.16	−5559.33	−594.50	4370.33	9335.15	14299.98	19264.81	24229.64	29194.47	39410.27
5	折现率（i_c=12%）	1.00	1.00	0.89	0.80	0.71	0.64	0.57	0.51	0.45	0.40	0.36	0.32
6	税后财务净现值	13964.35	−14373.91	3437.28	3957.93	3533.87	3155.24	2817.18	2515.34	2245.84	2005.21	1790.37	3280.57
7	累计财务净现值		−14373.91	−10936.63	−6978.70	−3444.83	−289.60	2527.58	5042.92	7288.75	9293.96	11084.33	14419.94

主要指标

项目投资财务内部收益率（所得税后）　30.96%

项目投资财务净现值（所得税后）（折现率 i_c 取12%）　13964.35　万元

项目投资回收期（年）（税后）　4.12　年

5.2.3.2 国民经济评价

建设项目经济评价中的另一个层次是国民经济评价，它是一种宏观层次的评价，一般只对某些在国民经济中有重要作用和影响的大中型重点建设以及特殊行业和交通运输、水利等基础性、公益性建设项目展开国民经济评价。

国民经济评价是从全社会和国民经济的角度出发，运用国家规定的影子价格、影子汇率、影子工资和社会折现率等经济参数，分析计算项目所投入的费用、可获得的效益及经济指标，以此判别项目的经济合理性和宏观可行性。国民经济评价实质上是一个以整个国家作为系统，以国民经济净收益为目标函数，以国家有用资源的合理利用为约束条件的最优化问题。在国民经济评价中，不仅要计算项目的直接收益和费用，而且还要计算项目的间接收益和费用。

(1) 国民经济评价与财务评价的区别　建设项目一般应同时进行财务评价和国民经济评价，但二者之间是有区别的，主要表现在如下方面。

① 评价的角度不同。财务评价是从企业财务角度考察货币收支和盈利状况及借、还款能力，以确定投资行为的财务可行性。国民经济评价是从国家整体的角度考察项目需要国家付出的代价和对国家的贡献，即项目的国民经济净贡献，确定投资行为的宏观可行性。

② 效益与费用的含义及划分范围不同。财务评价是根据项目的实际收支确定项目的效益和费用，凡是项目的货币收入都视为效益，凡是项目的货币支出都视为费用，如税金、利息均计为费用。国民经济评价是着眼于项目对社会提供的有用产品和服务来考察项目的效益，着眼于项目所消耗的全社会有用资源来考察项目的费用，如税金、国内贷款利息和财政补贴等作为国民经济内部的转移支付。财务评价只计算项目直接发生的效益和费用，而国民经济评价对项目引起的外部效果即间接效益和间接费用也要进行分析和计算。

③ 评价采用的价格不同。财务评价要确定投资在财务上的现实可行性，因而对投入物和产出物均采用现行市场价格。国民经济评价采用影子价格计量项目的各项费用和效益，影子价格是由机会成本和供求关系确定的。

④ 主要参数不同。财务评价中采用的汇率是官方汇率，折现率是因行业而异的基准收益率。国民经济评价则分别采用影子汇率和社会折现率，影子汇率和社会折现率均由国家统一测定。

(2) 国民经济评价的参数

① 影子价格。影子价格 (shadow price) 的概念是 20 世纪 30 年代末 40 年代初由荷兰数理经济学、计量经济学创始人之一简·丁伯根 (Jan Tinbergen, 1903—1994) 和前苏联数学家、经济学家、诺贝尔经济学奖获得者列奥尼德·康托罗维奇 (Leonid Vitaliyevich Kantorovich, 1912—1986) 分别提出来的。影子价格是指在社会经济处于某种最优状态时，能够反映社会劳动的消耗、资源稀缺程度和对最终产品需求情况的价格。也就是说，影子价格是人为确定的、比市场交换价格更为合理的价格。这种合理性体现在影子价格能更好地反映产品的价值、市场供求状况以及资源稀缺程度，能使资源配置向优化的方向发展。

影子价格反映在项目的产出上是一种消费者的"支付意愿"，即消费者愿意支付的价格。只有在供求完全均等时，市场价格才代表愿付价格。影子价格反映在项目的投入上是资源不投入该项目，而投在其它经济活动中所能带来的效益，也就是项目的投入是以放弃了本来可以得到的效益为代价的，西方经济学家称为"机会成本"。

影子价格完全是一种理想状态下的价格，在实际经济生活中，不存在一个完全自由的市场，所以确定产品的影子价格也相当困难。理论上，影子价格可以通过线性规划的对偶问题求解，但因为受各种条件的限制很难计算。在实际应用中，只能根据一定的假设条件，取一个尽量接近影子价格的价格来代替影子价格。

② 社会折现率。社会折现率（social discount rate）是社会对资金时间价值的估量，是投资项目的资金应达到的按复利计算的最低收益水平，即从国家角度要求投资项目所应达到的收益率标准。它是国民经济评价中的通用参数，在国民经济评价中可以用做计算净现值的折现率，并作为经济内部收益率的基准值。经济净现值和经济内部收益率是衡量国民经济盈利能力的主要指标。经济净现值是按照指定的社会折现率，将投资项目寿命期内各年的净效益流量折算到基准年的现值之和。一般情况下，投资项目的经济净现值大于或等于零时，是可以接受的。经济内部收益率是指在投资项目的寿命期内，当逐年累计的净效益流量的现值等于零时的折现率，它是反映投资项目的国民经济净收益（净贡献）的重要评价指标。所以，社会折现率是国民经济评价中一个不可缺少的重要参数。

③ 影子汇率。影子汇率（shadow exchange rate）是指单位外汇折合成国内价格的实际经济价值，也可称为外汇的影子价格。影子汇率是一个重要的经济参数，应由国家适时公布。

④ 影子工资。影子工资（shadow wage rate）是指某一建设项目使用劳动力，国家和社会为此而付出的代价。它实际上是劳动力作为特殊投入物的影子价格。影子工资一般由两部分组成：一是劳动力的机会成本，即项目因为使用劳动力而放弃的该劳动力在原有岗位上可以取得的净效益；二是劳动力因转移而增加的社会资源消耗，如交通运输费用、城市管理费用等。

5.2.4　环境可行性分析

5.2.4.1　环境评价相关规定

（1）环境评价的一般规定

① 三同时制度。配套的环境污染防治设施，必须与主体工程同时设计、同时施工、同时投入使用。

② 分类管理制度。国家根据建设项目对环境的影响程度，对建设项目的环境影响评价实行分类管理。建设单位应当按照下列规定组织编制环境影响报告书、环境影响报告表或者填报环境影响登记表（以下统称环境影响评价文件）：可能造成重大环境影响的，应当编制环境影响报告书，对产生的环境影响进行全面评价；可能造成轻度环境影响的，应当编制环境影响报告表，对产生的环境影响进行分析或者专项评价；对环境影响很小、不需要进行环境影响评价的，应当填报环境影响登记表。

（2）环境影响评价的其它规定：

① 涉及水土保持的项目，必须有经审查同意的水土保持方案；

② 环境评价文件经批准后有重大变动的，应重新报批环评文件；

③ 环评文件自批准之日超过 5 年方开工建设的，应报原审批部门重新审核；

④ 未经环评的，建设单位不得开工建设；

⑤ 建设过程中应同时实施审批意见中的环境保护对策措施。

5.2.4.2　环境影响评价基本要求

工程建设项目应注意保护所在地区的水土资源、海洋资源、矿产资源、森林植被、文物古迹、风景名胜等自然环境和社会环境。项目环境影响评价应坚持以下原则：

① 符合国家环境保护法律，法规和环境功能规划的要求。

② 坚持污染物排放总量控制和达标排放的要求。

③ 力求环境效益与经济效益相统一。在研究环境保护治理措施时，应从环境效益、经济效益相统一的角度进行分析论证，力求环境保护治理方案技术可行和经济合理。

④ 注重资源综合利用，对环境治理过程中项目产生的废气、废水、固体废弃物，应提出回收处理和再利用方案。

5.2.4.3 影响环境因素分析

影响环境因素分析，主要是分析项目建设过程中破坏环境，生产运营过程中污染环境，导致环境质量恶化的主要因素。

（1）污染环境因素分析　分析生产过程中产生的各种污染源，计算排放污染物数量及其对环境的污染程度。

① 废气。分析气体排放点，计算污染物产生量和排放量、有害成分和浓度，研究排放特征及其对环境危害程度。应编制废气排放一览表。

② 废水。分析工业废水（废液）和生活污水的排放点，计算污染物产生量与排放量、有害成分和浓度，研究排放特征、排放去向及其对环境危害程度。应编制废水排放一览表。

③ 固体废弃物。分析计算固体废弃物产生量与排放量、有害成分，及其对环境造成的污染程度。应编制固体废物排放一览表。

④ 噪声。分析噪声源位置，计算声压等级，研究噪声特征及其对环境造成的危害程度。

⑤ 粉尘。分析粉尘排放点，计算产生量与排放量，研究组分与特征、排放方式，及其对环境造成的危害程度。

⑥ 其它污染物。分析生产过程中产生电磁波、放射性物质等污染物发生的位置、特征，计算强度值，及其对周围环境的危害程度。

（2）破坏环境因素分析　分析项目建设施工和生产运营对环境可能造成的破坏因素，预测其破坏程度，主要包括以下方面：

① 对地形、地貌等自然环境的破坏；

② 对森林草地植被的破坏；

③ 对社会环境、文物古迹、风景名胜区、水资源保护区的破坏。

5.2.4.4 环境保护措施

在分析环境影响因素及其影响程度的基础上，按照国家有关环境保护法律、法规的要求，研究提出治理方案。

（1）治理措施方案　应根据项目的污染源和排放污染物的性质，采用不同的治理措施。

① 废气污染治理，可采用冷凝、吸附、燃烧和催化转化等方法。

② 废水污染治理，可采用物理法、化学法、物理化学法、生物法等方法。

③ 固体废弃物污染治理，有毒废弃物可采用防渗漏池堆存；放射性废弃物可采用封闭固化；无毒废弃物可采用露天堆存；生活垃圾可采用卫生填埋、堆肥、生物降解或者焚烧方式处理；利用无毒害固体废弃物加工制作建筑材料或者作为建材添加物，进行综合利用。

④ 粉尘污染治理，可采用过滤除尘、湿式除尘、电除尘等方法。

⑤ 噪声污染治理，可采用吸声、隔音、减震、隔振等措施。

⑥ 建设和生产运营引起环境破坏的治理。对岩体滑坡、植被破坏、地面塌陷、土壤劣化等，应提出相应治理方案。在可行性研究中，应在环境治理方案中列出所需的设施、设备和投资。

（2）治理方案比选　对环境治理的各局部方案和总体方案进行技术经济比较，并做出综合评价。比较、评价的主要内容有：

① 技术水平对比，分析对不同环境保护治理方案所采用的技术和设备的先进性、适用性、可靠性和可得性。

② 治理效果对比，分析对比不同环境保护治理方案在治理前及治理后环境指标的变化情况，以及能否满足环境保护法律法规的要求。

③ 管理及监测方式对比，分析对比各治理方案所采用的管理和监测方式的优缺点。

④ 环境效益对比，将环境治理保护所需投资和环保设施运行费用与所得的收益相比较。效益费用比值较大的方案为优。治理方案经比选后，提出推荐方案，并编制环境保护治理设施和设备表。

5.2.4.5　建设项目的环境影响报告书内容

建设项目的环境影响报告书应当包括：建设项目概况；建设项目周围环境现状；建设项目对环境可能造成影响的分析、预测和评估；建设项目环境保护措施及其技术、经济论证；建设项目对环境影响的经济损益分析；对建设项目实施环境监测的建议；环境影响评价的结论。

5.3　可行性研究报告的撰写

5.3.1　可行性研究报告的用途

可行性研究报告是在招商引资、投资合作、政府立项、银行贷款等领域常用的专业文档，主要对项目实施的可能性、有效性、如何实施、相关技术方案及财务效果进行具体、深入、细致的技术论证和经济评价，以求确定一个在技术上合理、经济上合算的最优方案和最佳时机而写的书面报告。可行性研究报告按用途主要分 6 种：

① 用于企业融资、对外招商合作的可行性研究报告。这类研究报告通常要求市场分析准确、投资方案合理，并提供竞争分析、营销计划、管理方案、技术研发等实际运作方案。

② 用于国家发改委立项的可行性研究报告、项目建议书、项目申请报告。该报告是大型基础设施项目立项的基础文件，发改委根据可行性研究报告进行核准、备案或批复，决定某个项目是否实施。

③ 用于银行贷款的可行性研究报告。商业银行在贷款前进行风险评估时，需要项目方出具详细的可行性研究报告，对于国家开发银行等国内银行，若该报告由甲级资格单位出具，通常不需要再组织专家评审，部分银行的贷款可行性研究报告不需要资格，但要求融资方案合理，分析正确，信息全面。另外在申请国家的相关政策支持资金、工商注册时往往也需要编写可行性研究报告，该文件类似用于银行贷款的可行性研究报告。

④ 用于境外投资项目核准的可行性研究报告、项目申请报告。企业在实施走出去战略，对国外矿产资源和其它产业投资时，需要编写可行性研究报告或项目申请报告、报给国家发改委或省发改委，需要申请中国进出口银行境外投资重点项目信贷支持时，也需要可行性研究报告和项目申请报告。

⑤ 用于企业上市的可行性研究报告。这类可行性报告通常需要出具国家发改委的甲级工程咨询资格。

⑥ 用于申请政府资金（发改委资金、科技部资金、农业部资金）的可行性研究报告。这类可行性报告通常需要出具国家发改委的甲级工程咨询资格。

5.3.2　可行性研究报告的编制要求、依据和步骤

5.3.2.1　编制要求与编制深度

（1）编制要求　可行性研究报告是投资项目可行性研究工作成果的体现，是投资者进行项目最终决策的重要依据。为保证报告的质量，应切实做好编制前的准备工作，具有充分信息资料，进行科学分析比选论证，做到编制依据可靠、结构内容完整、报告文本格式规范、附图附表附件齐全，报告表述形式尽可能数字化、图表化，报告深度能满足投资决策和编制项目初步设计的需要。

（2）编制深度

① 报告能充分反映可行性研究工作的成果，内容齐全，结论明确，数据准确，论据充分，满足决策者定方案定项目要求。

② 报告选用主要设备的规格、参数应能满足订货的要求。引进技术设备的资料应能满足合同谈判的要求。

③ 报告中的重大技术、经济方案，应有两个以上方案的比选。

④ 报告中确定的主要工程技术数据，应能满足项目初步设计的要求。

⑤ 报告构造的融资方案，应能满足银行等金融部门信贷决策的需要。

⑥ 报告中应反映在可行性研究过程中出现的某些方案的重大分歧及未被采纳的理由，以供委托单位与投资者权衡利弊进行决策。

⑦ 报告应附有评估、决策（审批）所必需的合同、协议、意向书、政府批件等。

5.3.2.2　编制依据

① 项目建议书（初步可行性研究报告）及其批复文件；

② 国家和地方的经济和社会发展规划；行业部门发展规划，如江河流域开发后治理规划、铁路公路路网规划、电力电网规划、森林开发规划等；

③ 国家有关法律、法规、政策；

④ 有关机构发布的工程建设方面的标准、规范、定额；

⑤ 中外合资、合作项目各方签订的协议书或意向书；

⑥ 编制可行性研究报告的委托合同。

5.3.2.3　编制步骤

可行性研究报告一般编制步骤如下。

（1）签订委托协议　研究报告编制单位与委托单位就项目可行性研究报告编制工作的范围、重点、深度要求、完成时间、费用预算和质量要求交换意见，并签订委托协议，据以开展可行性研究各阶段的工作。

（2）组建工作小组　根据委托项目可行性研究的工作量、内容、范围、技术难度、时间要求等组建项目可行性研究工作小组。一般工业项目和交通运输项目可分为市场组、工艺技术组、设备组、工程组、总图运输及公用工程组、环保组、技术经济组等专业组。为使各专业组协调工作，保证《报告》总体质量，一般应由总工程师、总经济师负责统筹协调。

（3）制订工作计划　工作计划内容包括工作的范围、重点、深度、进度安排、人员配置、费用预算及《报告》编制大纲，并与委托单位交换意见。

（4）调查研究收集资料　各专业组根据《报告》编制大纲进行实地调查，收集整理有关资料，包括调查市场和社会、行业主管部门、项目所在地区、项目涉及的有关单位等，收集项目建设、生产运营等各方面所必需的信息资料。

（5）方案编制与优化　在调查研究收集资料的基础上，对项目的建设规模与产品方案、场址方案、技术方案、设备方案、工程方案、服务支持与供应方案、公用工程与辅助工程方案、环境保护方案、组织机构设置方案、实施进度方案以及项目投资与资金筹措方案等，研究编制备选方案，并在此基础上进行方案论证、比选、优化，从而提出推荐方案。

（6）项目评价　对推荐方案进行环境评价、财务评价、国民经济评价、社会评价及风险分析，以判别项目的环境可行性、经济可行性、社会可行性和抗风险能力。当有关评价指标结论不足以支持项目方案成立时，应对原设计方案进行调整或重新设计。

（7）编写报告　经过技术经济论证和优化后，由各专业组分工编写项目可行性研究专业方案，并经过综合汇总，提出《报告》初稿。

（8）与委托单位交换意见　与委托单位交换意见，修改完善《报告》初稿，最终形成正式《报告》。

思考与练习题

5-1　可行性研究的概念和作用是什么？

5-2　工程项目周期一般有哪几个阶段，可行性研究属于其中什么阶段？

5-3　可行性研究分为哪几个阶段？各个阶段包括哪些主要的工作内容？

5-4　可行性研究的依据有哪些？

5-5　项目可行性研究的主要内容有哪些？

5-6　国民经济评价与财务评价有哪些区别？

5-7　应如何分析影响环境的因素？

5-8　可行性研究报告的编制步骤有哪些？

本 章 参 考 文 献

[1]　王立国，王红岩等．可行性研究与项目评估（第三版）．大连：东北财经大学出版社，2010.

[2]　胡章喜．项目立项与可行性研究．上海：上海交通大学出版社，2010.

[3]　杨克磊，高喜珍．项目可行性研究．上海：复旦大学出版社，2012.

[4]　李海涛．投资项目可行性研究．天津：天津大学出版社，2012.

[5]　冯俊华．技术经济学．北京：化学工业出版社，2011.

[6]　王勇．投资项目可行性分析：理论精要与案例解析（第二版）．北京：电子工业出版社，2012.

第6章 公用事业项目经济评价

公用事业项目不同于一般生产经营类项目，其投资的基本出发点是社会公众福利而非商业利润，项目的产出或提供的服务往往不能简单的依据市场价格进行衡量，大多具有公共产品属性。因此，公用事业项目的成本与收益的识别和计量，较之商业性项目，减少了规范性而增加了复杂性。本章就公用事业项目的含义、特点、收益与成本的识别以及评价方法进行简要介绍。

6.1 公用事业项目经济评价概述

6.1.1 公用事业项目的含义与分类

公用事业项目通常指的是由政府或以政府投资为主体的、与其它投资者（如社会团体）共同出资兴建的以社会公众福利为投资根本目的，而不以追求利润为基本目标的投资项目。公用事业投资项目按其满足社会需要的不同，大体上可分为：

第一类是社会基础服务类项目。主要包括城乡居民的交通、通信、供电、供水、供气、邮政、城乡发展规划等项目。

第二类是社会安全及国防建设类项目。主要包括军事项目、治安系统工程项目和城市消防等项目。

第三类是自然与人文环境保护与灾害防治类项目。主要包括自然和人文景观的资源保护，大气、水、土壤等污染治理，洪涝等自然灾害防控等项目。

第四类是科教文卫娱乐等项目。主要包括科学与技术基础类研究项目、各级各类教育投资项目以及医院学校等投资项目。

6.1.2 公用事业项目的特点

公用事业项目有其自身的特点，对公用事业项目特点的了解有助于正确进行项目投资决策。其特点主要表现为如下方面。

6.1.2.1 公用事业项目投资的公共品性

一项投资所能提供的产品或服务，按其使用或受益的性质可以大体区分为两类：公共品和私有品。公共品和私有品是相对而言的，区分它们的基本标志是使用或受益的排他性。私有品的使用具有明显排他性。相反，公共品不具有享用权上的排他性，而具有明显的公共性，即某人的享用不排除他人对同一物品或服务的享用权。公用事业项目所提供的产品或服务往往具有较强的公共品性，这是此类项目的显著特点之一。正因为公共品具有公共性的特点，因此公用事业项目的受益者也表现出多元化的特点。

6.1.2.2 公用事业项目产出的外部性

外部性通常指的是外部收益和外部成本的统称。从项目的成本与受益的角度来看，一个项目还会或多或少地存在外部性。而公用事业项目的外部性具体表现为外部收益和外部成本。外部收益是除了投资主体获得的收益之外，由非投资主体免费获得的收益。如某投资主体兴建了一座水电站，它可以通过电能出售获得收益，而电站下游居民也从电站大坝的修建中获得了减少洪水灾害的收益，这种收益尽管可能很大，但下游居民却是免费获得的，这就是典型的外部收益。外部成本是指落在项目投资、经营主体范围之外的成本，该成本不由该经营主体给予等价补偿，而是由外部团体或个人无偿或不等价承担。如污水的排放损害生态环境进而损害他人，而受损者却很难从造污者那里获得补偿。

6.1.2.3　公用事业项目往往投资大收益慢

公用事业类的大型项目往往投资巨大，通常不能为私人资本所接受。比如三峡水利工程项目的建造，上千亿元的投资势必决定了项目投资主体只能是国家。类似的还有"西气东输"、"西电东送"等项目。这些公用事业项目往往投资周期很长，而且具有很长的投资回收期。此外，公用事业项目潜在的经济和社会效益通常需要很长一段时间才能逐步体现，比如"退耕还林"、自然保护区、遗址保护区等项目的建设。作为公用事业项目，更多的还是要体现"前人栽树，后人乘凉"。一个好的公用事业项目建设可以造福子孙后代。

6.1.2.4　公用事业项目的风险性

由于公用事业项目的投资大，且收益慢，见效迟，所以投资公用事业项目风险很大。个人投资者没有充足的资金，而过长的建设期与缓慢的回报常常可能把私人企业拖垮，也只有政府才能作为该类项目的财力后盾，通过税收保证投资资金按时到位，使项目的公用利益能够充分发挥。另外，公用事业项目在进行经济评价时，具有相对于一般生产经营项目更大的不确定性。一方面，由于公用事业项目收益、成本本身无法清晰界定，对于外部收益（成本）和内部收益（成本）的划分具有一定的主观性；另一方面，公用事业项目的有些经济指标无法用货币直接计量。这种收益（成本）通常并不经常直接表现为有形利益的获得，或成本的增加，而往往以无形的好处或坏处得以体现，从而更进一步增加了经济评估的难度。比如高速公路节省司机的时间，就很难准确评估其价值量。

综上所述，对公用事业项目进行经济评价时，需要立足于更宽广的范围，纵观较长的时间，准确界定各个概念，以保证评价的真实性，实现投资决策的科学化。

6.1.3　公用事业项目评价视角

在对公用事业项目进行评价时必须首先确定评价的视角和范围。因为评价的视角不同，可能得出的评价结果也会不同。对公用事业项目经济评价的视角，通常有如下几种：①个人；②特定的投资机构；③项目所在地区；④国家甚至整个人类。

从公用事业项目评价的角度来看，个人评价视角显然太过于狭隘。尽管作为一个项目的建设可能会对个人产生外部的经济或不经济性，而作为一项公用事业，评价者应该从公共利益出发，抛弃个人狭隘的利益诉求，让公用事业项目的建成发挥更大的社会和经济效益，在某种程度上才能确保投资的成功。从特定的投资机构角度出发进行经济评价，仅仅将特定投资机构的收益和成本纳入考虑范围，这种思路也违背了公用事业项目建设的初衷。以项目投资所在地区的视角对公用事业项目进行评价是普遍接受的观点，但很多公用事业项目的外溢性导致了很多成本、收益不再局限于项目所在地区的边界之内。比如当地政府的投资所用的经费来源于国家税收的一部分，通过税收进行转移支付，于是这种负担不再由部分人或部分地方承担，而是由整个国家的国民共同负担。将整个国家甚至人类作为公用事业项目投资的评价可能是迫切需要认识到的。目前，更多的公用事业项目主要是以国家的角度来进行方案选择。

6.1.4　公用事业项目评价的重要性

公用事业项目作为具有公共属性的投资，对其建成后的经济和社会效益的评价就显得尤为重要。西方国家政府对公用事业投资项目进行评价已有数十年的历史。美国是较早进行公用事业项目评价并颁布法令实施的国家之一。早在 1936 年国会颁布的防洪法令就指出，防洪工程这一公用事业项目的建设要在其效益超过投资额和运行成本的条件下才能给予接受。此后美国政府在联邦和州政府中设立了主管公用事业的机构，专门负责公用事业投资项目的规划、筹建和实施。在我国，各级政府制定的国民经济发展规划都包含了发展公用事业的内容。目前，我国需要投资建设的公用事业项目很多，而资金缺口很大，如何将有限的投资用好，使有限的资金发挥出最大的社会效益是公用事业项目评价的关键所在。

6.2 公用事业项目的收益与成本

项目的评价其实就是对项目的收益与成本的比较。要对投资准确评价，必须要对项目的成本和收益进行准确识别与计量。公用事业项目收益与成本的识别与计量，与一般生产经营项目比较，有共性但更多的是具有诸多不同。一般生产经营项目的投资是以追求利润为基本目的，因而，其收益与成本的识别是以利润增减为原则，识别的基本方法是追踪项目的货币流动。公用事业项目投资的基本目的是追求社会利益，而非项目利润，收益与成本是指广泛的社会收益和社会成本，而且这些收益与成本又往往由于缺乏市场价格而难以用货币计量，这都使得公用事业项目的成本与收益的识别和计量相对复杂和困难。

6.2.1 公用事业项目收益与成本类别

（1）内部收益与成本、外部收益与成本 按照项目建成后受益者的不同，可以将收益（或成本）分为内部收益（或成本）和外部收益（或成本）。内部收益（或成本）是由项目投资主体所投项目建成后能获得的收益（或支出的成本）。比如某投资主体修建一条高速公路，项目建成后所收过路费是项目投资主体的内部收益，而对该路的投资以及今后进行维修所花费用则属于内部成本。与内部收益（或成本）相对应的外部收益（或成本）指的是在项目之外的收益与成本。例如一条高速公路修好之后，它给人们的出行带来的便利，节省了时间，甚至减少了交通事故和损失就是外部收益；而在该项目的建设和工程实施过程中给行人带来的不便以及临时增加了通行时间就是一种外部成本。由于公用事业项目的特殊性决定了项目既有外部收益（或成本），又有内部收益（或成本），因此在评价过程中应分别对其进行识别与计量。

（2）直接收益与成本、间接收益与成本 按照项目收益（或成本）的形式，还可分为项目的直接收益（或成本）和间接收益（或成本）。直接收益（或成本）指的是项目在投资或经营中直接产生的收益（或成本）。例如，灌溉工程可直接提供灌溉用水，增加农作物产量；水污染治理项目可直接减少污水排放量，这些都是直接收益，而这些项目的投资与运营支出都是直接成本。间接收益（或成本）是由直接收益（或成本）引发生成的。例如，灌溉工程除具有增加农田产出的直接收益外，可能还有助于改善当地人民的营养及体质，促进当地食品加工业发展；污水治理项目除了具有改善生态环境的直接收益外，它还可能由于生态环境的改善而降低沿河居民的发病率，由此带来医药支出的节省和劳动收入增加的间接收益。

公用事业项目的基本属性决定了公用事业项目通常能同时带来直接的和间接的收益（或成本支出）。因此。在公用事业项目评价中，除了要考察直接收益（或成本）外，还需要同时考察间接收益（或成本），特别是当间接收益（或成本）有时候远远超过直接收益（或成本）时。

有必要进一步说明的是，公用事业项目的直接收益（或成本）与内部收益（或成本）并不是同一概念，尽管在有些情况下两个概念所涵盖的内容可能重合，但并非所有的项目都能重合。例如，一个公共消防项目，它所提供的减少或消除火灾损害的服务，具有公共品的免费服务特性，由它所获得的减少财产损失和人员伤亡的收益是一种直接收益，但这种收益却不是项目的内部收益而是消防部门以外的外部收益。一般而言，间接收益（或成本）包含在外部收益（或成本）之内，内部收益（或成本）包含在直接收益（或成本）之内。因此，在对公用事业项目的成本与收益进行分类识别和计量时，或者按"直接"和"间接"的方式分类，或者按

"内部"和"外部"的方式分类，而不能交叉分类，以避免收益与成本的遗漏或重复。

（3）有形收益与成本，无形收益与成本　项目的有形收益（或成本）是指可以采用货币计量单位（价格）或实物计量单位予以计量的收益（或成本）。由于公用事业项目评价是用经济分析方法对项目的社会经济效益状况进行评价的，所以，如果可能的话，应当尽量把项目的收益与成本予以货币化，使收益与成本具有同一经济价值量纲，可以直接比较。

无形收益（或成本）是一些既不存在市场价格（难以用货币计量）又难以采用其它计量单位度量的收益（或成本）。例如，自然和人文遗产的保护价值是难以用货币或其它计量单位加以度量的。有的公用事业项目，其无形收益（或成本）可能并不重要，可以对其忽略不计，但是有的项目，例如文物古迹保护项目，无形收益很可能是其根本性收益，就不能够对其忽略不计。因此，对需要考察的无形收益与成本，如果无法货币化，也无法采用其它量纲计量，则应采用图片、音像、文字等各种形式予以描述和阐释，最大限度地体现项目的价值。

6.2.2　公用事业项目收益与成本计算原则

在对公用事业项目的收益与成本计算时，需遵循以下原则。

6.2.2.1　目标明确原则

公用事业项目的投资与建设往往具有多个目标并分成多个阶段进行。目标的明确要基于评价视角确定、收益成本划分的基础上。一项公用事业项目的目标往往是通过分层次实现的，这就造成一个项目不会同时使各个层次的目标同时达到最优。因此计量收益与成本时，需要根据实际情况给目标赋予不同的权重，明确项目的达成目标。

6.2.2.2　项目货币化原则

一般来说，公用事业项目的成本普遍表现为初始投资和后来的各种费用，能由明确的货币形式衡量的账面体现；而对于收益来说则形式多样，很多时候项目的收益不能简单地用市场价格或者等值货币表示。尽管如此，但如果最大限度地用货币单位度量收益与成本，这样则有利于用统一的衡量标准进行比较。若确实存在不能直接采用货币表示的收益，则应采用适当的方法进行定性描述，来客观体现其应有的价值。

6.2.2.3　增量计算原则

事实上，在比较一项公共事业项目的经济效果时，其所计量的收益与成本是相对于投入该项目时所增加的收益和成本。因此要分析由项目本身所带来的收益和成本，应尽量严格剔除那些与项目无关因素的影响所产生的收益和成本。例如，在对某农田灌溉公用项目进行收益和成本分析时，如果把农作物产量的收益，全部归功于灌溉项目的实施，就不符合实际。而应该充分考虑到，即使没有该项目的投入，也可能由于生产力的提高或者种子品种的改良引起农作物产量的增加，而这种增加并不是项目所带来的实际收益。因此，真正该计入项目收益的应该是农作物产量提高扣除因种子改良所引起的变化，即只因灌溉水平提高，导致农作物产量的增加所带来的收益。

6.2.3　公用事业项目的投资分摊方法

一些公用事业项目具有多种功能。例如，三峡水库工程项目不仅具有发电功能，同时还具有防洪、灌溉以及涵养生态等多种用途。对于这类大型多功能公用事业项目，不仅要求评价其全部功能的总成本与总收益，而且还需要评价其单项功能的成本与收益。所以，在项目评价中需对这类项目的投资进行分摊，并对分摊的合理性进行检验。一般的投资分摊方法有：

第一，按项目建成后各受益者获得同等效益时的最优替代方案的投资分摊。所谓最优替代方案是指各受益者在单独投资条件下获得同综合工程提供的效益相等时的最优方案。

第二，将项目的功能按主次进行分类，主要受益者承担投资的大部分，次要受益者承担投资的其余部分。

第三，按各受益者对工程的利用率进行分摊。例如，各有关部门按用水量分摊水库工程的投资，按用电量分摊电站工程的投资，按收入的比例分摊投资等。

6.2.4 公用事业项目评价的基准折现率的确定

公用事业项目一般具有投资额大、周期长、收益慢等特点。因此，如何合理确定投资的基准折现率对于公用事业项目的经济评价至关重要。也正因为如此，公用事业项目的经济效益对基准折现率（最低期望收益率）的敏感性更加显著。基准折现率的确定与投资项目的资金来源有关，近年来我国公用事业建设投资的资金筹集方式主要有以下几种：①税收和利润。政府把向企业和个人征收的所得税、营业税或利润的一部分，用于公用事业投资；②政府发行债券或间接向国外政府或金融机构借款；③引进外资，共同兴建；④公用事业工程本身的经营服务收入。

在如何确定公用事业项目的基准折现率问题上，至今未有统一标准，大体上有以下几种。

6.2.4.1 以借款或债券利率作为基准折现率

政府为借款或发行债券支付的利率（即借贷资金的成本率）与借款期限长短、物价的变动、国家的经济状况以及金融信誉等直接相关。通常在通货膨胀严重、国家金融信誉不好、借款期长的情况下，取得借款需要支付较高的利率。因此，基准折现率也需适时加以调整。

6.2.4.2 以公用事业投资的机会成本作为基准折现率

机会成本是指投资者若将资金投资于非公用事业项目可能获得的盈利率，这个盈利率就是公用事业投资的机会成本，可用作公用事业投资项目经济评价的基准折现率。这里又有两种意见：一种主张采用一般生产经营项目低的折现率，其理由是公用事业项目不以盈利为目的，应该要采取低于一般项目的折现率；另一种看法认为，为了防止低效益公用事业项目轻易投建，应当采用至少与一般生产经营项目同样高的折现率。

6.2.4.3 将借款利率和投资机会成本综合起来确定基准折现率

例如，假设政府以发行国库券形式向工矿企业和个人借款，承诺支付利率为 8%，而购国库券的企业和个人是放弃了平均盈利率为 12% 的其它投资机会而购买债券的。从企业和个人角度看，在上述条件下，放弃其它投资机会来购买政府债券并不吃亏，因为购买债券实得利率为 8%，而其它投资机会虽然盈利水平 12%，但扣除 50% 的所得税后实际可获得的盈利率为 12%（1−50%）＝6%。但从政府的角度看，用国库券筹集资金，不仅要支付国库券利率 8%，而且由于企业和个人放弃了平均盈利率为 12% 的其它投资机会，政府也相应地牺牲了相当盈利水平 50% 的所得税收入。因此，综合上述两个因素，政府用于公用事业投资的实际资金成本率应该是 14%（8%＋6%＝14%）。

6.3 公用事业项目评价方法

6.3.1 收益-成本分析法

收益-成本分析法是将收益与成本货币化后的比较分析，因而这种分析方法可以将公用事业项目按照一般盈利性项目经济评价那样使用净现值、净年值、内部收益率等评价指标。

6.3.1.1 评选标准的选择

公用事业项目由于在不同条件下追求的目标不同，造成了评选标准的差异。若将项目投资建成后的总收益用 B 表示，将投资及后续维修等成本总计为总成本 C。那么，一般有 6 种评选标准可供选择。

准则 1：投资成本（C）最小化；

准则 2：收益（B）最大化；

准则 3：收益-成本比（B/C）最大化；

准则 4：收益-成本差（$B-C$）最大化；

准则 5：增量比（$\Delta B/\Delta C$）；

准则 6：增量差（$\Delta B-\Delta C$）。

在对多方案比选时，可以根据不同的目的进行选择。准则 1 和准则 2 为单指标比较，通常运用于除该指标外其它经济指标一致，或者有特定的边界约束的时候。准则 3 表示每单位成本带来的收益，而准则 4 表示各方案利润大小，准则 4 一般偏向于投资大的方案。准则 3、准则 4 适合于公用事业项目的单方案比较（绝对效果评价），判别标准见表 6.1。

表 6.1　B/C、$B-C$ 准则判别标准

B/C	$B-C$	结论
=1	=0	方案取舍临界点
>1	>0	方案可行
<1	<0	方案不可行

而实际多方案经济评价时，更倾向于用最后的两种评价准则，即增量法，保证每增加一单位的投资都带来最大的效益。

准则 5 和准则 6 的判别标准如表 6.2 所列。

表 6.2　$\Delta B/\Delta C$、$\Delta B-\Delta C$ 准则判别标准

$\Delta B/\Delta C$	$\Delta B-\Delta C$	结论
=1	=0	增量投资与非增量投资等价
>1	>0	增量投资较优
<1	<0	非增量投资较优

以下通过例子来说明。

例 6.1　某地区常发生洪涝灾害，为了避免灾害带来的经济损失，保障社会安定，提高人民生活水平，当地政府决定采取措施。备选方案有以下几种。

A_1：仍不采取措施；A_2：建造防洪堤；A_3：修建小型水库；A_4：修建大型水库。

各方案的收益、成本如表 6.3 所列，试对它们进行评价。

表 6.3　各方案收益、成本表　　　　　　　　　　　　　　　　单位：万元

方案	等值年成本	年洪灾损失	年收益
A_1	0	20	0
A_2	4	13	7
A_3	12	4	16
A_4	16	1	19

解　将表 6.3 中的数据进行处理，重新排列，如表 6.4 所示。

表 6.4 处理后各方案收益、成本表　　　　　　　　单位：万元

备选方案	年收益(B)	年成本(C)	总量			增量		
			B/C	B-C	ΔB	ΔC	$\Delta B/\Delta C$	$\Delta B - \Delta C$
A1	0	0	0	0				
A2	7	4	1.75	3	7	4	1.75	3
A3	16	12	1.33	4	9	8	1.125	1
A4	19	16	1.19	3	3	4	0.75	−1

不同准则的选择表明了不同的评选目标以及产生的不同最优方案：

（1）若以投资成本 C 最小化为选择标准，则选择方案 A_1。如果政府资金紧缺，财政预算少，只能采取该种方案。

（2）若以收益 B 最大化为选择标准则选择方案 A_4。当发生洪涝灾害时，修建大型水库可以使城市经济损失最小。

（3）若以效益成本比 B/C 最大化为选择标准，则选择方案 A_2，表明单位成本产生的效益最大。

（4）若以效益成本差 B−C 最大化为选择标准，则选择方案 A_3，表示项目利润最大。

（5）若以增量比 $\Delta B/\Delta C$ 为选择标准，则选择方案 A_3，表示每多增加一个单位成本带来的收益。

（6）若以增量差 $\Delta B - \Delta C$ 为选择标准，则选择方案 A_3，表示增量投资带来的增量净收益。

在本例中，如果没有特别的要求诸如资金限制等，则可直接运用准则 5 和准则 6，由于方案 A_4 的 $\Delta B/\Delta C<1$，且 $\Delta B - \Delta C<0$，所以给予排除，实际是只需在方案 A_2 和方案 A_3 中选择即可，方案 A_3 相对方案 A_2 来说更优，这是初步比较结果，再加入其它比较准则和一些经济要素，比如移民问题等的考虑，进一步完善决策，使其最优。

6.3.1.2 评选的步骤

由上述例子可见，收益-成本分析法的原理并不复杂，但是其准确性直接依赖于对备选方案的系统性分析，其评选步骤如下：

① 定义项目主要目标。

② 建立所有可行的、互斥的、待比较的公共事业项目投资可行性方案，对于那些明显不符合规定，达不到预期目标的，应该首先给予排除，从而简化整个比选过程。

③ 在收益-成本分析中首先要规定各方案进行比选的比较期，将方案比选的口径统一。

④ 确定受益范围和受益内容并分辨内部收益和外部收益。对收益进行分类，判断各种收益能否用货币进行直接测算，不能直接测算的能否通过其它方法间接测算。

⑤ 确定成本影响的范围及其内容，确定外部成本和内部成本，判断各种成本能否用货币进行直接测算，不能直接测算的能否通过其它方法间接测算出来。

⑥ 选用合适的折现率。

⑦ 采用"收益-成本法"比较待选方案。

⑧ 进行补充分析，最终确定最优方案。

6.3.1.3　评价指标计算

（1）收益-成本比与收益-成本差指标　收益成本比是项目的收益现值与成本现值之比，其计算公式为：

$$B/C = \frac{\sum_{i=0}^{n} B_t (1+i)^{-t}}{\sum_{i=0}^{n} C_t (1+i)^{-t}} \tag{6.1}$$

式中，B/C 为项目的收益成本比；B_t 为项目第 t 年的收益（货币单位）；C_t 为项目第 t 年的成本（货币单位）；i 为基准折现率；n 为项目的寿命年限或计算年限。

在公用事业项目的经济评价中，收益成本比指标有时也用等额年收益与等额年成本之比来表达，即

$$B/C = \frac{AB}{AC} \tag{6.2}$$

式中，AB 为等额年收益，$AB = \left[\sum_{i=0}^{n} B_t (1+i)^{-t} \right] (A/P, i, n)$；$AC$ 为等额年成本，$AC = \left[\sum_{i=0}^{n} C_t (1+i)^{-t} \right] (A/P, i, n)$。

公式（6.2）与公式（6.1）是等价的。

收益成本差是项目的收益现值与成本现值之差，其计算公式为：

$$B - C = \sum_{i=0}^{n} B_t (1+i)^{-t} - \sum_{i=0}^{n} C_t (1+i)^{-t} \tag{6.3}$$

式中，$B - C$ 为项目的收益成本差。

（2）增量比与增量差指标　增量收益成本比的计算公式为：

$$\Delta B / \Delta C = \frac{\sum_{t=0}^{n} B_{kt} (1+i)^{-t} - \sum_{t=0}^{n} B_{jt} (1+i)^{-t}}{\sum_{t=0}^{n} C_{kt} (1+i)^{-t} - \sum_{t=0}^{n} C_{jt} (1+i)^{-t}} \tag{6.4}$$

式中，$\Delta B / \Delta C$ 为增量收益成本比；B_{kt}，C_{kt} 为第 k 方案第 t 年的收益和成本；B_{jt}，C_{jt} 为第 j 方案第 t 年的收益和成本；$\Delta B = \sum_{t=0}^{n} B_{kt} (1+i)^{-t} - \sum_{t=0}^{n} B_{jt} (1+i)^{-t}$ 为增量收益现值；$\Delta C = \sum_{t=0}^{n} C_{kt} (1+i)^{-t} - \sum_{t=0}^{n} C_{jt} (1+i)^{-t}$ 为增量成本现值。

增量收益成本差的计算公式为：

$$\Delta B - \Delta C = \left[\sum_{t=0}^{n} B_{kt} (1+i)^{-t} - \sum_{t=0}^{n} B_{jt} (1+i)^{-t} \right] - \left[\sum_{t=0}^{n} C_{kt} (1+i)^{-t} - \sum_{t=0}^{n} C_{jt} (1+i)^{-t} \right]$$

$$= (B_k - C_k) - (B_j - C_j) \tag{6.5}$$

式中，B_k 为第 k 方案收益现值；B_j 为第 j 方案收益现值；C_k 为第 k 方案成本现值；C_j 为第 j 方案成本现值。

例 6.2 某市内有 A、B 两条公路在某处交叉，十字路口设有红绿信号灯控制系统，指挥车辆通行，此信号系统年运行成本为 1000 元；此外，还有负责指挥的交通民警 1 人，每日值勤 2 小时，每小时工资 3 元。据统计，公路 A 日平均车辆通行数为 5000 辆，公路 B 为 4000 辆，其中 20％为商业性货车，80％为普通客车。由于车辆通行量大，约有 50％的车辆在十字路口要停车等候，每次停车于公路 A 为 1 分钟，于公路 B 为 1.2 分钟，如果将停车时间折算成金额，则货车停车每小时损失 5 元，客车停车每小时损失 2 元；车辆每启动一次的费用，货车为 0.06 元，客车为 0.04 元。另据前 4 年的统计资料，因车辆违反信号控制，发生死亡事故两起，每起付赔偿费用 50000 元，伤残事故 40 起，每起付赔偿费 1500 元。现设想用立交公路桥取代原十字路口的信号控制系统，预计建设立交桥需投资 750000 元，项目使用寿命为 25 年，年维修费为 2500 元，残值为零。预计立交桥投入使用后，停车现象与交通事故可基本消除，但通行车辆的 15％需增加行驶路程 0.25 公里，货车与客车每公里行驶成本分别为 0.25 元和 0.06 元。设投资的最低期望收益率 $i=7\%$，试用成本收益分析法评价立交桥工程项目的经济效益。

解 项目受益者收入计算：

① 消除车辆等待时间所获节约额

公路 A 行驶车辆节约额

$=[(5\times20\%+2\times80\%)(5000\times365\times50\%\times1/60)](P/A,7\%,25)=460779.04$（元）

公路 B 行驶车辆节约额

$=[(5\times20\%+2\times80\%)(4000\times365\times50\%\times1.2/60)](P/A,7\%,25)=442347.88$（元）

② 减少车辆启动次数所获节约额

$=\{(0.06\times20\%+0.04\times80\%)[(5000+4000)\times365\times50\%]\}(P/A,7\%,25)$

$=842162.31$（元）

③ 消除交通事故所获节约额

$=(2/4\times50000+40/4\times1500)(P/A,7\%,25)=466120$（元）

④ 行驶路程延长导致车辆运行成本增加额

$=\{(0.25\times20\%+0.06\times80\%)[(5000+4000)\times365\times15\%\times0.25]\}(P/A,7\%,25)$

$=140679.39$（元）

⑤ 受益者总收入现值为①+②+③-④

$=460779.04+442347.88+842162.31+466120-140679.39$

$=2070729.84$

兴办者成本费用计算：

① 投资额为 750000（元）

② 立交桥维修费用支付额的现值$=2500(P/A,7\%,25)=29132.5$（元）

③ 取消信号系统与指挥交通民警节约额的现值

$=(1000+3\times2\times365)(P/A,7\%,25)=37173.07$（元）

④ 兴办者总成本费用现值为①+②-③

$=750000+29132.5-37173.07=741959.43$（元）

$B/C=2070729.84/741959.43=2.79$

$B-C=2070729.84-741959.43=1328770.41$（元）

因为 $B/C>1$，$B-C>0$，所以这项投资在经济上是可行的。

特别要说明的是，从总成本角度进行的收益-成本分析所得到的收益相对值 B/C，可以用来评价单一方案的经济可行性。但是由于这个比值只能反映项目单位成本所获得的收益，不能反映项目所获得的总收益，故不宜单独作为方案优劣的评价指标，必须同收益绝对值指标 $B-C$ 结合起来同时使用。

以例 6.1 由总成本的收益-成本分析结果表明，除了不进行投资的方案 1 外，方案 2、方案 3、方案 4 的相对评价指标 B/C 值均大于 1，故均可列为备选方案。但由追加成本的收益-成本分析结果可知，只有方案 4 的相对评价指标 $\Delta B/\Delta C$ 之值为 0.75，小于 1，而且其绝对评价指标 $\Delta B-\Delta C$ 为负值，说明其收入的增加不足以补偿追加的成本费用，所以尽管前面总成本的收益-成本分析中，其评价指标值都符合要求，但也应该舍去。方案 3 与方案 2 相比，其相对评价指标 $\Delta B/\Delta C$ 为 1.125，大于 1，说明其收入增加超过了追加的成本费用，且方案 3 的绝对评价指标 $B-C$ 在各方案中数量最大，为 4，所以只要不受资金限制，选择方案 3 可获得最大净年值。

由前面的论述和计算可知，收益-成本分析法，反映了资金的时间价值，是动态评价方法中的一种，由于它体现了公用事业投资项目的某些特点，所以在公用事业项目经济评价中得到了广泛的应用。但就其实质来说，同其它各种贴现法如现值法、年值法是相同的，计算的结果也是完全一致的。

6.3.2　效用-成本分析法

效用-成本分析法，是评价公用事业项目的另一种方法。它同收益-成本分析法的不同点是，收益-成本分析法适用于方案效益可用货币计量时的评价；而效用-成本分析法则适用于方案收益不能用货币计量时的评价，如投资项目的质量、可靠性、效能等的评价。效用-成本分析法可作为收益-成本分析法的补充。

6.3.2.1　效用-成本分析法的应用步骤

(1) 明确公用事业项目应实现的效用　进行效用-成本分析时，首先要明确投资项目要实现的效用。例如，军事后勤运输系统的效用目标是在规定的时间内，将一定数量的人员和武器装备运到指定地点；水力发电工程的效用目标是提供可持续的电力能源；交通信号指挥系统的效用目标是准确运行等。如果被评价的投资项目有多种效用目标时，可选择其主要效用目标作为效用-成本分析的对象。

(2) 确定反映效用水平的计量指标　明确了项目的效用目标之后，就要选择一定的能够度量效用大小或效用水平高低的计量指标，不同的效用需选择不同的指标来计量。例如，交通信号指挥系统的运行可靠性可采用可靠度指标，即用不发生错误信号的概率来度量；军用后勤运输系统的运载能力可用日运载吨位指标来度量；而水力发电系统可用每天的发电量来度量等。

(3) 提出具有预定效用的备选方案　备选方案的构想与提出，不仅取决于技术实现的可能性，而且也取决于相关人员的知识、经验和创造性思维的发挥。不要在项目的初始阶段就把方案的构思限制在一个狭窄的思路上，要尽可能地发挥创新精神，集思广益，多提供可选择的方案，然后再通过分析比较进行筛选。

(4) 识别与计量各方案的效用与成本　由于不同的方案具有不同的效用，在效用计量单位的选择上，既要便于计算，又能切实度量达到目标的程度。成本的计量要采用统一的计量标准和原则。

(5) 方案间的比较评价　采用效用-成本分析法比选方案，其基本做法是计算各方案的效能-成本比 B/C，并按效能成本比最大准则进行比选，即单位成本的效用越大者相对越优。

这一比较原理及准则，在不同的项目目标要求和约束条件下，可以有不同的表示方式，通常可在下述三种方式中选择其一。

第一，最大效用成本比法。此法直接按效用-成本比最大准则比选方案，即单位成本的效用最大的方案是最优方案。此法通常适用于各备选方案的目标要求和成本要求没有严格限制、允许有一定变动范围的情况。

第二，固定成本法。此法是在各方案具有相同成本的基础上，按效用最大准则进行方案比选。此法是最大效用-成本比法的变通方式，因为各方案若成本相同，效用最大的方案，其效用成本比必然最大。固定成本法通常适用于项目成本有严格限定的情况。

第三，固定效用法。此法是在各方案具有相同效用的基础上，按成本最小准则进行方案比选。此法是最大效用-成本比法的另一种变通方式，因为各方案若效用相同，成本最小的方案，其效用成本比必然最大。固定效用法通常适用于有固定目标要求的情况。

（6）进行敏感性分析　敏感性分析是在对原有的基本假设作出修正的基础上，对因素变动下的评价指标值进行计算，由此确定各影响因素变动对项目目标的影响程度，对可以控制的因素制定控制措施，对无法独自控制的因素，寻找防范措施与对策。

（7）写出分析或研究报告　包括项目背景，问题与任务的提出；目标确定及依据；推荐方案与候选方案的技术特征与可行性；资源的可得性及资金来源与筹集；项目的组织与管理；成本、收益的识别与计量，及其有关假设与依据；不确定性分析的有关结论；比较评价分析，提出推荐方案，分析评述有关方案优点与缺点，供最终决策时参考。

例 6.3　某暖气公司扩建与改造的成本效能分析

（1）案例背景　某北方城市由于外来人口的增多，经济发展迅速，原城市供暖设备明显不足。有的地区无法得到充足暖气供应的保证，而另一些地区暖气质量明显下降。市政府提出两个方案：方案一，新建一个供暖公司。方案二，扩建原供暖公司，更新设备。两个方案预测均可达到同等效果，基本满足该市暖气需求量。

（2）效用分析　由于无论是原有公司的改造还是新公司的建设，都能保证暖气供应量和供应质量，而在其它方面无明显差异。因此就这单一目标而言，两方案完全相同，所以可视两方案效用完全一致，设定为一固定值，只需将分析重点放在成本的比较上即可。

（3）成本分析　建设期和计算期：改造方案建设期 1 年，运营期 20 年；新建方案建设期 1 年，经营期 20 年。

基准折现率为 8%，等于同期国债利率；项目投资及经营维修费用如表 6.5 所示。

（4）两方案比较评选　由于两方案效用相同，成本不同。因此固定效用，比较成本。本例采用费用现值法。

扩建方案费用现值为：

$$PC_{扩} = 13000 + 560(P/A, 8\%, 20) = 18498.08(万元)$$

新建方案费用现值为：

$$PC_{新} = 14550 + 430(P/A, 8\%, 20) = 18771.74(万元)$$

扩建方案费用现值小于新建方案费用现值，所以前者优于后者，应该选用扩建方案。

（5）敏感性分析　因为本案例中一些关键因素的变化，将直接影响方案比选的准确性，因此需要研究诸如折现率、使用年限、初始投资及经营成本的变动带给方案最终效果的影响程度，确定它们在不影响最终结果的可变范围，并比较它们的敏感程度，从而确定项目的风险性。

① 基准折现率的敏感性分析。令两方案费用现值相等

$$13000 + 560(P/A, i, 20) = 14550 + 430(P/A, i, 20)$$

表 6.5　指标计算表　　　　　　　　单位：万元

项目 \ 年	扩建		新建	
	0	1～20	0	1～20
土建工程	7300		7900	
设备采购及安装	3100		3900	
人员工资	1800		2000	
增加流动资金	800		750	
维修费用		560		430
总计	13000	560	14550	430

解得 $i=5.5\%$。

因此，只要基准折现率不低于 5.5%，则扩建方案始终优于新建方案。

② 经营期限的敏感性分析。

令 $13000+560(P/A,8\%,n)=14550+430(P/A,8\%,n)$

解得 $n=40$ 年

因此只要使用年限不超过 40 年，扩建的方案优于新建的方案。

③ 投资额的敏感性分析。比如由于物价水平上涨等都会导致投资额的增大。假设两方案同幅度增大，增大比例为 a，则令 $13000(1+a)+560(P/A,8\%,20)=14550(1+a)+430(P/A,8\%,20)$

经计算，$a=-17.66\%$

分析可知，如果物价水平下跌 17.66% 以上，则新建方案更优。

④ 经营成本的敏感性分析。若两方案经营成本增加比例为 b，两方案费用现值仍相等，则有：

$13000+560(1+b)(P/A,8\%,20)=14550+430(1+b)(P/A,8\%,20)$

计算可得 $b=21.44\%$

所以如果两方案经营成本上涨超过 21.44%，则新建方案更优。

综上所述，两方案经济指标影响程度都不太大，经营期限影响程度最小，其次是折现率和年经营成本，投资额影响略大一点。因此可知这个项目方案选用的风险性比较小。

（6）其它分析　由于原供暖设备使用时间不长，磨损、老化都不大，因此不存在任何安全问题；再加上新建供暖公司手续复杂，所以该市最终决定改造原供暖公司，以保证全市暖气供应。

6.4　小结

公用事业项目是由政府单一或以政府投资为主体的，与其它投资者共同出资兴建的，不以追求经济利润为基本目标，而以公众福利作为投资根本目的的项目。公用事业项目的收益与成本指广泛的社会收益和社会成本，既包括直接收益与成本，又包括间接收益与成本；既有有形的收益与成本，又有无形的收益与成本。所以，在进行公用事业项目收益与成本的识别与计量时，要遵循：①目标明确化原则；②口径一致性原则；③非重复原则；④增量计算原则；⑤最大限度货币化原则。公用事业项目的评价方法主要有收益-成本分析法和效用-成本分析法。前者适合于公用事业项目的收益与成本能以货币计量的情况；后者适合于项目的效益不能用货币计量，待评价项目方案数目不少于两个的互斥方案，且各方案具有共同目的的方案评价。收益-成本分析法主要的评价指标有：效益成本比 B/C、效益成本差 $B-C$、增量效益成本比 $\Delta B/\Delta C$ 和增量效益成本差 $\Delta B-\Delta C$。前两种指标适合于公用事业项目的单方案评价（绝对效果评价）；后两种指标适合于多方案的评价（相对效果评价）。

思考与练习题

6-1 公用事业项目与一般盈利性投资项目有什么区别？

6-2 公用事业项目的收益与成本有哪些分类？在识别和计量时，应注意哪些事项？

6-3 什么是收益-成本分析法？什么是效用-成本分析法？它们各自的优缺点是什么？

6-4 某公路路面状况低劣，交通常常堵塞，行车大量时间浪费，安全没有保障，现要解决这一交通问题，有三个方案可供选择。

A_1：进行全面修理和维护，耗资 2200000 元，表面重整需要每 10 年一次，重整需 2000000 元，设该方案每年维护费 208000 元。

A_2：修筑 22 公里的高速公路，初始投资 8800000 元，并且路面需每 10 年维修一次，成本 1860000 元，年均维护费 176000 元。

A_3：同样修建一段高速但质量更好的长 20.5 公里公路，初始投资为 17300000 元；同样每 10 年需要重整一次路面，花费 1800000 元。年均修护费 317750 元。考虑到公路寿命期为 30 年，各方案残值忽略不计。主要收益来源于以下三个方面：①由于道路改造，对于道路使用者的运行成本（耗油量）减少等，这种公共运行成本与过去比较，其减少量可以看做是相对的收益。②一方面，由于道路畅通，堵车现象减少，使用者明显感觉到更加方便；另一方面，高速公路的建设使汽车可以高速行驶，极大地减少了时间的浪费。因此，通过年通行车流量预测和速度分析，可以根据不同方案测定公共时间成本，而其与过去比较的节省值也是一项收益。③由于路况的改善，交通事故也大为减少。根据往日交通事故的平均值和对未来的预测，以及周边类似路况事故发生频度的分析，可以预测不同方案的公共安全成本。而这种成本与过去比较相对减少，也同样是方案收益的体现。

上述三个方案的公共运行成本、公共时间成本及公共安全成本见表 6.6 所示。

表 6.6　各方案公共运行成本、公共时间成本和公共安全成本表　　　单位：元/年

项目	A_1	A_2	A_3
公共运行成本	5432076	4596372	4282983
公共时间成本	4475665	3395486	3163975
公共安全成本	462000	330000	308000
总公共成本	10369741	8321858	7754958

试比较选择方案（折现率取 6%，当年国库券利率）。

本章参考文献

[1] 吴添祖，虞晓芬，龚建立.技术经济学概论（第三版）.北京：高等教育出版社，2010.

[2]　崔运武.现代公用事业管理.北京：中国人民大学出版社，2011.

[3]　冯俊华.技术经济学.北京：化学工业出版社，2011.

[4]　王学庆.市政公用事业改革与监管.北京：光明日报出版社，2012.

[5]　苏益.投资项目评估（第二版）.北京：清华大学出版社，2011.

[6]　夏恩君.技术经济学.北京：中国人民大学出版社，2013.

[7]　徐莉.技术经济学（第二版）.武汉：武汉大学出版社，2008.

第 7 章 资 产 评 估

7.1 资产评估概述

7.1.1 资产评估的概念

资产评估是资产业务的中介环节。在市场经济条件下，没有资产业务，资产评估就没有存在的必要。资产评估（assets appraisal）是指评估机构根据特定的目的，遵循客观经济规律和公正的准则，按照法定的标准和程序，运用科学的方法，对资产的现行价格进行评定和估算。简而言之就是资产评定和资产估算，两者缺一不可。一般而言，资产评定是资产估算的前提和基础，需要评估人员掌握相应的理论和法律规范，资产估算则是资产评定的结果，需要评估人员掌握相应的定量分析技术。

正确理解和把掌握资产评估含义，需要对定义的 6 个基本要素作进一步的了解。

（1）资产评估的目的　资产评估的目的就是证明为什么要进行资产评估，评估结果是为何种资产业务服务。在评估过程中直接决定采用何种估价标准，并对评估方法的选择具有一定的制约，明确评估目的才能保证资产方评估工作顺利进行和取得理想结果。

（2）资产评估对象　资产评估对象表明评估客体，即被评估资产。被评估的资产必须是确实存在的，是经济主体合法拥有或控制的资产。

（3）资产评估的主体　资产评估的主体是指资产评估机构和人员，由他们来完成资产评估工作。由于资产评估工作政策性强，涉及多方面的知识，其结果直接影响资产所有者和经营者的合法利益，并负有法律责任，所以，资产评估工作应由具备实际能力、配备相关专业人员并能对评估结果承担法律责任的社会中介来承担。

（4）资产评估必须采用统一的评价标准　资产评估是对特定时点的被评估资产进行评估。因此，在整个评估过程中必须自始至终采用统一时点的市场价格作为评估的依据，以保证评估值的可靠性、合理性。

（5）资产评估的评估规程　评估规程指资产评估必须遵循的规则和程序，是资产评估工作规范、有效进行的重要保证。另外，不同类型的资产评估有着不同的评估程序。

（6）资产评估必须采用科学的评估方法　目前我国采用的资产评估方法，主要有现行市价法、重置成本法、收益现值法和清算价格法。这些方法是在理论研究和实践经验总结的基础上形成的，经过长期运用证实有着公认的科学性。这些方法有其运用范围，适应不同的评估目的。

人们从事各种社会实践活动，其目的是为了获得有用成果，同时必须消耗社会劳动，两者的比较就是经济效益。

讲求经济效益是人类社会的共同要求，是任何经济活动的根本出发点和归宿。但对于不同的生产关系，追求经济效益的目的和衡量经济效益的标准是不同的。

在资本主义社会中，生产的目的是为了获得最大限度的剩余价值。因此，经济效益的实质是剩余价值与预付资本的比较，最大的经济效益，就是用最少的预付资本获取最多的剩余价值。

在社会主义制度下，生产的目的是为了满足整个社会的需要。因此，经济效益的实质是使用价值与劳动消耗的比较。最大的经济效益，就是用尽量少的劳动消耗，取得尽可能多的使用价值，以满足整个社会发展和人类生活水平提高而不断增长的物质和文化生活的需要。

7.1.2　资产评估的特点

资产评估是资产的确认、计价和报告。它与财务会计的资产计价业务有相似之处，但又不同于财务会计等资产计价业务。资产评估具有现时性、市场性、预测性、公正性、咨询性等特点。充分理解和把握资产评估的特点，有利于进一步理解资产评估实质，对于提高资产评估质量具有重要的意义。

（1）现时性　现时性是指以评估基准期为时间参照，按这一点的资产实际状况对资产进行评定估算。资产评估基准期是指确定资产评估价格的基准时期，由于各种资产都是处在不断运动和变化中，资产的数量、结构、状态和价格也不可能固定不变，因此，资产评估只是反映评估基准日的资产价值，而不是反映过去或未来的资产价值。评估基准日一般以"日"为基准时点，选择与资产业务或评估作业时间较接近的时期。

（2）市场性　市场性是资产评估区别于财务会计活动的显著特征。财务会计既反映市场交易，又反映企业内部的资源变换。企业内部资源变换在时空上是与市场相分离的。而资产评估则是在模拟市场条件下对资产进行确认、估价和报告，并且通常接受市场直接检验。资产评估离不开市场。

（3）预测性　预测性是由资产属性决定的。指用资产在未来时空的潜能说明实现，因为资产是指能够在未来为其控制主体带来经济利益的、具有稀缺性的经济资源，这说明资产的确认与计价都需要预测。例如评估某项无形资产的价值，就需要预测其经济寿命，以及在经济寿命之内每年给控制经济者带来多少超值收益等。预测质量高低将直接影响到资产评估结果质量。

（4）公正性　公正性指资产评估行为对于评估当事人具有独立性，它服务于资产业务的需要，并非服务于相互矛盾的资产业务当事人任何一方的需要。公正性表现在两个方面：一是资产评估是按公允、法定的准则和规程进行的，具有公允的行为规范和业务规范，这是公正性的技术保证；二是评估人员或机构通常是与资产业务没有利害关系的第三者，这是公正性的组织保证。

（5）咨询性　咨询性是指资产评估是为资产业务提供的专业化估价意见，这个意见本身并无强制执行的效力，评估者只对结论本身合乎职业规范要求负责，而不需要对资产业务定价决策负责。

7.1.3　资产评估的基本假设

资产评估是在特定资产业务发生之前对资产在某一时点的价格进行结算，由于资产在不同用途和不同经营环境下其效用会有所不同，从而价格也会不同。所以在评估前，评估人员需要对资产的未来用途和经营环境做出合理的判断。通过这些假设，将资产置于一个特定的市场环境和使用环境，为推理、预测等一系列主观活动设定一个边界条件。资产评估假设有三种。

7.1.3.1　公开市场假设

所谓公开市场是指在该市场买卖双方地位平等，均为自愿交易；买卖双方均为追求自我利益最大化的经济人；双方均有充足的时间收集信息、询价。

公开市场假设是指被评估资产可以在完全竞争的资产市场上，按市场原则进行交易，其价格的高低取决于该资产在公开市场上的行情。

从该假设的含义上出发，适宜做公开市场假设的资产业务要求被评估资产具有一定的通用性。那些专用性较强的资产则由于交易较少而形不成市场行情，因而无法适用公开市场假设。

一般来说，用途越广泛，通用性越强的资产越容易通过市场交易实现其最佳用途。

7.1.3.2 继续使用假设

继续使用假设是指资产将按现行用途继续使用，或将转换用途继续使用。这一假设的核心是强调资产对未来的有效性。这种有效性可以完全不受过去和现在是否有效的影响。资产的继续使用具体可区别为三种不同形式。一是在用续用，即处于投入状态下的资产，按其现行使用的方法和用途继续使用；二是转用续用，是指资产将改变现行的用途继续使用下去；三是移地续用，即资产将被转移到其它空间位置继续使用。

采用该假设时，主要需考虑以下两个条件：

① 资产尚有显著的剩余使用寿命，并且能满足其所有者经营上期望的收益，这是该假设最基本的前提条件。

② 资产能否通过转换用途实现其最佳效用，转换在法律上是否允许，在经济上是否可行。

7.1.4 资产评估的基本原则

资产评估是一项公正性、技术性和业务性很强的经济活动，涉及多方利益，为了保证评估工作的正常开展并达到预期目标，正确处理资产业务各方及评估人的相互关系和资产评估活动中的相关事宜，必须采用公允的、规范的评估行为准则和业务准则，应当遵循真实性、公正性、科学性和专业性原则。

（1）真实性原则　真实性原则是指资产评估的基础性原则。该原则要求资产评估对象、评估过程和评估结果必须以客观事实为依据，从实际出发，按客观规律办事。

真实性原则要求评估对象必须是真实的、确实存在的客体；要求评估过程的真实，即对客观资料、数据进行收集、整理、分析和运用的过程；要求评估结果的真实性。该原则是保证资产评估结果质量的重要基础，要求评估人员必须从实际出发，以客观事实为依据，并对占有的大量数据资料进行去伪存真、认真核实，排除人为因素干扰。因为只有在资料真实可靠的基础上，才能做到评估结果正确反映客观实际情况。

（2）公正性原则　公正性原则是资产评估的社会性原则，是由资产评估服务于社会公正事业功能属性所决定的原则。该原则是指评估机构和评估人员必须以社会中介身份向资产评估委托人提供平等的、公正的资产评估报告的行为准则。

公正性原则要求资产评估机构公正对待评估项目、公正对待评估委托人，最后得出公正的评估结果。实行这一原则能有效地保证评估工作的公正性。

（3）科学性原则　科学性原则是指在资产评估过程中，应根据评估的特定目的和不同的评估对象，选择适用的价值类型、科学的评估程序和方法，使评估结果准确合理，以揭示评估对象的价值活动规律。

资产评估方法的科学性，不仅在于方法本身，更重要的是方法的选择必须受价值类型的约束，而价值类型的选择又应与评估的特定的目的相适应，以正确反映特定资产业务类型的价值属性。

（4）专业性原则　资产评估是一种专门职业，它要求执业人员具备一定的准入条件，取得中国注册评估师执业资格，具备一定的专业水平和业务知识。确保评估结果准确、合理、合法。

7.1.5 资产评估程序及操作流程

资产评估程序是指资产评估工作根据其客观要求的工作步骤，体现了资产评估工作循序渐进的内在逻辑顺序，对保证资产评估工作规范化、科学化具有重要意义。因此，资产评估程序往往需要由国家或资产评估行业协会规定。根据我国《国有资产评估管理办法》规定，国有资产评估按下列程序进行：申请立项、资产查清、评定估算、验证确定。

所谓资产评估操作流程是指评估机构及其评估人员，从评估项目委托洽谈起至完成评估任务、建立项目档案的全部工作过程和步骤。它的主要内容依次如下：评估项目委托洽谈，了解委托单位经济性质、明确评估目的、评估范围和对象；签署资产评估业务委托书；选定评估基准日，编制资产评估计划；组织评估前期工作调查；拟定评估方案、确定工作重点和参与人员；指导资产占有单位清查资产，搜集有关资料；核实资产的产权、数量和账面价值，验证委托单位提供的证件和资料；检测鉴定资产；确定评估的价值类型，选择评估方法和计算公式；搜集市场价格资料等有关的评估数据；针对具体评估对象逐个进行评定估算，填写评估明细表和分类汇总表；评估项目负责人初步复核；分析确定评估结果，撰写评估说明；编写资产评估报告，汇集资产评估工作底稿；评估机构内部审核检验评估结果；在三级审核基础上，提供资产评估报告书及有关材料；根据审核确认单位合理意见，为资产评估报告书进行调整、补充和修改；建立评估项目业务档案。

7.2 资产评估的基本方法

资产评估方法是资产评估的具体运用，是在资产评估标准下确立相匹配的资产评定估算的具体方法，是评定估算资产现实价格所采用的计算公式和运算程序等一系列具有一定规范的技术手段，根据资产评估方法与估算标准相匹配的原则，资产评估的基本方法主要有收益现值法、重置成本法、现行市价法。

7.2.1 收益现值法（也称收益法）

收益现值法（income present value method）是指通过估算被评估资产在未来尚可使用期限内的预期收益，并采用适当的折现率折现成现值，然后累加求和，得出被评估资产的评估值的资产评估方法。该方法的基本计算公式为：

$$评估值＝未来收益期内各期收益现值之和＝\sum_{t=1}^{n}\frac{各项期未来预算收益}{(1＋折现率)^t} \tag{7.1}$$

7.2.1.1 收益现值法运用前提条件

① 资产的收益可用货币计量。收益法是从生产收益的能力的角度来评估一项资产，因此它只适用于能直接产生的收益，或者说有现金流的资产。对于虽然有持续效用却不能产生现金流的资产以及不能单独计算收益的资产就不能由此方法得到正确评估。

② 资产所有者的风险报酬率也能用货币计量，因为资产的价值不仅取决于预期收益，还取决于其风险报酬率的高低。

7.2.1.2 收益现值法的基本操作程序

（1）确定被评估资产的剩余寿命和未来收益额　通过收集验证有关经营、财务状态的信息资料，对资产运营的内外环境和状况进行分析，根据评估目的和评估对象的价值内涵选择适当的收益额描述指标，预测资产的未来收益额。

（2）预测收益期限　根据未来收益的变化趋势或市场的变化情况，也可以根据法律、契约或合同规定来预测收益期限。

（3）确定适用的折现率　确定折现率，需要考虑安全利率及风险利率。安全利率即无风险利率。在我国一般不应低于企业存款利率或国债利率，风险利率即投资承担风险所应得的报酬，是社会平均收益率与风险利率之差。

（4）按一定方式折现或本金化，确定被评估资产的价值。

7.2.1.3 收益现值法的计算公式

(1) 有期限收益折现法 有限期收益折现法适用于在有限期限内收益折现的资产评估。其计算公式为：

$$收益现值 = \sum(各年份预期收益额 \times 各年折现系数) \tag{7.2}$$

$$P = \sum_{i=1}^{N} \frac{R_t}{(1+r)^t} \tag{7.3}$$

式中，P 为收益现值总额；N 为收益年限；R_t 为第 t 年预期收益额；r 为折现率。

(2) 无限期递增和递减收益折现法

① 无限期递增收益折现法：适用于收益额按一定比率无限期递增增长的资产评估。计算公式为：

第 $t+1$ 年的收益额公式表示为：

$$R_{t+1} = R_t(1+g) = R_0(1+g)^{t+1} \tag{7.4}$$

式中，g 为收益年递增率；R_0 为第一年收益（R_1）扣除增长额的收益。

即

$$R_0 = \frac{R_1}{1+g} \tag{7.5}$$

收益现值总额为：

$$P = \sum_{t=1}^{\infty} \frac{R_0(1+g)^t}{(1+r)^t} \tag{7.6}$$

当 $g < r$ 时，简化为：

$$P = \sum_{t=1}^{\infty} \frac{R_0(1+g)^t}{(1+r)^t} = \frac{R_0(1+g)^t}{r-g} = \frac{R_1}{r-g} \tag{7.7}$$

② 无限期递减收益折现法：适用于收益额按一定比率无期限递减的资产评估。

计算公式为：

$$P = \sum_{t=1}^{\infty} \frac{R_0(1-g)^t}{(1+r)^t} \tag{7.8}$$

当递减率小于 1 时，可简化为：

$$P = \sum_{t=1}^{\infty} \frac{R_0(1-g)^t}{(1+r)^t} = \frac{R_0(1-g)}{r+g} = \frac{R_1}{r+g} \tag{7.9}$$

(3) 年金本金化法 年金本金化法适用于未来收益各年份相等，并且收益期无限的资产评估。计算公式为：

$$收益现值总额 = \frac{年金收益}{适用的年金化率} \tag{7.10}$$

$$P = \sum_{t=1}^{\infty} \frac{R_t}{(1+r)^t} \tag{7.11}$$

因为 $R_1 = R_2 = \cdots\cdots = R_t$ 故令 $R = R_t$

所以

$$P = \sum_{t=1}^{\infty} \frac{Rt}{(1+r)^t} = R\sum_{t=1}^{\infty} \frac{1}{(1+r)^t} = \frac{R}{r} \tag{7.12}$$

7.2.1.4 对收益现值法的评价

收益法是从资产的获利能力的角度来确定资产的价值，它最适用于那些形成资产的成本费用与其获利能力不对称，以及成本费用无法或难以准确计算的资产。

由于收益现值法是一种着眼于未来的评估方法，它要考虑未来收益和货币时间价值，其主要优点是能够较真实、较准确地反映企业本金化的价格，在投资决策时，应用收益现值法得出的资产价值比较容易被买卖双方接受。其主要缺点是预期收益额的预测难度较大，受较强的主观判断和未来收益不可预见因素影响；在评估中适用范围较窄，一般适用于企业整体性资产和可预测未来收益的单项资产评估。

7.2.2 重置成本法

凡是以估算资产的重置成本为基础，并考虑资产的各类贬值因素的估价方法统称为重置成本法。

重置成本法（replacement cost method）的基本思路是：从购买者的角度出发在购置一项资产时，他所愿付的价格不会超过建造一项与所购资产具有相同功能的替代品所需的成本。因此，如果资产是全新的，其代替资产的现行建造成本就相当于该项资产的价值高限。如果该项资产不是全新的，首先考虑重新构建与被评估资产相同或相似的全新资产，在现行市价条件下，需花费多少钱。然后在此基础上，再考虑被评估资产新旧程度，以及科学技术进步、社会经济环境变化的因素的影响，对资产的价值做必要的合理扣除，从而得出被评估资产评估价值。

7.2.2.1 重置成本法的前提条件

① 重置成本法要符合继续使用假设，即被评估资产在评估前后不改变使用用途；

② 被评估资产必须是可再生的、可以复制的资产，而土地、矿产等不能复制、再生就不宜用该方法进行评估；

③ 参照物资产在实用性、功能性、经济性等方面与被评估资产必须具有可比性；

④ 被评估资产必须具有贬损特征，即随时间推移存在实体性、功能性和经济性等贬值。

7.2.2.2 重置成本法的计算方式

$$被评估资产评估值＝重置成本－实际性损耗－功能性损耗－经济性损耗 \qquad (7.13)$$

重置成本可以分为复原重置成本与更新重置成本，复原重置成本是指采用与被评估资产相同的材料建筑或制造标准、设计、规格和技术等，以现行价格构建与被评估资产相同的全新资产所发生的费用。

更新重置成本是指采用新型材料，并根据现代建筑或制造标准、新型设计、规格和技术等。以现行价格构建与被评估资产具有相同功能的全新资产所发生的成本。

两种重置成本的基本区别在于更新重置成本考虑了科学技术的进步，以及劳动生产率的提高对重置成本的影响，一般来说，复原重置成本大于更新重置成本，这种差别反映了由于技术和材料方面的进步导致替代资产构建成本的减少，所以在选择重置成本时，若同时可获得这两种重置成本，应选择更新重置成本。

重置成本的计量方法有多种：重置核算法、功能系数法、物价指数法和统计分析法。

① 重置核算法。

$$重置成本＝直接成本＋间接成本 \qquad (7.14)$$

直接成本是指可以直接计入构建成本支出的那一部分，间接成本指构建全新资产的全部支出中不能直接计入成本，需要采取相适应的方法、标准进行分配后再计入构建成本的那一部分支出。

② 功能系数法。一般情况下，如果无法获得处于全新状态的被评估资产的现行市价，就只能寻找与被评估资产相类似的处于全新状态的资产的现行市价作为参照物，然后通过调整参数与被评估资产之间的功能差异来获得被评估资产的重置成本。

由于资产的成本与功能之间的函数关系有两种表现，因此，功能系数法有两种计量方法。

若资产的功能与成本呈线性关系，则：

$$被评估资产重置成本 = \frac{参照物成交价 \times 被评估资产生产能力}{参照物生产能力} \tag{7.15}$$

若资产的功能与成本呈指数关系，则：

$$被评估资产重置成本 = 参照物重置成本 \times \left(\frac{被评估资产年产量}{参照物年产量}\right)^x \tag{7.16}$$

式中，x 为规模经济效益指数，它通常按行业设定。

③ 物价指数法。如果既无法获得处于全新状态的被评估资产的现行市价，也无法获得与被评估资产相类似的参照物的现行市价，就只能根据资产的历史成本按物价指数进行调整来获取被评估资产的重置成本，计算公式为：

$$被评估资产重置成本 = \frac{资产的历史成本 \times 资产评估时物价指数}{资产构建时物价指数} \tag{7.17}$$

④ 统计分析法。当被评估资产单位价值较低、数量较多时，为了降低成本、节约时间可采用统计分析法评估某类资产的重置成本，其计算公式为：

$$总体资产重置成本 = k \times 总体资产账面历史成本 \tag{7.18}$$

式中，k 为加权平均调整系数。

$$k = \sum_{i=1}^{n} w_i \times K_i \tag{7.19}$$

式中，n 为分类的类别总数；w_i 为第 i 类资产账面成本占总资产账面成本的比重；K_i 为第 i 类资产的调整系数。

7.2.2.3 各类贬值的估算

（1）实体性贬值　实体性贬值是指资产在使用或存置过程中，由于使用和自然力作用等原因发生有形损耗所导致的价值损失。

常用的估测有形损耗的方法有：观察法、使用年限法以及修复法等。

① 观察法。观察法是指由评估人员对资产实体各主要部分进行技术鉴定，并综合分析资产的设计使用年限、实体使用磨损、维修、改造等情况，将评估对象与其全新状态相比较，用一个百分比来表达其有形损耗率，从而估算资产的实体性贬值。

计算公式为：

$$资产实体性贬值 = 重置成本 \times 有形损耗率 \tag{7.20}$$

② 使用年限法。该方法是以资产实际已使用年限与其总使用年限的比率作为资产的有形损耗率，并据此来估算资产的实体性贬值，其计算公式为：

$$资产实体性贬值 = \frac{重置成本 \times 实际使用年限}{总使用年限} \tag{7.21}$$

③ 修复法。该方法是以修复资产的实体性损耗，使之达到全新状态所需支出的金额来估测资产的有形损耗。其计算公式为：

$$资产有形损耗率 = \frac{修复费用}{重置成本} \times 100\% \tag{7.22}$$

（2）功能性贬值　功能性贬值是由于新技术发展导致被评估资产技术相对落后造成的价值损失，功能性损耗可以体现在两个方面：一是从运营成本方面看，在产出量相等的情况下，被评估资产的运营成本要高于同类技术先进的资产；二是从产业能力方面来看，在运营成本相类似的情况下，被评估资产的产业能力要低于技术先进的资产，资产的超额运营成本主要体现在材料消耗、能源消耗、工时消耗的增加、废品率上升、等级下降等方面，其具体计算步骤如下。

① 将被估算资产的年运营成本与同类已普遍使用的技术先进的资产的年运营成本相比，

计算二者差额得到被估算资产的年超额运营成本额。

② 从年超额运营成本中扣除所得税因素，计算年净超额运营成本。

③ 根据被评估资产的剩余寿命和折现率将年净超额运营成本折现，得到被估算资产的功能性贬值额。

上述步骤可用公式表示为：

$$被评估资产功能性贬值＝年超额运营成本×(1－所得税税率)×(P/A,r,n) \qquad (7.23)$$

式中，$(P/A，r，n)$ 为年金现值系数。

(3) 经济性贬值 经济性贬值是由于环境变化造成资产的贬值。导致这类贬值的原因大致有：对产品需求的减少，市场竞争加剧导致开工不足或停业生产；原材料供应紧张、价格上涨；基础设备服务价格上涨；通货膨胀；国家经济政策影响及环境保护等原因。

经济性损耗一般表现为两种形式：一是资产利用率下降；二是资产年收益额的损失。

① 因资产利用率下降所导致的经济性损耗的计量：

$$经济性贬值率＝\left[1－\left(\frac{设备预计可被利用的生产能力}{设备设计生产能力}\right)^{x}\right]×100\% \qquad (7.24)$$

$$经济性贬值＝(重置全价－有形损耗－功能性损耗)×经济性贬值率 \qquad (7.25)$$

式中，x 为规模经济效益指数。

② 因收益额减少而导致的经济性损耗计量公式：

$$经济性贬值额＝年收益损失额×(1－所得税税率)×(P/A,r,n) \qquad (7.26)$$

(4) 综合成新率及其计量 综合成新率是指在综合考虑资产的各种损耗后所确定的成新率，它反映了资产的现行价值及其全新状态重置价值的比率，通常有以下三种计量方法。

① 观察法。又称为经验估算法，指组织对被估算资产有相当经验的专家、工程技术人员，通过观察和分析被评估资产的各项损耗，从而确定该资产的尚可使用年限或成新率。

② 使用年限法。是指根据被评估资产预计尚可使用年限与其总使用年限的比率确定综合成新率。

$$综合成新率＝\frac{预计尚可使用年限}{实际已使用年限＋预计尚可使用年限}×100\% \qquad (7.27)$$

③ 修复费用法。是通过估算将被评估资产恢复到原有全新功能所需投入的修复费用和该资产重置成本的百分比方法确定综合成新率。

$$综合成新率＝1－\frac{修复费用＋不可修复费用}{重置成本}×100\% \qquad (7.28)$$

7.2.2.4 对重置成本法的评价

重置成本法是从资产构建的成本耗费角度评估资产价值。具有很强的适应性、真实性和公平性。

(1) 主要优点

① 在考虑重置成本的基础上，较全面的估算资产的各类贬值因素，因而具有很强的适应性，特别是在物价变动幅度较大，市场环境不稳定情况下，它具有很强的真实性和公平性；

② 可广泛用于单项资产评估，特别是那些不经常在市场上交易或不以收益为目的的专用资产的价值评估；

③ 可对不同性质的贬值因素分别计算。

(2) 主要缺点

① 往往有较大的工作量；

② 贬值额，特别是实体性贬值额估算过程中，主观因素影响较大；

122 技术经济学

③ 对未来的经济条件未做分析，也不能充分估测资产的经济性贬值；

④ 不适用对下列资产进行评估：资产的性质不满足重置的假设；价值不取决于成本以及随着时间推移不具有贬值因素的资产。

7.2.3 现行市价法

凡是通过市场寻找适当的参照物，比较被评估资产与参照物的异同，并据此对参照物的市场价格进行调整，从而确定被评估资产价值的一类资产评估方法称为现行市价法（market value method）。

7.2.3.1 现行市价法的应用前提条件

由于现行市价是以同类资产市场销售价格相比较的方式来确定被评估资产的重估价值的，评估过程中的数据、资料直接来源于市场，它反映了市场供求关系对资产价格的影响。市场越充分，供需越平衡，现行市价法的结论就越精确。因此，运用这一方法必须具备以下的前提条件：一是存在一个充分发育和活跃的资产交易市场，经常有类似资产的交易，市场所反映的资产价格信息真实、准确、正常；二是存在3个或3个以上具有可比性的参照物，而且参照物与被评估资产可比较的数据、资料是可以搜集到的；三是价值影响因素明确且可以量化。

7.2.3.2 运用现行市价法评估资产的程序

运用现行市价法评估资产时，一般按下列顺序进行：

① 明确评估对象，确定描述评估对象的主要参数（如功能指标及成新率等），作为选择市场参照物的可比因素；

② 进行市场调查，寻找可比性强的参照物并搜集相应的交易案例资料，包括上述的可比参数及成交价格、交易时间、交易条件等市场因素；

③ 分析整理资料，确定对资产价值影响较大的差异调整因素，选择3个或3个以上可比性强的参照物；

④ 根据确定的差异调整因素，进一步分析差异原因和该因素对价格的影响程度，并加以量化，确定调整值；

⑤ 确定资产重估价值，将各因素差异的调整值以适当的方法加以汇总，并据此对参照物的市场价格进行调整，从而确定被评估资产的公允价值。

7.2.3.3 现行市价法的优缺点

（1）优点 现行市价法直接以市场为依托，评估所需数据直接来源于市场，反映了市场供求关系对资产价格的影响。评估结果能反映市场价格变化趋势，易为交易双方所接受，是以市场价值为基础的资产评估首选方法。

（2）缺点 现行市价法对市场条件要求较苛刻，须有公开、活跃的市场为基础，对很少有市场交易的资产或在市场参照物的可比参数不能按需搜集的情况下，现行市价法的应用均受限制；它仅对市场价值为基础的资产评估适用；在进行差异调整因素的比较、判断时受评估人员的主观因素影响较大。

7.2.4 资产评估方法的比较

7.2.4.1 根据匹配原则决定资产业务与评估方法一致性的比较（表7.1）

表7.1 根据匹配原则决定资产业务与评估方法一致性的比较

资产业务	评估标准	基本方法	资产业务	评估标准	基本方法
资产补偿	重置成本	重置成本法	使用权转让	收益现值	收益现值法
资产纳税	现行市价	现行市价法	资产抵押	清算价格	清算价格法
所有权转让	收益现值	收益现值法	破产清理	清算价格	清算价格法

7.2.4.2　评估公式、范围和特点的比较（表 7.2）

表 7.2　评估公式、范围和特点的比较

评估标准	评估方法	基本计算公式	使用范围	主要优点	主要缺点
收益现值	收益现值法： 1. 有限年限法 2. 无限年限法	评估值 $$\sum_{t=1}^{\infty}\frac{R_t}{(1+r)^t}$$	1. 继续使用的经营权 2. 整体性资产	1. 结果较准确 2. 双方较易接受	1. 范围有限 2. 未来收益折现率和本金化率较难确定
重置成本	重置成本法： 1. 复原重置 2. 更新重置成本法	评估值＝重置成本－实体性贬值－功能性贬值－经济性贬值	1. 通胀率较大 2. 技术进步较大资产 3. 账实不符时	1. 实用性强 2. 适应面广 3. 考虑因素全面	1. 工作量大 2. 计算复杂
现行市价	现行市价法： 1. 市价扣除法 2. 市价比较法	评估值＝相同资产的市价－应急折旧额 或＝（相似资产的市价－应急折旧额） ×调整系数	1. 产权交易 2. 投资参股 3. 具有公开活跃的市场交易资产	1. 计算较为简单 2. 评估结果易被接受	1. 资料数据不易收集 2. 受市场的发育程度影响

7.3　资产评估方法的应用

7.3.1　机器设备评估

7.3.1.1　机器设备评估的特点

（1）单项独立评估的特点　机器设备在功能上和实体上都具有较强的独立性特征，客观上为机器设备作为单项独立评估对象提供了可能，加之机器设备的功能、使用条件、使用时间和现实状况等千差万别，尤其是带有很强行业特征的专用设备。所以设备评估以单台、单件为对象，以保证评估的真实性和准确性。

（2）机器设备评估以技术检测为基础　由于机器设备本身具有较强的技术特点。技术含量较高，而且机器设备的技术水平和技术层次直接影响机器设备的取得价格或变现价格，也直接关系到机器设备的新旧程度。

（3）影响因素多，评估工作最大　评估中牵涉的人员多，需要的专业人员多，一个企业的机器设备往往种类繁杂，分布广泛，设备的购买渠道多种多样，要对这些机器设备进行原始资料的收集，专业技术特征的分析鉴定，价格信息的查询，需要评估人员，包括各个方面的专家，与被评估企业各部门的人员合作才能完成。

7.3.1.2　机器设备评估的步骤

（1）评估的准备阶段　评估机构在签订了资产评估委托协议，明确评估目的、评估对象和评估范围之后，要着手做好评估的准备工作。包括：

① 指导委托方做好机器设备评估的基础工作，如待估机器设备清册及相关表格的填写、清查工作的具体要求、技术经济资料的准备等；

② 搜集评估所需的资料，如设备的使用情况资料、产权资料、价格资料等；

③ 分析研究委托方提供的全部机器设备相关资料，明确评估的范围和评估的重点，制订评估工作总体计划，组织评估人员，设计评估思路及选择评估方法。

（2）现场工作阶段　机器设备评估中心的重点在现场勘察。搞好现场工作的关键在于充分的准备和周密的计划。具体而言，包括下列几项具体工作。

① 逐台核实评估对象，确保评估对象真实可靠。一般应对所有申报评估的机器设备逐台核实，要求委托方根据现场清查核实的结果，调整或确定其填报的被评估机器设备清册及相关表格，并以清查核实后的机器设备作为评估对象，同时注意被评估资产的权属情况。

② 对机器设备进行技术鉴定。这是机器设备评估现场工作的核心。首先，应对机器设备所在的整个生产系统、生产环境和生产强度进行鉴定和评价。例如，生产能力大小、生产何种产品及产品的市场状况等，其次要对单台机器设备进行鉴定。例如设备的类别和机器型号，制造厂家和出厂日期，大修理期间等，最后了解机器设备的相关辅助设施。如工艺管道、自动控制装置等。总而言之，对机器设备进行鉴定包括：设备的技术鉴定、使用情况鉴定、质量鉴定及磨损鉴定等。

③ 确定机器设备的成新率。一般应在现场工作中确定机器设备的成新率，评估人员应根据对机器设备的宏观技术鉴定和个体鉴定，做出成新率判断，这是现场工作完成的一个重要标志。

（3）评定估算阶段　根据评估目的、评估价值类型的要求及评估时的各种条件，选择适宜的评估方法，阅读相关的可行性分析报告、设计报告、概预算报告等记录以扩大和深化对被评估设备的了解；查阅相关法律法规，如税法，环境保护法等。以便在评估中涉及这些规定的设备中考虑法律法规的影响；对产权受到某种限制的设备要单独处理，选择合适方法估算评估值，调整评估结果。

（4）撰写评估报告及评估说明　由于机器设备数量多、分布较广，又是分头评估，为避免出现相同设备在不同场地由不同评估人员评估时出现不同的评估值，以及重复评估或漏评，在评估工作结束后，要进行自查工作并编写评估说明或机器评估部分报告书。

7.3.1.3　重置成本法在机器设备评估中的运用

（1）重置成本法的基本计算公式

$$评估值＝重置成本－有形损耗－功能性损耗－经济性损耗$$
$$＝重置成本×成新率－功能性损耗－经济性损耗$$
$$＝重置成本×综合成新率 \qquad (7.29)$$

① 重置成本的测算。资产的重置成本有两种：复原重置成本和更新重置成本，机器设备也是如此。外购机器设备重置成本一般包括设备自身购置价格、运输费用、安装调试费、进口合计的费用等；自制机器设备重置成本一般包括制造费用、安装调试费、大型自制设备合理的资金成本、合理利润及其它合理费用等。计算重置成本有三种基本方法：直接法、功能成本法和物价指数法。选择哪种方法取决于被评估设备的具体情况。

例 7.1　某企业一台自制设备，账面原值是 12 万元，市场无可替代产品，试评估其重置全价。

分析：因为该设备在市场上是无可替代产品，且又是自制设备，故选择复原重置成本评估该设备，评估人员核查企业提供的账表得知被评估设备原值 12 万元的构成如下：

制造费用 11 万元

其中：钢材消耗 24 吨	1250 元/吨	计 3 万元
铸铁消耗 50 吨	400 元/吨	计 2 万元
外协件 15 吨	2000 元/吨	计 3 万元
工时消耗 5000 定额工时	4 元/工时	计 2 万元
管理费用	每定额工时分摊 2 元	计 1 万元

安装调试费 1 万元

其中：水泥消耗 8 吨	250 元/吨	计 0.2 万元
钢材消耗 4 吨	1250 元/吨	计 0.5 万元
工时消耗 500 定额工时	4 元/工时	计 0.2 万元
管理费用	每定额工时分摊 2 元	计 0.1 万元

评估人员调查测算现行使用单价：钢材 1600 元，铸铁 500 元，外协件 2400 元，水泥 250 元；每定额工时为 5 元，每定额工时分摊管理费用 2 元，根据现价和费用标准及该设备原自制和安装高度的量耗资料，重估价格为：

制造费用重置全价为 13.34 万元

其中：钢材消耗 24 吨	1600 元/吨	计 3.84 万元
铸铁消耗 50 吨	500 元/吨	计 2.5 万元
外协件 15 吨	2400 元/吨	计 3.6 万元
工时消耗 5000 定额工时	5 元/工时	计 2.5 万元
管理费用	每定额工时分摊 2 元	计 1 万元

安装调试费重置全价 1.19 万元

其中：水泥消耗 8 吨	250 元/吨	计 0.2 万元
钢材消耗 4 吨	1600 元/吨	计 0.64 万元
工时消耗 500 定额工时	5 元/工时	计 0.25 万元
管理费用	每定额工时分摊 2 元	计 0.1 万元

② 实体性贬值与成新率的测算。机器设备的实体性贬值也就是有形损耗，它是由于使用磨损和自然损耗所致。实体性贬值与成新率是同一事物的两个方面，实体性贬值用相对数来表示，它的余数就是成新率。估测机器设备的成新率通常采用三种方法：使用年限法、观测分析法、修复全额法。

使用年限法假设机器设备在整个使用寿命期内，有形损耗与时间是线性递增关系，而设备的价值降低与其损耗大小成正比，计算公式为：

$$成新率 = \frac{设备的尚可使用年限}{设备的已使用年限 + 设备的尚可使用年限} \times 100\% \tag{7.30}$$

观测分析法是以实物观察和测试为基本手段的一种估测设备成新率的方法。应用该方法首先要确定和划分不同档次成新率的参考标准，然后根据参考标准规定的重要技术指标，由经验丰富的技术人员对被评估资产进行实地观测检视，并将观测所得数据与参考标准进行对比得出设备的成新率。

修复全额法是以修复机器设备的实体有形损耗使之达到全新状态所需支出的全额。其大小与修复的难度及工作量直接相关，而修复工作量又与设备的实际损耗程序相联系。

③ 机器设备的无形损耗的估测。无形损耗是指功能性损耗和经济性损耗。

功能性损耗主要是指由技术相对落后造成的贬值，亦称功能性贬值。具体表现为超额投资成本形成的功能性贬值和超额运营成本形成的功能性贬值，由超额投资成本所致的功能性贬值测算公式为：

$$设备超额投资成本 = 设备复原重置成本 - 设备更新重置成本 \tag{7.31}$$

由超额运营成本所致的功能性贬值的测算首先要选择参照物估测被评估设备的剩余寿命，其次计算被估设备的年超额运营成本净额；最后确定折现率，将被估设备在剩余使用年限中的各年超额运营成本净额折现累加，从而求得被估设备的功能性贬值额。

机器设备的经济性损耗是指机器设备由于运营环境等设备本身以外的原因引起的贬值，这类贬值的原因可以是：原材料供应紧张、价格上涨、市场竞争激烈、政府干预等。最终表现为设备的利用率下降，收益减少。可参照下列公式进行估算：

经济性贬值额＝（设备重置成本－实体性损耗－功能性贬值额）×经济性贬值率　（7.32）

（2）重置成本法在机器设备评估中的具体运用

例 7.2　某被评估设备购建于 1996 年，账面价值为 100000 元，2001 年进行技术改造，追加投资 50000 元。2006 年对其进行评估，评估人员得到以下数据：①1996～2006 年设备价格每年上升率为 10%；②该设备月人工成本比其替代设备高 1000 元；③该设备在企业正常投资报酬率为 10%，规模效益指数为 0.7，所得税税率为 33%；④该设备在评估前实际使用率仅为正常的 50%，尚可使用 5 年，未来 5 年设备利用率能够达到设计要求。

① 计算该设备的重置成本

$$100000 \times (1+10\%)^{10} + 50000(1+10\%)^5 = 339899.746(元)$$
$$100000 \times (1+10\%)^{10} \times 10 + 50000(1+10\%)^5 = 2996369.96(元)$$

② 计算加权投资名义年限

$$\frac{2996369.96}{339899.746} = 8.82(年)$$

③ 计算加权投资实际年限

$$8.82 \times 50\% = 4.41(年)$$

④ 计算成新率

$$\frac{5}{4.41+5} \times 100\% = 53.14\%$$

⑤ 计算功能性贬值

$$1000 \times 12 \times (1-33\%) \times (P/A, 10\%, 5) = 30477.92(元)$$

⑥ 该设备无经济性贬值率

⑦ 计算评估值

$$339899.746 \times 53.14\% - 30477.92 = 150144.81(元)$$

7.3.1.4　现行市价法在机器设备评估中的运用

（1）现行市价法的基本计算公式

评估值＝市场交易参照物价格±被估设备与参照物差异的量化合计金额　　　（7.33）

（2）现行市价法的评估步骤

① 考察评估对象，获取基本资料；

② 进行市场调查，选取参照物；

③ 调整差异；

④ 确定评估值。

（3）现行市价法评估机器设备的具体运用

例 7.3　某评估设备已使用 6 年，评估人员通过考察决定采用现行市价法评估，有关调查数据如表 7.3 所示：

表 7.3　调查数据

项目	计量单位	参照物 A	参照物 B	参照物 C	评估对象
交易价格	元	150000	200000	160000	
交易条件		公开市场	公开市场	公开市场	公开市场
交易时间		12 个月前	6 个月前	2 个月前	
付款方式		一次付款	一次付款	一次付款	
生产能力	件/年	55000	60000	40000	50000
运营费用	元/年	80000	90000	79000	85000
已使用年限	年	7	6	4	6
尚可使用年限	年	6	8	10	8
成新率	%	46%	57%	68%	57%

评估如下：

① 生产能力差异调整，根据查阅相关书籍，确定该类设备生产能力，规模指数为 0.8。

A 生产能力调整系数 $= 1 - \left(\dfrac{55000}{50000}\right)^{0.8} = 1 - 1.08 = 0.08$

B 生产能力调整系数 $= 1 - \left(\dfrac{60000}{50000}\right)^{0.8} = 1 - 1.16 = -0.16$

C 生产能力调整系数 $= 1 - \left(\dfrac{40000}{50000}\right)^{0.8} = 1 - 0.64 = 0.36$

生产能力差异额为：

A：$150000 \times (-0.08) = -12000$（元）

B：$200000 \times (-0.16) = -32000$（元）

C：$160000 \times 0.36 = 57600$（元）

② 运营费用差异调整。该行业平均收益率为 10%，所得税率为 33%，则运营费用差异额为：

A：$(80000 - 85000) \times (P/A, 10\%, 8) \times (1 - 33\%)$
$= -17871.92$（元）

B：$(90000 - 85000) \times (P/A, 10\%, 8) \times (1 - 33\%)$
$= 17871.92$（元）

C：$(79000 - 85000) \times (P/A, 10\%, 8) \times (1 - 33\%)$
$= -21446.30$（元）

③ 价格变动因素差异调整。该类资产价格指数平均每月上涨 1%，则价格变动差异额为：

A：$150000 \times 12\% = 18000$（元）

B：$200000 \times 6\% = 12000$（元）

C：$160000 \times 2\% = 3200$（元）

④ 新旧程度差异调整。调整系数为：

A：$\dfrac{57\%}{46\%}=1.24$

B：成新率相同不需调整

C：$\dfrac{57\%}{68\%}=0.84$

与各参照物相比，分析调整差异额的初步评估结果为：

评估值 A $=(150000-12000-17871.92+18000)\times1.24$
$=171278.82$（元）

评估值 B $=(200000-32000+17871.92+12000)\times1$
$=197871.92$（元）

评估值 C $=(160000+57600-21446.30+3200)\times0.84$
$=167457.11$（元）

采用简单算术平均法求得该设备的评估值为：

$$\dfrac{171278.82+197871.92+167457.11}{3}=178869（元）$$

7.3.2　房地产评估

7.3.2.1　房地产的概念及特性

房地产指土地、建筑物及其它地上定着物，包括土地和建筑物两大部分。房地产的评估对象有三种；即土地、建筑物、建筑物与土地合一。

房地产的特性决定着房地产的价格特征、市场特征及房地产价格评估的特殊规律性。其特性既源于土地的特性，又与建于其上的建筑物有关，由于土地是大自然的产物，是永久性的，建筑物为人工所建造，它定着于土地上，因此，房地产的特性主要取决于土地，是以土地特性为基础的。而土地特性可以分为自然特性和经济特性两个方面，土地的自然特性表现为其数量的有限性、位置的可移动性、效用的持久性和效用的差异性；土地的经济特性表现为用途的广泛性、供给的稀缺性，经济地理位置的可变性和可垄断性。房地产的特性是土地和建筑物各自特性的综合，主要表现为位置固定性、使用长期性、投资大量性及其影响因素多样性和其保值增值性。

7.3.2.2　房地产评估的程序及方法

房地产评估涉及法律、工程、经济等多方面的知识和技术，相对较复杂，应按照一定的程序进行：首先接受委托，明确被评估对象、评估目的、评估基准日及报告提交的日期；其次制订评估作业计划及评估技术方案，并现场勘察收集数据资料；最后评定估算，撰写评估报告。

房地产评估方法主要有三大基本方法，即收益现值法、现行市价法和重置成本法，由于现行市价法，更直接依赖于现实的市场价格资料和房地产的品质资料，更符合当事人的行为方式，因而在房地产市场较发达，交易活跃，存在大量房地产交易实例的情况下，被认为是一种说明性强、可靠性好、适用范围广的基本评估方法。

7.3.2.3　现行市价法在房地产评估中的运用

例 7.4　待评估宗地为商业用途的空地，面积 3000m²，要求评估其 2002 年 12 月的公平市场价格。评估人员通过手机有关数据选出 3 个交易实例（A、B、C）作为比较参照物（表 7.4）。

表 7.4 数据明细

比较项目 \ 交易实例	A	B	C	评估对象
坐落	略	略	略	略
所处地区	繁华区	繁华区	繁华区	繁华区
用途	商业	商业	商业	商业
土地类型	熟地	熟地	熟地	熟地
价格/(元/m²)	1550	1200	1400	
交易时间	2001 年 10 月	2001 年 12 月	2002 年 05 月	2002 年 12 月
面积/m²	1800	2000	2200	3000
形状	规则	规则	规则	规则
地势	平坦	平坦	平坦	平坦
地质	普通	普通	普通	普通
基础设施	完备	完备	完备	完备
交通状况	很好	较好	较好	很好
剩余使用年限	35	30	35	30
容积率	5	4.5	4.5	5

(1) 进行交易情况修订 评估人员经调查，未发现交易实例的交易情况有什么特殊，均作为正常交易看待，故无需修正。

(2) 进行交易时间修正 2001 年 10 月以来，土地价格平均每月上涨 10%，则：

A 的修正系数＝114/100＝1.14

B 的修正系数＝112/100＝1.12

C 的修正系数＝107/100＝1.07

(3) 进行区域因素修正 (表 7.5)

表 7.5 中的比较是以待估宗地的区域因素为标准，即待估宗地的区域因素分值为 100，则：

交易实例 B 区域因素修正系数＝100/86＝1.163

交易实例 C 区域因素修正系数＝100/93＝1.075

(4) 进行个别因素修正 关于面积因素、土地使用权、容积率修正后，

A 的个别因素修正系数＝0.999

B 的个别因素修正系数＝1.133

C 的个别因素修正系数＝1.098

(5) 计算比准价格

A：1500×1.0×1.14×1.0×0.999＝1765(元/m²)

B：1200×1.0×1.12×1.163×1.133＝1771(元/m²)

表 7.5　区域因素修正

区域因素	B	分值	C	分值
自然条件	相同	10	相同	10
社会环境	相同	10	相同	10
街道条件	稍差	8	相同	10
繁华程度	稍差	7	稍差	7
交通便捷度	稍差	8	稍差	8
规划限制	相同	10	相同	10
交通管制	相同	10	相同	10
离公交站点距离	稍远	7	相同	10
交通流量	稍少	8	稍少	8
周围环境	较差	8	相同	10

C：$1400 \times 1.0 \times 1.07 \times 1.075 \times 1.098 = 1765$（元/m²）

（6）采用算术平均法求得评估值

$$待估宗地评估价 = \frac{1765 + 1771 + 1768}{3} = 1768（元/m²）$$

7.3.3　其它资产评估

7.3.3.1　流动资产评估

（1）流动资产的类型及其评估特点　流动资产指企业在生产经营活动中，在一年或一个经营周期内变现或耗用的资产。它是企业资产的重要组成部分，所占比重较高，在企业资产评估中占有重要地位。实际评估工作中一般可分为 5 种类型：货币资金、应收及预付款、短期投资、存货和其它流动资产。

流动资产的评估具有 3 个特点：流动资产评估是单项评估，不需要以其综合获利能力进行综合价值评估；流动资产评估具有时点性，不同形态流动资产都在变化之中，而评估对时点的要求较严格，所选评估基准日应尽可能在合计期末，流动资产评估之前必须进行资产清查，否则会影响评估结论的准确性，但由于数量较大、种类较多，清查工作量很大，所以评估时要分清主次，掌握重点；流动资产周转速度较快，变现能力强，在价格变化不大的情况下，资产的账面价值基本上可以反映流动资产的现值，并且无需考虑资产的功能性贬值因素，实体性贬值也只适用于低值易耗品、包装物及积压物资的评估。

（2）流动资产评估类型及方法

① 实物类流动资产的评估。实物类流动资产主要包括各种材料、在产品、产成品，低值易耗品和包装物等，属流动资产评估中的重点。在对企业价值评估采用单项评估加总方法的情况下会涉及全部流动资产的评估。而在单独需要评估流动资产的业务中，往往只涉及实物类流动资产评估。

② 债权类流动资产的评估。债权类主要包括企业的应收账款、预付账款及应收票据。应收账款的经济特点是以债权为明确的货币金额量化，不需要评估债权是多少。需要评估的原因是其回收具有不确定性和回收后才能成为实际的资产，故评估值等于应收款账面原值减去已确定的坏账损失，再减去预计的坏账损失，然后再乘以折现系数。应收票据如何评估要根据资产业务性质，在票据单独转让情况下，其评估值为票据到期价值与贴现息的差额；在企业价值评

估中采用单项资产评估加息的情况下其计算公式为：

$$应收票据评估值＝应收票据面值×（1＋利率×时间）\qquad(7.34)$$

（3）货币性资产评估　货币性资产包括货币资金和短期投资等。货币资金本身就是价值尺度，通常不存在评估问题只有在对企业价值采用单项评估加总的的情况下，才会涉及货币资金的评估，即使在这种情况下也仅仅是对各项货币资金进行核实确认，短期投资评估实际上是对企业拥有的上市有价证券的评估。上市有价证券需单独评估的资产业务是没有的。只有在对企业价值评估采用单项评估加总的方法的情况下才需要进行评估。

7.3.3.2　无形资产评估

（1）无形资产的概念及评估特点　无形资产作为能为企业带来经济利益的一项重要资产，在企业投资与经营过程中发挥的作用日益增强，一般而言，无形资产是指特定主体控制的不具有独立实体、而对生产经营长期持续发挥作用，并带来经济利益的一切经济资源。

无形资产的评估与有形资产的评估有着基本的共同特点，但又有其独特之处，首先是市场性，作为资产评估的其同特点，无形资产的成效价格往往超过它的"成本"价格，其内涵与其它资产不同，其次是模拟性，该特点在无形资产评估中较突出，因为大量的无形资产仅用重置成本法评估是不够的，需要考察其未来收益以确定它的评估价格，最后是其公正性，公正性是整个资产评估工作的特性，对于不确定因素较多的无形资产尤为重要。

（2）无形资产评估方法，从理论上讲其评估方法有权益法、成本法和市场法，在实践中运用最广泛的是收益法，其次是成本法，市场法因条件限制目前尚不普遍。

思考与练习题

7-1　什么是资产评估，它由哪些基本要素组成？

7-2　简述资产评估的特点。

7-3　简述成本法的评估特点及适用的前提条件。

7-4　分析成本法、收益法和市场比较法三种评估方法的优势与局限。

7-5　简述机器设备的评估特点。

7-6　土地有哪些自然特性和社会特性？

7-7　房地产评估的一般步骤有哪些？

7-8　在成本法资产评估中，重置成本与功能性贬值的口径应如何保持一致？

7-9　土地与房地产的特性有哪些？

7-10　各类贬值如何估算？

7-11　如何理解资产评估工作中的"资产"含义。

7-12　简述资产评估的法定程序。

7-13　如何理解资产评估的原则？

7-14　某工厂1995年购入一台设备，购置成本为80万元，2000年进行评估。评估人员首先在市场上调查同类设备的情况，在评估基准日，该地同型号设备售价为58万元，该类设备一般的经济寿命为15年。经现场勘察，发现该设备使用情况良好，维修保养好，同类设备正常安装调试及运输费用为5万元。

要求：运用重置成本法确定其评估值。

7-15　房地产具有哪些特性？什么是房地产评估？

本 章 参 考 文 献

[1]　朱萍.资产评估学教程（第四版）.上海：上海财经大学出版社，2012.

[2] 姜楠，王景升．资产评估（第三版）．黑龙江：东北财经大学出版社，2013.

[3] 乔志敏，宋斌．资产评估学教程（第四版）．北京：中国人民大学出版社，2013.

[4] 中国资产评估协会．资产评估．北京：中国财经经济出版社，2014.

[5] 肖鹏．技术经济学．北京：对外经贸大学，2013.

[6] 陈伟，韩斌，张凌．技术经济学．北京：清华大学出版社，2012.

第8章 设备更新的技术经济分析

设备是企业生产的重要物质和技术基础，企业的产量、质量和成本等重要指标都与设备的技术水平有密切的关系。近代工业劳动生产率不断地提高，主要原因之一是技术水平的提高。

企业购置设备之后，从投入使用到最后报废，有着独特的周转过程，在这个过程中设备将发生有形磨损和无形磨损。为了使企业生产正常进行，磨损就要得到补偿，依据不同的磨损方式，补偿磨损有设备的修理、更新和改造等多种方式。应采用哪种方式以达到促进技术进步和提高经济效益，是技术经济学需要研究的问题。

8.1 设备的磨损

设备在使用（或闲置）过程中，均会发生磨损，磨损分为有形磨损和无形磨损两种形式。

8.1.1 设备的有形磨损及其度量

8.1.1.1 设备有形磨损的概念

设备在使用（或闲置）过程中所发生的实体磨损或损耗，称为有形磨损，亦称为物质磨损或物理磨损。该磨损有两种不同的表现形式。

（1）第 I 种有形磨损　设备使用时在力的作用下，其零部件遭受到摩擦、冲击、振动或疲劳，使设备实体遭受到损伤。这种磨损，称为第 I 种有形磨损。它通常表现为：

① 零部件原始尺寸的改变，甚至其形状发生改变；

② 公差配合性质的改变，以及精度的降低；

③ 零部件的损坏。

第 I 种有形磨损与设备使用强度和使用时间有关，它一般分为三个阶段。第一阶段是新设备磨损较强的"初期磨损"阶段；第二阶段是磨损量较小的"正常磨损"阶段；第三阶段是磨损量增长较快的"剧烈磨损"阶段。

在第 I 种有形磨损的作用下，设备精度降低，劳动生产率下降。当这种有形磨损达到一定程度时，整个设备的功能就会下降，发生故障，导致设备使用费用剧增，甚至难以继续正常工作，失去工作能力，丧失使用价值。

（2）第 II 种有形磨损　设备在闲置过程中，由于自然力的作用而使其丧失了工作精度和使用价值。这种磨损，称为第 II 种有形磨损。设备由于闲置或封存而产生的有形磨损，是由机器生锈、金属腐蚀、橡胶和塑料老化等原因造成的。这种有形磨损与闲置时间和所处环境有关。

设备使用价值的降低或丧失，会使设备的原始价值贬值或基本丧失。要消除设备的有形磨损，使之局部恢复或完全恢复使用价值，必须支出相应的补偿费用，以抵偿相应贬值的部分。

8.1.1.2 设备有形磨损的度量

（1）设备有形磨损的价值数量的度量　设 R 为原样修复（达到完好程度）全部磨损零件所需要的费用，则可认为，该设备在研究其有形磨损数量时的价值数量为 R，若以 W_h 表示有形磨损的价值数量，则

$$W_h = R \tag{8.1}$$

（2）设备有形磨损的程度的度量　设 α_h 为设备有形磨损的程度；K_1 为该设备的再生产价值。则该设备有形磨损的程度为该设备有形磨损价值数量与该设备有形磨损时的再生产价值

之比。即

$$\alpha_h = \frac{W_h}{K_1} \tag{8.2}$$

又因为 $W_h = R$，所以又有

$$\alpha_h = \frac{R}{K_1} \tag{8.3}$$

8.1.2　设备的无形磨损及其度量

8.1.2.1　设备无形磨损的概念

设备的无形磨损是指由于科学技术的进步而不断出现性能更加完善、生产效率更高的设备，使原有设备的价值降低，或者是生产同样结构设备的价值不断降低使原有设备贬值。无形磨损亦称为经济磨损或精神磨损，该磨损也有两种不同情况。

（1）第Ⅰ种无形磨损　第Ⅰ种无形磨损是由于技术的进步、工艺的改善、成本的降低、劳动生产率的不断提高，使生产同种设备的劳动耗费相应降低，从而使原有设备贬值。但设备的使用价值并未降低，设备的功能并未改变，不存在提前更换设备的问题。

（2）第Ⅱ种无形磨损　第Ⅱ种无形磨损是由于技术进步，社会上出现了结构更先进、技术上更完善、生产效率更高、经济上更加合理的新型设备，使原设备在技术上显得陈旧落后造成的。

第Ⅱ种无形磨损的出现，不仅使原设备的价值相对贬值，而且使用价值也受到严重的冲击。如果继续使用原设备，会相对降低经济效益，这就需要用技术更先进的设备来代替原有设备。是否更换，取决于是否有更新的设备及原设备贬值的程度。

8.1.2.2　设备无形磨损的度量

（1）设备无形磨损的价值数量的度量　由于技术进步（无论影响程度如何），使原有设备相对贬值，其贬值的价值数量，就是无形磨损的价值数量。设 W_n 为设备无形磨损的价值数量，K_0 为设备原始价值，K_1 为该设备的再生产价值。则

$$W_n = K_0 - K_1 \tag{8.4}$$

（2）设备无形磨损的程度的度量　设 α_n 为设备无形磨损的程度，则该设备无形磨损的程度为原有设备所招致的贬值的价值数量占设备原始价值的比例。即

$$\alpha_n = \frac{K_0 - K_1}{K_0} \tag{8.5}$$

或

$$\alpha_n = 1 - \frac{K_1}{K_0} \tag{8.6}$$

8.1.3　设备的综合磨损及其度量

8.1.3.1　设备综合磨损的概念

所谓设备的综合磨损，是指设备在使用期内，既要遭受有形磨损，又要遭受无形磨损，两者都使设备的价值降低。实际上，科学技术进步从未停止过，由于技术进步引起的设备磨损，在任何情况下，对任何设备都存在，只是不同设备鉴于技术发展的不平衡，表现出无形磨损程度不同而已。同时设备在运行中（或闲置中）遭受到的有形磨损也不可避免，所不同的是具体设备在不同条件下表现的有形磨损程度不同。因此，对于任何特定的设备，两种磨损必然同时发生。

8.1.3.2　设备综合磨损的度量

（1）设备综合磨损的价值数量的度量　设备综合磨损既然包括设备有形磨损和无形磨损，

则设备综合磨损价值数量理应包括设备有形磨损的价值数量和设备无形磨损的价值数量二者。前面已经介绍了其二者各自的度量公式，则设备综合磨损的价值数量就不难求出。设 W 为设备综合磨损的价值数量，则

$$W = W_h + W_n \tag{8.7}$$

又因为 $W_h = R$，

$W_n = K_0 - K_1$，所以又有

$$W = R + K_0 - K_1 \tag{8.8}$$

（2）设备综合磨损的程度的度量　　所谓设备的综合磨损程度是指设备综合磨损价值数量与设备原始价值之比例。设 α 为设备综合磨损的程度，则

$$\alpha = \frac{W}{K_0} = \frac{R + K_0 - K_1}{K_0} = 1 - \frac{K_1 - R}{K_0} \tag{8.9}$$

设备综合磨损的程度，即公式（8.9）也可从另一角度导出。

前面已经介绍，α_h 为设备有形磨损的程度，α_n 为设备无形磨损的程度。

则　$1 - \alpha_h$ 为设备遭受有形磨损后剩余程度；

$1 - \alpha_n$ 为设备遭受无形磨损后剩余程度。

由于有形磨损和无形磨损同时发生，又互不相干（互相独立），则只有有形磨损和只有无形磨损后的剩余程度也就互相独立。因此，设备同时遭受有形磨损和无形磨损（综合磨损）后剩余的程度 α_L 为

$$\alpha_L = (1 - \alpha_h)(1 - \alpha_n) \tag{8.10}$$

则设备综合磨损程度为　　　　　　　$\alpha = 1 - \alpha_L$

即　　　　　　　　　　　　$\alpha = 1 - (1 - \alpha_h)(1 - \alpha_n)$

将　$\alpha_h = \dfrac{R}{K_1}$ 和 $\alpha_n = \dfrac{K_0 - K_1}{K_0}$ 代入上式，则

$$\alpha = 1 - \frac{K_1 - R}{K_0}$$

（3）设备综合磨损后的残值（残余价值）　设备遭受综合磨损后所剩残值价值较为复杂，按理应以讨论设备综合磨损时出售该设备的价值计之，但其出售价又不能完全反应设备磨损情况，且常受市场环境和更新决策诸因素影响，因此，这里只介绍主要考虑综合磨损因素影响的度量方法。

设 L 为设备遭受综合磨损后的残值，则

$$L = K_0 - W \tag{8.11}$$

将　$W = R + K_0 - K_1$ 代入式（7.11）

得　　　　　　　$L = K_0 - (R + K_0 - K_1) = K_1 - R \tag{8.12}$

公式（8.12）也可通过 α_L 求出。

$$\begin{aligned}
L &= \alpha_L K_0 = (1 - \alpha_h)(1 - \alpha_n)K_0 \\
&= \left(1 - \frac{R}{K_1}\right)\left(1 - \frac{K_0 - K_1}{K_0}\right)K_0 \\
&= K_1 - R
\end{aligned}$$

例 8.1　若某设备的原始价值为 23000 元，现在已遭受到综合磨损，倘若通过大修理消除有形磨损，需花费 10000 元，而该设备此时的再生产价值为 16000 元。试求该设备有形磨损、无形磨损和综合磨损的价值数量、程度和残值。

解 设备有形磨损的价值数量为

$$W_h = R = 10000 \text{ 元}$$

设备有形磨损的程度为

$$\alpha_h = \frac{R}{K_1} = \frac{10000}{16000} = 0.625$$

设备无形磨损的价值数量为

$$W_n = K_0 - K_1 = 23000 - 16000 = 7000 \text{(元)}$$

设备无形磨损的程度为

$$\alpha_n = \frac{K_0 - K_1}{K_0} = \frac{7000}{23000} = 0.3$$

设备综合磨损的价值数量为

$$W = W_h + W_n = 10000 + 7000 = 17000 \text{(元)}$$

设备综合磨损的程度为

$$\alpha = \frac{W}{K_0} = \frac{17000}{23000} = 0.74$$

设备综合磨损后的残值为

$$L = K_0 - W = 23000 - 17000 = 6000 \text{(元)}$$

8.1.4 设备磨损的补偿

不论设备遭受的是哪一种磨损，都会引起设备相对贬值。但就其对使用价值的影响来说，却有很大不同。有的虽然遭受磨损却使用价值不减，有的使用价值锐减，也有的使用价值稍减等等。

针对设备磨损对使用价值的不同影响，为维持设备的正常工作需要的特性和功能，必须对已遭受磨损的设备进行及时、合理的补偿，其补偿形式随同磨损情况而有所不同。

若设备使用价值的降低主要由有形磨损所致，则应视有形磨损情况而定。如系磨损较轻，则可通过修理进行补偿；如磨损较重，但可以修复，只是花费较多费用，则应以更换补偿形式进行经济性比较，以确定恰当的补偿形式；若磨损太重，根本无法修复，或虽能修复，其精度已不能保障，则应该以更换作为补偿手段。

若设备使用价值的降低主要由无形磨损所致，则应采取局部更新（设备现代化改装）或全部（整台设备）更新；若设备虽然遭无形磨损而使用价值并未改变，则不必进行补偿，可继续使用之。

由于设备总是同时遭受有形磨损和无形磨损，因此，其综合磨损后的补偿形式就应该进行更深入的研究。实践中常常进行多种补偿形式的技术经济分析和比较，以选择出最适宜的补偿形式。具体如图 8.1 所示。

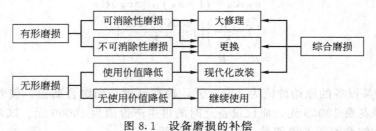

图 8.1 设备磨损的补偿

8.2　设备的折旧

8.2.1　设备折旧的概念

如前所述，设备在长期使用过程中，要遭受有形磨损和无形磨损。有形磨损会造成设备使用价值的降低；无形磨损会造成设备资产价值的降低，但不影响其使用价值。为了保证生产过程连续进行，企业应该具有重置设备资产的能力。这就要求企业能在设备有效使用年限内将其磨损逐渐转移到它所生产的产品中去，这种按期或按活动量将设备磨损转成为产品的成本费用的方式，称为设备资产的折旧。按期或按活动量转为产品成本费用的设备资产的损耗价值就是折旧费。

8.2.2　影响设备折旧的因素

计算设备折旧时，应考虑以下 4 个因素：

（1）设备的原始价值　一般为购置设备时一次性支付的费用，又称为初始费用。包括设备的购置价、运杂费、安装费等。

（2）设备的残值　是指设备报废清理时可供出售的残留部分（例如当作废料利用的材料和零件等）的价值，它可以用作抵补设备原值的一部分。

（3）设备的清理费　是指设备在清理报废时，因拆除、搬运、整理和办理手续等的各项费用支出。设备的清理费是设备使用的一种必要的追加耗费，它可从设备残值中扣除。

（4）设备的使用年限　是根据设备的材料属性和质量、工艺条件、维修质量等因素估计可以使用的年限。其中应包括正常的季节性停歇和大修理所需的时间。

8.2.3　设备折旧的计算方法

8.2.3.1　使用年限法

使用年限法，也称直线折旧法，是使用最广泛的一种折旧计算方法。它是在设备资产估算的折旧年限里按期平均分摊资产价值的一种计算方法，即对资产价值按时间单位等额划分。设备年折旧费为：

$$D_n = \frac{P-(S-O)}{N} \tag{8.13}$$

式中，D_n 为年折旧费；P 为设备的原始价值；S 为设备的残值；O 为设备的清理费；N 为设备的折旧年限。

实际工作中常用折旧率计算固定资产折旧额，如果以资产的原值为基础，年折旧率 d 的计算公式为：

$$d = \frac{D_n}{P} \times 100\% \tag{8.14}$$

例 8.2　某设备的资产原值为 28000 元，估计报废时的残值为 7500 元，清理费用为 1500 元，折旧年限为 10 年。计算其年折旧额、折旧率。

解　设备年折旧额为

$$D_n = \frac{P-(S-O)}{N} = \frac{28000-(7500-1500)}{10} = 2200（元）$$

设备年折旧率为

$$d = \frac{D_n}{P} \times 100\% = \frac{2200}{28000} \times 100\% = 7.9\%$$

8.2.3.2 年限总额法

年限总额法是以设备的原始价值 P 减净残值（$S-O$），乘以一个逐年递减的折旧率来计算各年的折旧费。

第 t 年的折旧率 d_{st} 是一个分数，如设备折旧年限为 N 年，分母是设备折旧年限内各年年数的总额，即 $1+2+3+\cdots+N=\dfrac{N(N+1)}{2}$；分子是 $(N-t+1)$，即设备未折旧的年数。第 t 年折旧率：

$$d_{st}=\frac{N-t+1}{\dfrac{N(N+1)}{2}} \tag{8.15}$$

第 t 年折旧费：

$$D_{st}=[P-(S-O)]d_{st} \tag{8.16}$$

例 8.3 某设备原始价值为 22000 元，净残值为 1000 元，折旧年数 6 年。计算其各年折旧率、折旧费。

解 设备年限总额为：$\dfrac{N(N+1)}{2}=\dfrac{6(6+1)}{2}=21$

则设备各年折旧率及折旧额如表 8.1 所示。

表 8.1 年限总额法各年折旧率及折旧费计算表　　　　　　　　　单位：元

年份 t	$P-(S-O)$	折旧率 d_{st}	折旧费 D_{st}
1	$22000-1000=21000$	$(6-1+1)/21=\dfrac{6}{21}$	6000
2	21000	$(6-2+1)/21=\dfrac{5}{21}$	5000
3	21000	$(6-3+1)/21=\dfrac{4}{21}$	4000
4	21000	$(6-4+1)/21=\dfrac{3}{21}$	3000
5	21000	$(6-5+1)/21=\dfrac{2}{21}$	2000
6	21000	$(6-6+1)/21=\dfrac{1}{21}$	1000
合　计		1	21000

8.2.3.3 双倍率余额递减法

双倍率余额递减法所用的折旧率是按直线法折旧率的两倍计算，以此折旧率乘以折余价值求得，这种方法在设备使用年限终了时不能把原始价值完全摊尽，因而到最后两年，将折余价值改用直线法计算折旧费。

按双倍率余额折旧法的折旧率为 $2\times\dfrac{1}{N}$，则第 t 年折旧费：

$$D_{mt}=\frac{2}{N}P\left(1-\frac{2}{N}\right)^{t-1} \tag{8.17}$$

例 8.4 某设备原始价值为 10000 元，使用年限为 5 年，残值为零；试用双倍率余额递减法计算各年折旧费。

解 折旧年数为 5 年，按直线法折旧的折旧率为 $\frac{1}{5}=0.2$；按双倍余额法折旧率为 $0.2\times 2=0.4$。则各年折旧费如表 8.2 所示。

表 8.2 双倍率余额递减法折旧费计算表   单位：元

年份	账面价值	折旧率	折旧费	折余价值	备注
1	10000	0.4	4000	6000	折旧率为直线
2	6000	0.4	2400	3600	法的两倍
3	3600	0.4	1440	2160	
4	2160		1080	1080	余二年平均分摊
5	1080		1080	0	
合　计			10000		

8.2.3.4 年金法

这是一种考虑利息的折旧方法，如每年提取固定折旧费为 D_A（或称年金），设备使用年限为 N，年利率为 i，则每年折旧费为：

$$D_A=(P-S)(A/P,i,N)+Si \tag{8.18}$$

例 8.5 某设备的原始价值为 50000 元，使用 8 年后报废，扣除清理费后的残值为 4000 元，年利率为 6%，试用年金法求各年的折旧费。

解 由式（8.18）可得

$$D_A=(P-S)(A/P,i,N)+Si$$
$$=(50000-4000)(A/P,6\%,8)+4000\times6\%=7646(元)$$

8.3 设备更新的经济分析

8.3.1 设备更新的概念

设备更新是保持社会再生产的正常进行和扩大再生产的必要物质条件，其目的是促进技术进步，在提高经济效益的前提下发展生产。

设备更新从广义上讲，就是补偿因综合磨损而消耗掉的机器设备。包括三个内容：设备修理、设备更换（通常所说的更新）和现代化改装（也称设备改造）。从狭义上讲，设备更新是以结构更加完善、技术更加先进、生产效率更高的新设备去代替物理上不能继续使用，经济上不宜继续使用且又必须退出原生产领域的旧设备。

设备更新的时机，与设备的寿命有密切的关系，也和国家的工业基础，科学技术水平有关。设备寿命是指设备从投入生产开始，经过有形磨损和无形磨损，直到技术上或经济上不宜继续使用，需要进行更新所经历的时间。

由于研究的角度不同，设备的寿命可分为物质寿命、经济寿命、技术寿命和折旧寿命等。

（1）设备的物质寿命　又称为自然寿命，是指设备从全新状态投入生产开始，经过有形磨损，直到技术上、性能上不能按原有用途继续使用为止的时间。

设备的物质寿命与设备的维修保养状态有关，并可通过修理恢复延长设备的物质寿命，但随着设备使用时间的延长，设备不断老化，所支出的使用费用（或维持费用）也就逐渐提高。

（2）设备的经济寿命　设备的经济寿命是指设备的全新状态投入生产开始到年平均使用总费用最低的使用年数。

依靠高额的使用费用来维持设备寿命，一般说来在经济上是不合算的。因此，必须以最低的年平均总费用来确定设备的使用年限。超过这个年限，设备在技术上虽然可以继续使用，但年平均总费用上升，在经济上不宜继续使用。

（3）设备的技术寿命　设备的技术寿命是指设备从开始使用到因技术落后而被淘汰所经历的时间。

设备的技术寿命是由无形磨损决定的，它与技术进步的速度有关，技术进步越快，设备技术寿命越短。往往因为有更先进的设备出现或生产过程对设备的技术性能提出更高要求，现有设备在其物质寿命尚未结束前就被淘汰。

（4）设备的折旧寿命　设备的折旧寿命是指按照国家有关部门规定或企业自行规定的折旧率，按年计算折旧费的累计，等于设备原始价值减残值时所经历的时间。

折旧寿命一般介于技术寿命或经济寿命与物质寿命之间。

8.3.2　设备更新的决策方法

适时地更新设备，既能促进技术进步，加速经济增长，又能节约资源，提高经济效益。现介绍几种设备更新的决策方法。

8.3.2.1　设备原型更新的决策方法

设备的原型更新是指设备在整个使用期内没有更先进的设备出现，仍以原型作更新。即设备在使用过程中，只考虑有形磨损，不考虑无形磨损。在这种情况下，可以通过分析设备的经济寿命进行更新决策。

设备在使用过程中发生的年度总费用是由年资金费用和年经营费用组成。其中，年资金费用等于设备原始价值减去当年残值，按使用年数平均分摊；而年经营费用是由年修理费和年运行费组成。即

$$C = \frac{P-S}{n} + Q \tag{8.19}$$

式中，C 为设备年度总费用；n 为设备使用年数；Q 为设备年经营费用。

下面分别按不同情况讨论设备使用 n 年后的年平均总费用 $C(n)$。

（1）不考虑资金的时间价值　随着设备使用年限的增加，由于有形磨损，年经营费用逐年增加，而年资金费用逐年减少，两者之和为使用 n 年后的年平均总费用。

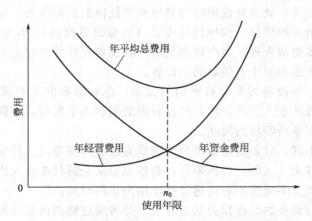

图 8.2　设备年平均总费用与使用年限的函数关系

$$C(n) = \frac{P - S}{n} + \frac{\sum\limits_{t=1}^{n} Q_t}{n} \tag{8.20}$$

式中，Q_t 为第 t 年的经营费用。

设备的年平均总费用 $C(n)$ 与使用年限 n 的函数关系，如图 7.2 所示。

由图 8.2 可知，在第 n_0 年上的年平均总费用最低，n_0 年就是设备的经济寿命，使用年限不到或超过设备的经济寿命，其年平均总费用较高，因此，设备使用到经济寿命年限更新最为经济。

例 8.6 某设备的购入价格 P 为 10000 元，估计可使用 10 年，第 t 年的经营费用 Q_t 和该年残值 S_t 如表 8.3 所示。试计算不同使用年限 n 的年平均总费用 $C(n)$，并求出该设备的经济寿命 n_0，即最佳更新期。

解 以列表法计算，见表 8.3。表中，第②栏年经营费用和第④栏残值是已知的；设备原值为 10000 元。

表 8.3 年平均总费用计算表   单位：元

使用年限	年经营费用	年平均经营费用	年末残值	年平均资金费用	年平均总费用
N	Q_t	$\sum\limits_{t=1}^{n} Q_t / n$	S	$\dfrac{10000 - S}{n}$	$C(n)$
①	②	③	④	⑤	⑥=③+⑤
1	1300	1300	7000	3000	4300
2	1450	1375	5000	2500	3875
3	1600	1450	3500	2167	3617
4	1800	1538	2000	2000	3538
5	2050	1640	1000	1800	3440
6	2350	1758	800	1533	3291
7	2750	1900	600	1343	3243①
8	3100	2050	400	1200	3250
9	3600	2222	200	1089	3311
10	4100	2410	100	990	3400

① 年平均总费用最低。

由表 8.3 可知，该设备的年平均总费用以第 7 年为最低，为 3243 元。当使用年限大于或小于 7 年，年平均总费用均大于 3243 元。所以该设备的最佳更新期为 7 年，即经济寿命 n_0 为 7 年。

（2）经营费用每年递增一个定值 q 设经营费用每年递增 q，则设备的经济寿命可用列表法计算外，也可用解析法求得。

设备第一年的经营费用为 Q，以后逐年增加一个定值 q，第 n 年增加 $(n-1)q$，如图 8.3

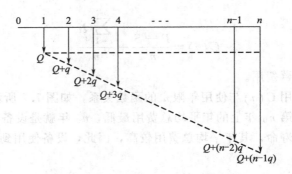

图8.3　经营费用逐年递增一个定值q

所示。

则年经营费用的平均值为$Q+\dfrac{(n-1)}{2}q$，设备的年平均资金费用值为$\dfrac{(P-S)}{n}$，所以，设备的年平均总费用为：

$$C(n)=\frac{(P-S)}{n}+Q+\frac{(n-1)}{2}q \tag{8.21}$$

可用求极值的方法，找出设备的经济寿命，即设备更新的最佳时期。

设残值S为一常数，令$\dfrac{dC(n)}{dn}=0$

则经济寿命为：

$$n_0=\sqrt{\frac{2(P-S)}{q}} \tag{8.22}$$

例8.7　一台新设备，初始投资为8000元，预计残值为800元，经营费用第一年为800元，以后每年增加300元，试计算该设备的经济寿命及最小平均总费用。

解　该设备的经济寿命为：

$$n_0=\sqrt{\frac{2(P-S)}{q}}=\sqrt{\frac{2(8000-800)}{300}}=7(年)$$

将$n_0=7$年代入式（8.21）求得最小年平均总费用为：

$$C(n_0)=\frac{(P-S)}{n_0}+Q+\frac{(n_0-1)}{2}q$$

$$=\frac{(8000-800)}{7}+800+\frac{(7-1)}{2}\times300=2729（元）$$

（3）考虑资金的时间价值　在这种情况下，年费用的平均值不是简单的算术平均，而必须用复利公式按时间调整平均，即先把各年的费用折算成现值，求其总和。然后把这个和再乘上资金回收系数$(A/P,i,n)$，得年值即为年平均总费用。

如前所述，年平均总费用是由两部分组成，即年资金费用和年经营费用。在考虑资金时间价值的条件下，设P为设备的初始投资，S为设备的残值，n为设备的使用年限，Q为设备经营费用的初始值，q为设备经营费用每年增加的定值，i为基准折现率，则年资金费用和年经营费用分别为：

$$年资金费用=(P-S)(A/P,i,n)+Si \tag{8.23}$$

$$年经营费用=Q+q(A_G/G,i,n) \tag{8.24}$$

式中，$(A_G/G,i,n)$为等差序列年值系数。

可得设备年平均总费用 $C(n)$ 计算公式：

$$C(n) = (P - S)(A/P, i, n) + Si + Q + q(A_G/G, i, n) \qquad (8.25)$$

例 8.8 某设备的初始投资为 5000 元，使用年限为 10 年，经营费用的初始值为 500元，以后各年的经营费用每年递增 200 元，残值忽略不计，基准折现率为 6%。试求设备经济寿命。

解 根据式（8.25）得

$$C(n) = (P - S)(A/P, i, n) + Si + Q + q(A_G/G, i, n)$$
$$= 5000(A/P, 6\%, n) + 500 + 200(A_G/G, 6\%, n)$$

当 $n = 7$ 年时

$$C(7) = 5000(A/P, 6\%, 7) + 500 + 200(A_G/G, 6\%, 7) = 1948.4(元)$$

当 $n = 8$ 年时

$$C(8) = 5000(A/P, 6\%, 8) + 500 + 200(A_G/G, 6\%, 8) = 1944(元)$$

当 $n = 9$ 年时

$$C(9) = 5000(A/P, 6\%, 9) + 500 + 200(A_G/G, 6\%, 9) = 1957.6(元)$$

以上计算也可用表格法求得，结果见表 8.4。由于第 8 年设备的年平均总费用最小，故该设备的经济寿命为 8 年。

表 8.4 折现率 6%时的经济寿命计算表　　　　单位：元

使用年限	经营费用				资金费用		年平均总费用
	年经营费用	等差序列年值系数 $(A_G/G, i, n)$	经营费用按年增加部分	年平均经营费用	资金回收系数 $(A/P, i, n)$	年平均资金费用	
①	②	③	④=200×③	⑤=②+③	⑥	⑦=5000×⑥	⑧=⑤+⑦
1	500	0	0	500	1.060	5300	5800
2	500	0.4854	97.1	597	0.5454	2725	3324
3	500	0.9612	192.2	692.2	0.374	1875	2562.7
4	500	1.4272	285.4	785.4	0.2886	1443	2228.4
5	500	1.8836	376.7	876.7	0.2374	1187	2063.7
6	500	2.3304	466.1	966.1	0.2034	1017	1983.1
7	500	2.7676	553.5	1053.5	0.1791	895.5	1949
8	500	3.1952	639.0	1139.0	0.1610	805	1944
9	500	3.6133	722.7	1222.7	0.1470	735	1957.7
10	500	4.0220	804.4	1304.4	0.1359	679.5	1983.9

8.3.2.2 出现新设备条件下的更新决策方法

前面讨论的是设备在使用年限内不发生技术上过时和陈旧，没有更好的新设备出现的情况。在技术不断进步的条件下，由于第 Ⅱ 种无形磨损的作用，很可能在设备经营费用尚未升高到改用原型设备替代之前，就已出现工作效率更高和经济效果更好的设备。这时，就要比较在继续使用旧设备和购置新设备这两种方案中，哪一种方案在经济上更为有利？

在有新型设备出现的情况下，常用的设备更新决策方法有两种：追加投资回收期法和费用年值法。

（1）追加投资回收期　继续使用旧设备，可能面临要进行设备的大修理或现代化改装（设备改造）。在实际分析中可以用追加投资回收期法来判断购置新设备多出的投资是否值得。

在一般情况下，设备大修理、现代化改装与购置新设备的关系为

$$K_r < K_m < K_n$$
$$C_r > C_m > C_n$$
$$Q_r < Q_m < Q_n$$

式中，K_r，K_m，K_n 为设备大修理、现代化改装和购置新设备所需投资；C_r，C_m，C_n 为设备大修理、现代化改装和购置新设备后的年总生产成本；Q_r，Q_m，Q_n 为设备大修理、现代化改装和购置新设备后的年总生产量。

因此在考虑设备更新方案时，可能会出现以下一些情况：

① 当 $\dfrac{K_r}{Q_r} > \dfrac{K_m}{Q_m}$，且 $\dfrac{C_r}{Q_r} > \dfrac{C_m}{Q_m}$ 时，即单位产量所需要的大修理费用比单位产量所需要的现代化改装费要多，且大修理后单位产品成本比现代化改装后的单位产品成本也要高，毫无疑问，大修理是不可取的，应该进行现代化改装。

② 当 $\dfrac{K_r}{Q_r} < \dfrac{K_m}{Q_m}$，且 $\dfrac{C_r}{Q_r} > \dfrac{C_m}{Q_m}$ 时，即单位产量所需要的大修理费用比单位产量所需要的现代化改装费用要少，但大修理后单位产品成本比现代化改装后的单位产品成本要高，则可以用追加投资回收期法进行决策。

$$\Delta T = \frac{\dfrac{K_m}{Q_m} - \dfrac{K_r}{Q_r}}{\dfrac{C_r}{Q_r} - \dfrac{C_m}{Q_m}} \tag{8.26}$$

式中，ΔT 为追加投资回收期。

当 ΔT 小于企业或部门规定的年数，则选择现代化改装方案；否则，选择大修理方案。

③ 当 $\dfrac{K_m}{Q_m} > \dfrac{K_n}{Q_n}$，且 $\dfrac{C_m}{Q_m} > \dfrac{C_n}{Q_n}$ 时，即单位产量所需要的现代化改装费比单位产量所需要的新设备购置费要多，且现代化改装后单位产品成本比使用新设备后的单位产品成本也要高，毫无疑问，现代化改装是不可取的，应该更新设备。

④ 当 $\dfrac{K_m}{Q_m} < \dfrac{K_n}{Q_n}$，且 $\dfrac{C_m}{Q_m} > \dfrac{C_n}{Q_n}$ 时，即单位产量所需要的现代化改装费比单位产量所需要的新设备购置费要少，但是现代化改装后单位产品成本比使用新设备后的单位产品成本要高，同样用追加投资回收期法进行决策。

$$\Delta T = \frac{\dfrac{K_n}{Q_n} - \dfrac{K_m}{Q_m}}{\dfrac{C_m}{Q_m} - \dfrac{C_n}{Q_n}} \tag{8.27}$$

当 ΔT 小于企业或部门规定的年数，则选择更换方案；否则，选择现代化改装方案。

（2）费用年值法　费用年值法是指在考虑资金时间价值条件下，通过分别计算原有旧设备和备选新设备对应于各自的经济寿命期内的不同时点发生的所有费用的等额支付序列的年"平均"费用，并进行比较；如果使用新型设备的费用年值小于继续使用旧设备的费用年值，则应当立即进行更换，否则将继续使用旧设备。

运用费用年值法对出现新型设备条件下的更新决策，要解决两个问题：一是旧设备是否值

得更新；另一个是如果旧设备需要更新，何时更新。分析的具体步骤如下：

① 计算新设备在其经济寿命条件下的费用年值。新设备的费用年值的计算就是将其经济寿命期内所发生的投资和各年的经营费用换算成与其等值的等额支付序列的年值，当然要将设备的残值扣除。

② 计算旧设备在继续使用条件下的费用年值。这时考虑的时间是旧设备还剩余的经济寿命，将其在决策点的设备残值视为设备在那一时点的投资，计算时仍然要扣除无法再使用时的残值。一般情况下，其经营费用是逐年递增的。

③ 新、旧设备费用年值的比较。如果旧设备的费用年值小于新设备的费用年值，就无需更新，继续使用旧设备直至其经济寿命；如果旧设备的费用年值大于新设备的费用年值，就需要进一步判断何时更新。

④ 假设旧设备继续使用 1 年，计算这时的费用年值并与新设备的费用年值比较，如果其值小，则保留并继续使用旧设备，否则淘汰并更新为新设备。

⑤ 当旧设备处于继续保留使用的情况下，计算保留 2 年的费用年值，并与新设备的费用年值进行比较，比较原则同第④步，如此循环直至旧设备被更新淘汰。

例 8.9　某设备目前的净残值为 8000 元，还能继续使用 4 年，保留使用的情况如表 8.5 所示。新设备的原始费用为 35000 元，经济寿命为 10 年，第 10 年年末的净残值为 4000 元，平均年经营费为 500 元，基准折现率为 12%，问旧设备是否需要更换，如需更换，何时更换为宜？

表 8.5　某设备资料表　　　　　　　　　单位：元

保留使用年限	0	1	2	3	4
年末设备净残值	8000	6500	5000	3500	2000
年经营费用	—	3000	4000	5000	6000

解　（1）先判断是否需要更换。

继续使用旧设备的情况

$$AC_O = [8000 - 2000(P/F,12\%,4) + 3000(P/F,12\%,1) + 4000(P/F,12\%,2) + 5000(P/F,12\%,3) + 6000(P/F,12\%,4)](A/P,12\%,4)$$
$$= 6574.23(元)$$

更新设备的情况

$$AC_N = [35000 - 4000(P/F,12\%,10)](A/P,12\%,10) + 500$$
$$= 6466.35(元)$$

由计算可知，$AC_O > CA_N$，所以应该更换旧设备，使用新设备，但什么时候更换更合理，还要通过下面的计算来判断。

（2）判断何时更换为宜。

① 保留 1 年

$$AC_O(1) = [8000 - 6500(P/F,12\%,1) + 3000(P/F,12\%,1)](A/P,12\%,1)$$
$$= 5460(元)$$

由于 $AC_O(1) < AC_N$，则保留使用 1 年是合适的。

② 保留 2 年

$$AC_O(2) = [8000 - 5000(P/F, 12\%, 2) + 3000(P/F, 12\%, 1) +$$
$$4000(P/F, 12\%, 2)](A/P, 12\%, 2)$$
$$= 5846.88(元)$$

由于 $AC_O(2) < AC_N$，则保留使用 2 年是合适的。

③ 保留 3 年

$$AC_O(3) = [8000 - 3500(P/F, 12\%, 3) + 3000(P/F, 12\%, 1) +$$
$$4000(P/F, 12\%, 2) + 5000(P/F, 12\%, 3)](A/P, 12\%, 3)$$
$$= 6218.27(元)$$

由于 $AC_O(3) < AC_N$，则保留使用 3 年是合适的。

$$AC_O(4) = [8000 - 2000(P/F, 12\%, 4) + 3000(P/F, 12\%, 1) + 4000(P/F, 12\%, 2) +$$
$$5000(P/F, 12\%, 3) + 6000(P/F, 12\%, 4)](A/P, 12\%, 4)$$
$$= 6574.23(元)$$

由于 $AC_O(4) > AC_N$，故保留使用 3 年后就应该更换，如果旧设备使用 4 年的话，其年均费用要比使用新设备高。

思考与练习题

8-1　何谓设备的有形磨损、无形磨损，各有何特点？举例说明。

8-2　设备磨损的补偿方式有哪些？

8-3　设备折旧可采用哪几种方法？每种折旧方法的特点是什么？

8-4　影响设备折旧的因素有哪些？

8-5　设备为什么要更新？更新的依据是什么？

8-6　简述设备的 4 种寿命概念。

8-7　若某设备的原始价值为 10000 元，目前需要修理，其修理费用为 4000 元，而该设备此时的再生产价值为 7000 元。试求该设备有形磨损、无形磨损和综合磨损的价值数量、程度和残值。

8-8　一台新设备以 34000 元的价格购进，估计使用年限为 8 年，期末有残值 2500 元，清理费 500 元；试用以下方法求各年折旧费。①使用年限法；②年限总额法；③双倍率余额递减法；④年金法（$i_0 = 10\%$）。

8-9　某设备原始价值为 20000 元，估计可使用 10 年，各年的经营费用和残值为：

使用年限	1	2	3	4	5	6	7	8	9	10
经营费用	2500	2800	3100	3500	4000	4600	5300	6200	7200	9000
残值	16000	13000	10000	8000	6000	4000	3000	2000	1000	0

若不考虑资金的时间价值，试以年平均总费用法求经济寿命。

8-10　某台自制专用设备，投资 10000 元，不计残值；经营费用第 1 年为 5000 元，以后每年递增 1250 元；试求：①不考虑资金时间价值时设备的经济寿命及最小年平均总费用。②若考虑资金时间价值（$i_0 = 10\%$）时，设备的经济寿命及最小年平均总费用。

8-11　某企业希望继续实施某项生产业务 8 年，现有的旧设备可以立即以 5000 元出售。若继续使用旧设备，还可以用 5 年，该设备从现在起预计的残值和设备使用成本如下表。目前市场上出现的新型设备的购置投资为 7500 元，服务期中各年的设备使用成本和年末残值资料如下表。问是否值得更新设备，若要更新，旧设备继续使用几年再更新较经济？设基准折现率为 10%。

项目	旧设备资料					新设备资料							
年限	1	2	3	4	5	1	2	3	4	5	6	7	8
成本	1500	1800	2000	2400	2800	1000	1300	1600	2000	2400	2800	3200	3600
残值	4000	3000	2000	1200	500	4800	4600	4400	4200	4000	3800	3600	3400

本 章 参 考 文 献

[1]　刘晓君 . 技术经济学（第二版）. 北京：科学出版社，2013.
[2]　朱萍 . 资产评估学教程（第四版）. 上海：上海财经大学出版社，2012.
[3]　巩艳芬，李丽萍，许冯军 . 技术经济学 . 吉林：吉林大学出版社，2011.
[4]　陈立文 . 技术经济学概论（第二版）. 北京：机械工程出版社，2013.
[5]　王柏轩 . 技术经济学 . 上海：复旦大学出版社，2010.

第9章 价值工程

价值工程是一门自第二次世界大战以后发展起来的新兴的科学管理技术，是一种谋求最佳技术经济效益的有效方法。它摒弃了单纯从技术方面或者从经济方面去研究效益的做法，从技术和经济结合的角度出发，研究如何提高产品、作业的价值，降低其寿命周期成本以取得更好的经济效果。价值工程虽然起源于材料和替代品的研究，但是它的原理已经扩展到工艺设计、工程建设、生产发展以及组织经营管理等各个领域，现已被公认为是一种相当成熟的技术和管理方法。

本章从介绍价值工程的发展历史和基本原理入手，主要结合产品设计和改造等方面介绍价值工程的工作步骤和方法。

9.1 价值工程概述

9.1.1 价值工程的形成和发展

价值工程（value engineering，VE）是由美国人劳伦斯·戴罗斯·麦尔斯（Lawrence D Miles，1904—1985）于1947年创立的。"二战"期间，美国军事工业发展迅速，由于战争的大量消耗，资源丰富的美国也发生了原材料供应紧张的状况。在通用电气公司负责原材料采购工作的工程师麦尔斯经过研究发现，使用某种原材料的根本目的不在于该材料本身，而在于该材料的功能。在一定条件下，可以找到具有相同功能同时成本更低的另一种材料来替代紧缺的原材料。当时，通用电气公司的汽车装配厂急需一种耐火材料——石棉板，但是这种石棉板不但价格贵而且奇缺。麦尔斯通过调查发现当时美国的消防法规定，为了防止在汽车装配过程中易燃的涂料漏洒在地面上而产生火灾，企业在作业时，地面上必须铺上一层石棉板。麦尔斯发现石棉板的功能一是保持清洁，二是防止火灾。弄清这两个问题后，麦尔斯又提出一个问题："还有没有具有这样功能的其它材料？"根据这种思考，他在市场上找到了一种既满足防火要求、价格低廉又供给充足的防火纸来代替石棉板。经过试用和检验，美国消防部门通过了这一代用材料。于是麦尔斯从研究代用材料开始，把技术设计和经济分析结合起来考虑问题，对功能进行分析和研究，逐渐总结出一套在保证功能的前提下，降低成本的比较完整的科学方法。1947年，麦尔斯以《价值分析程序》为题发表了这套方法，时称为价值分析（value analysis，VA）。1954年美国国防部海军船舶局在麦尔斯的协助下建立起一套正式的价值分析体系，以突出工程含义而改称为价值工程。据统计，美国国防部由于推行价值工程，从1964~1972年，共节约资金10亿美元以上。1977年，美国参议院做出决议，肯定价值工程是节约能源，降低成本的有效方法，号召各部门加以采用。

1955年价值工程传到日本后与全面质量管理相结合，得到了更进一步的发展，成为一套更加成熟的价值分析方法，对于日本经济的高速发展起到了重要的促进作用。1961年，麦尔斯的专著《价值分析的方法》的问世使价值工程在世界范围内产生了巨大影响。

我国于1978年引进并推广价值工程。1984年国家经济委员会将价值工程作为18种现代化管理方法之一在全国推广。1987年10月，国家标准化管理委员会颁布了我国第一个价值工程标准（GB 8223—87）——《价值工程基本术语和一般工作程序》。

9.1.2　价值工程的基本概念

9.1.2.1　价值工程的定义

我国国家标准（GB 8223—87）中对于价值工程是这样定义的："价值工程是通过各相关领域的协作，对所研究对象的功能与费用进行系统分析，不断创新，旨在提高所研究对象价值的思想方法和管理技术"；指出价值工程的对象是"凡为获取功能而发生费用的事物，均可作为价值工程的对象，如产品、工艺、工程、服务或它们的组成部分等"；指明"价值工程的目的是以对象的最低寿命周期成本可靠地实现使用者所需功能，以获取最佳的综合效益"。也就是说，要以最低的费用获得足够的使用功能。

从以上的定义可以看出，价值工程的主要特点是：从使用者的需求出发，对对象进行功能分析；可靠地实现必要功能；着眼于寿命周期成本；致力于实现研究对象价值的创新；有领导、有组织地进行一系列活动。

综上所述，本书将价值工程定义为：价值工程就是以最低的寿命周期成本获得产品或者作业的必要功能，着重于功能分析的有组织的活动。

9.1.2.2　功能的定义

功能是指产品或者作业的用途、功用或者能力等。用户购买产品就是购买产品的某种功能，这正如价值工程的创始人麦尔斯指出的"用户购买产品，不是作为物品的产品，而是作为具有使用功能的产品"。功能是企业根据用户的需要，由设计人员通过产品设计而决定的。价值工程追求的是用户需要的必要功能，这种用户需要的必要功能，是指这一功能距用户的要求不多也不少。因此，只要产品具备用户所需要的各项功能，其结构越简单，成本越低越好。

9.1.2.3　成本的定义

价值工程里的成本指的是寿命周期成本，它指的是从产品设计、生产、销售、使用、维修至报废全过程所消耗的费用。从定义可知，它不仅包括产品设计、生产、销售环节耗费的生产成本，同时还包括使用、维修、报废处理环节耗费的使用成本。对于产品的生产成本，由于它明确地体现在产品的销售价格中，因此容易引起用户的重视。而使用成本是在产品的使用或运行过程中逐渐消耗的能源、材料等方面的费用，用户往往是分散支付，因此容易被用户所忽视。实际上，某些产品比如说电器产品的使用成本要远远地高于生产成本。价值工程就是研究在满足用户需要的前提下，如何实现最低的寿命周期成本。寿命周期成本与生产成本和使用成本三者的关系可用如下公式来表示：

$$C = C_1 + C_2 \tag{9.1}$$

式中，C 为寿命周期成本；C_1 为生产成本；C_2 为使用成本。

对于生产成本来说，它和产品的功能（或质量）成同向变动，也就是说产品的功能越高，性能越完善，投入的费用就越多，它的生产成本就越大。而使用成本和产品的功能成反方向变化，也就是说产品的功能越高，在使用环节就越节约资源，它的使用成本就越小。这样，对于同一种产品而言，寿命周期成本所包含的生产成本和使用成本就存在着一些矛盾。它们之间的关系可用图 9.1 来表示：

由图 9.1 可知，功能值 F^* 对应的是寿命周期成本曲线 C 的最低点，功能值低于或者高于 F^* 均使寿命周期成本增加。寿命周期成本线的最低点反映了最适宜的功能水平和总成本水平，这是一种最优的状态，即产品价值最大。图 9.1 仅仅反映的是产品的寿命周期成本和功能之间的相互关系，在现实中产品寿命周期成本的推导要复杂得多。价值工程要求从整体、综合的角度出发考虑生产成本和使用成本，兼顾用户和生产者的利益，求得社会资源的节约。

9.1.2.4　价值的定义

价值工程中的价值不是从价值构成的角度出发来理解的，它与经济效益的定义是等价的。

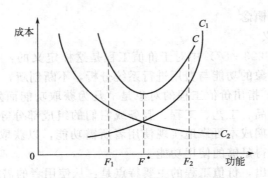

图 9.1　产品成本与功能的变化关系曲线

可定义为评价某一事物与实现它的耗费相比合理程度的尺度，其表现为功能与成本之比：

$$V=\frac{F}{C} \qquad (9.2)$$

式中，V 为价值；F 为功能；C 为成本。

现代的价值观念认为，产品的生产者必须转变自己的立场，从用户的角度分析问题。在考虑产品功能的同时，将实现功能的全部投入（在生产者范围内发生的和在用户范围内发生的）都加以考虑，才能保障产品的功能在整个寿命周期内可靠地实现。

根据价值的计算公式可知，产品或作业的价值和功能成同向变动关系，和成本成反方向变动关系，提高产品价值有 5 种途径：

① 在提高产品功能的同时，降低产品成本　通过这种方法，可使价值大幅度提高，是最理想的提高价值的途径。如某电脑主板生产厂商推出性能更加先进的主板产品，但是其成本较旧型号产品降低 18 元。

② 提高功能，同时保持成本不变　一般人都希望自己所购买的产品性能好、经久耐用，在价格相当的情况下，选择其中质量最佳者。价值工程就是要弥补不足的必要功能，在这过程中，有的费用上升，有的下降，但总费用基本保持不变。

③ 在功能不变的情况下，降低成本　人们都有这样一种心理，当你购买产品时，在产品功能相当时，总是选择价格低廉者。为此可以对已定型的或质量稳定的产品开展价值工程，找出不必要功能，消除过剩功能或采用代用品等来降低成本。

④ 成本稍有增加，同时功能大幅度提高　不少顾客喜欢多功能、新颖、时髦的产品，只要产品的功能稍微标新立异，价钱贵些也欢迎。因此，对某些产品，特别是高档商品应力求新颖特殊，如钟表、服装及其它消费品。

⑤ 功能稍有下降，同时成本大幅度降低　很多用户都讲究经济实惠，只要价钱便宜，质量差些也要购买，许多"处理品"一抢而空就是这种心理。但这种情况只使用于低档产品，特别是一次性处理品，如服务业的毛巾。

其具体形式可用表 9.1 来表示。

9.1.3　价值工程的指导原则和作用

9.1.3.1　价值工程的指导原则

价值工程的创始人麦尔斯在长期实践过程中，总结了一套开展价值工程工作的原则，用于指导价值工程活动。这些原则包括：

① 避免一般化、概念化，要作具体分析；

② 收集一切可用的关于费用的资料；

表 9.1　提高产品价值的 5 种途径

途径	功能(F)	成本(C)	价值(V)
第 1 种途径	↗	↘	↗↗
第 2 种途径	↗	→	↗
第 3 种途径	→	↘	↗
第 4 种途径	↗↗	↗	↗
第 5 种途径	↘	↘↘	↗

③ 使用最可靠的信息；

④ 打破旧框框，进行创新和提高；

⑤ 发挥真正的独创性；

⑥ 找出故障，克服故障；

⑦ 请教有关专家，增长专业知识；

⑧ 对于重要公差要进行加工费用核算；

⑨ 尽量利用专业化方式生产产品；

⑩ 利用和购买专业化工厂的生产技术；

⑪ 采用专门的生产工艺；

⑫ 尽可能采用标准化；

⑬ 以 "如果是我自己的钱，能否这样用？" 作为判断标准。

这 13 条原则中，第 1 条～第 5 条是属于思想方法和精神状态的要求，提出要实事求是、要有创新精神；第 6 条～第 12 条是组织方法和技术方法的要求，提出要重专家、重专业化、重标准化；第 13 条则提出了价值分析的判断标准。这些原则对于改进产品的设计和工艺，提高产品的价值是十分有效的，它们对于改进管理工作或活动，也同样可以借鉴。

9.1.3.2　价值工程的作用

价值工程在企业的生产经营活动中起着十分广泛的作用，不仅能用于改进企业产品性能，降低产品成本，还可以用于改进设备、工具、作业、库存和管理工作等，它的作用具体表现为以下几个方面。

(1) 可以有效地提高经济效益　价值工程以功能分析为核心，通过功能分析，保证必要的功能，剔除不必要的过剩功能、重复功能及无用功能，从而去掉不必要的成本，提高产品的竞争力。

价值工程的巨大作用往往首先在产品重新设计方面充分表现出来。通过适当的重新设计努力，不仅能降低材料成本、劳务成本和工厂制造费用，而且能提高一个公司的产品质量和产品价格，使产品更具有竞争能力。例如，一个灭火设备制造公司生产制造一种用于固定小型灭火器的托架，长期以来一直是用金属制成的，经过对产品重新设计的价值分析活动，这种托架的尺寸缩小，并用塑料取代金属，使公司节省了原托架成本的 50%。

(2) 可延长产品市场寿命周期　产品的市场寿命周期是指一种产品投放市场到被淘汰为止所持续的时间。它有一个从诞生、成长、成熟到衰亡的过程。产品成熟期越长，获利越多。要维持和延长产品的成熟期，改进产品功能是十分重要的。可通过开展价值工程，改进产品式样、结构、品种、质量，提高产品功能，延长产品的市场寿命。

(3) 有利于提高企业管理水平　价值工程活动涉及范围广，贯穿于企业管理各环节。通过开展价值工程活动，可对企业各方面的管理工作起到一个推动作用，促进企业管理水平的提高。

（4）可促进技术与经济相结合，软技术与硬技术相结合　价值工程既要考虑技术问题，又要考虑经济问题。提高产品功能、降低产品成本，既要发挥技术人员智慧，又要发挥材料供销人员、财务、管理人员的智慧。所以，开展价值工程工作，能使以上人员更紧密地结合在一起，共同研究问题，灵活运用各方面的知识和经验，大大促进软技术与硬技术的结合。

9.2　价值工程的工作程序

9.2.1　工作程序回答的问题

开展价值工程活动的实质就是一个发现问题、分析问题和解决问题的过程，主要针对价值工程的研究对象，逐步深入地提出一系列问题，通过回答问题、寻找答案，最终实现问题的解决。

在价值工程活动中，所提出的问题通常包括以下 7 个方面：

① 价值工程的研究对象是什么？
② 它的用途是什么？
③ 它的成本是多少？
④ 它的价值是多少？
⑤ 有无其它方法可以实现同样的功能？
⑥ 新方案的成本是多少？
⑦ 新方案能满足同样的要求吗？

9.2.2　价值工程的工作程序

针对上述提到的这 7 个问题，相应地可以采用不同的价值分析方法，所展开的价值工程的工作程序如表 9.2 所示。

表 9.2　价值工程的工作程序

工作阶段	工作步骤	价值工程提问
准备阶段	(1)对象选择	①它是什么？
	(2)组成价值工程工作小组	
	(3)制订工作计划	
分析阶段	(4)收集整理信息资料	②它的功能是什么？ ③它的成本是什么？
	(5)功能系统分析	
	(6)功能评价	④它的价值是什么？
创新阶段	(7)方案创新	⑤都有哪些方法实现对象功能？
	(8)方案评价	⑥新方案的成本是什么？
	(9)提案编写	
实施阶段	(10)审批	⑦新方案能满足要求吗？
	(11)实施与检查	
	(12)成果鉴定	

从表 9.2 可以看出，价值工程的工作程序可以具体细化为 4 个阶段。

9.2.2.1　准备阶段

（1）对象选择　根据客观需要选择价值工程合适的对象，并明确目标、限制条件和分析范围。

（2）组成价值工程工作小组　根据不同的价值工程对象，确定工作人数，组成工作小组。价值工程工作小组的构成应考虑：

① 工作小组的负责人一般应由能对项目负责的人员担任；

② 工作小组的成员应当是熟悉所研究对象的各有关方面的专业人员；

③ 工作小组的成员应该思想活跃，具有创造精神；

④ 工作小组的成员应该熟悉价值工程；

⑤ 工作小组的成员一般在 10 人左右。

（3）制订工作计划　工作小组应制订具体的工作计划，包括具体执行人，执行日期，工作目标等。

9.2.2.2　分析阶段

（1）收集整理信息资料　由工作小组负责收集整理与对象有关的一切信息资料，收集整理信息资料的工作贯穿于价值工程的全过程。

（2）功能系统分析　通过分析信息资料，用动词和名词的组合简明正确地表述各对象的功能，明确功能特性要求，并绘制功能系统图。

（3）功能评价

① 改进原有对象，需做如下工作：

a. 用某种数量形式表述原有对象各功能的大小；

b. 求出原有对象的各功能目前成本；

c. 依据对功能大小与功能目前成本之间关系的研究，确定应当在哪些功能区域改进原有对象，并确定功能目标成本。

② 创造新对象，应确定功能目标成本，作为创新、设计的评价依据。

9.2.2.3　创新阶段

（1）方案创新　针对应改进的具体目标，依据已建立的功能系统图、功能特性和功能目标成本，通过创造性的思维和活动，提出各种不同的实现功能的方案。

（2）方案评价　从技术、经济和社会等方面评价所提出的各种方案，看其是否能实现规定的目标，然后从中选择最佳方案。

（3）提案编写　将选出的方案及有关的技术经济资料和预测的效益编写成正式的提案。

9.2.2.4　实施阶段

（1）审批　主管部门应对提案组织审查，并由负责人根据审查结果签署是否实施的意见。

（2）实施与检查　根据具体条件及提案内容，制订实施计划，组织实施，并指定专人在实施过程中跟踪检查，记录全过程的有关数据资料。必要时，可再次召集价值工程工作小组提出新的方案。

（3）成果鉴定　根据提案实施后的技术经济效果，进行成果鉴定。

9.3　对象选择与信息收集

9.3.1　对象选择

开展价值工程活动首先要解决的问题就是价值工程的对象是什么。对象的选择过程就是收缩研究范围，明确分析研究的目标，确定主攻方向的过程。不可能把构成产品或作业的所有零部件和环节都作为价值工程的改善对象，为了节约资金，提高效率，只能精选其中一部分来实施价值工程。价值工程对象选择的方法主要包括以下几种。

(1) ABC 分类法 ABC 分类法又称帕累托分析法，是由意大利著名经济学家帕累托 (V. Pareto) 首创的。1879 年，帕累托在研究个人收入的分布状态时，发现少数人占有社会上的绝大多数财富，而绝大多数人只占有少数财富，他将这一关系用图表示出来，就是著名的帕累托图。1951 年，管理学家戴克（H F Dickie）将其应用于库存管理，命名为 ABC 分类法。1951～1956 年，朱兰（Joseph H Juran）将 ABC 分类法引入质量管理，用于质量问题的分析，被称为排列图法。1963 年，德鲁克（P F Drucker）将这一方法推广到全部社会现象，使 ABC 分类法成为企业提高效益的普遍应用的管理方法。

ABC 分类法作为价值工程对象选择的最常用的方法之一，其基本原理是分清主次、轻重，区别关键的少数和次要的多数，将关键的少数作为价值工程的研究对象。其具体做法如下。

① 收集数据。即确定构成某一管理问题的因素，按分析对象和分析内容，收集相应的特征数据。以轿车生产为例，拟对轿车的生产成本进行价值工程分析，则应收集轿车零部件种类、数量和单位成本等数据。

② 计算整理。即对收集的数据进行加工，并按要求进行计算和汇总，包括计算特征数值，特征数值占总计特征数值的百分数，累计百分数；因素项数及其占总因素项数的百分数，累计百分数。

③ 根据一定分类标准，进行 ABC 分类，列出 ABC 分析表。各类因素的划分标准，并无严格规定。习惯上常把主要特征值的累计百分数达 60%～70% 的若干因素称为 A 类，累计百分数在 15%～20% 区间的若干因素称为 B 类，累计百分数在 10% 左右的若干因素称为 C 类。例如，对于某产品进行成本分析时发现，占部件总数 10% 左右的部件其成本占总成本的 60%～70%，则将其定为 A 类部件；占部件总数 20% 左右的部件其成本占总成本的 20%，则将其定为 B 类；占部件总数 70% 左右的部件其成本占总成本的 10%～20%，则将其定为 C 类。

④ 绘制 ABC 分析图。以累计因素百分数为横坐标，累计主要特征值百分数为纵坐标，按 ABC 分析表所列示的对应关系、ABC 分析曲线对应的数据、ABC 分析表确定 A、B、C 三个类别的方法，在图上标明 A、B、C 三类，并连接各点成曲线，即绘制成 ABC 分析图。

表 9.3 列出了某型号小轿车的 ABC 分类，其 ABC 分析图如图 9.2 所示。

(2) 经验分析法 经验分析法，又称为因素分析法。这种方法是组织有经验的人员对已经收集和掌握的信息资料作详细而充分的分析和讨论，在此基础上选择分析对象，因此，它是一种定性分析方法。其优点是简便易行，节省时间；缺点是缺乏定量的数据，不够精确，但是，用于初选阶段是可行的。

运用这种方法选择对象时，可以从设计、生产、销售和成本等方面进行综合分析。任何产品的功能和成本都是由多方面的因素构成的，关键是要找出主要因素，抓住重点。一般具有下列特点的一些产品或零部件可以作为价值分析的重点对象。

① 从设计方面看，对产品结构复杂、性能和技术指标差距大、体积大、重量大的产品进行价值工程活动，可使产品结构、性能、技术水平得到优化，从而提高产品价值。

② 从生产方面看，对量多面广、关键部件、工艺复杂、原材料消耗高和废品率高的产品或零部件，特别是对量多、产值比重大的产品，只要成本下降，所取得的经济效果就大。

③ 从市场销售方面看，选择用户意见多、系统配套差、维修能力低、竞争力差、利润率低的；选择寿命周期较长的；选择市场上畅销但竞争激烈的；选择新产品、新工艺等。

④ 从成本方面看，选择成本高于同类产品、成本比重大的，如材料费、管理费、人工费等。推行价值工程就是要降低成本，以最低的寿命周期成本可靠地实现必要功能。

表 9.3　某型号小轿车成本 ABC 分类计算

序号	零部件名称	项数 (1)	项数累计 (2)	项数累计 百分比 (3)	每项成本 金额/元 (4)	累计金额 /元 (5)	金额累计 百分比 (6)	分类 (7)
1	ABS 总泵	1	1	1.43%	6440	6440	14.23%	
2	发动机电脑	1	2	2.86%	5732	12172	26.90%	
⋮	⋮		⋮				⋮	A 类 7 项
6	气囊电脑	1	6	8.57%	3776	29085	64.27%	
7	后悬挂横梁	1	7	10%	2035	31120	68.77%	
8	压缩机	1	8	11.43%	1116	32236	71.26%	
⋮	⋮		⋮				⋮	B 类 13 项
20	后保险杠梁	1	20	28.57%	473	40623	89.77%	
21	发动机前横梁	1	21	30%	392	41015	90.63%	
22	发动机后横梁	1	22	31.43%	392	41407	91.50%	
⋮	⋮		⋮				⋮	C 类 50 项
70	机油滤芯	1	70	100%	29	45253	100%	

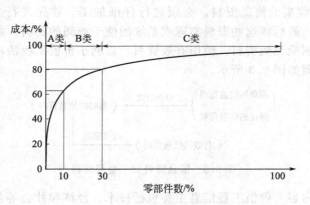

图 9.2　对象选择 ABC 的分析

（3）百分比分析法　百分比法也叫费用比重分析法，它通过分析各个产品的若干个技术经济指标所占百分比的相互关系来选择对象。例如，某厂有 6 种产品，它们的成本和利润的百分比如表 9.4 所示。

表 9.4　产品成本和利润所占的百分比

项目	产品 A	产品 B	产品 C	产品 D	产品 E	产品 F	合计
成本额/万元	170	20	10	50	16	14	280
百分比/%	60.7	7.1%	3.6	17.9	5.7	5	100
利润额/万元	56	8	4	6	10	8	92
百分比/%	60.9	8.7	4.3	6.5	10.9	8.7	100

由表 9.4 可知，D 产品的成本占总成本的 17.9%，而利润只占总利润的 6.5%。因此，应选择 D 产品作为价值工程的对象，找出成本高，利润低的原因，以便采取措施降低成本，增

加利润。

9.3.2 信息收集

一般在选择价值工程对象的同时，就应该收集有关的技术资料及经济信息，为进行功能分析、方案创新和方案评价等准备必要的资料。价值工程信息是指与价值工程有关的记录，有利用价值的报道、消息、见闻、图表、图像、知识等。

（1）信息收集的原则

① 目的性。不同的目标需要不同的信息，对某一目标有用的信息，对其它目标未必有用。因此，收集信息要事先明确收集的目的，不要盲目地碰到什么就收集什么，这样不仅效率低，而且收集的信息也未必有用。

② 完整性。所收集的信息资料必需完整，如果资料不完整、不准确，就很难避免研究问题的片面性，也就不可能进行正确的分析判断。

③ 可靠性。信息是行动和决策的依据，错用不可靠、不准确的信息，不仅达不到预期的效果，还可能导致价值工程的失败。

④ 适时性。信息的时间性很强，只有在需要信息时，提出信息才有价值。因此，在行动决策前或行动过程中，就要掌握所需要的信息，如果在决策行动之后提出信息，信息再多、再可靠也是没有用途的。

⑤ 计划性。任何工作如果没有计划，就很难达到预期的目的。通过编制信息收集计划，可以使收集到的信息随用随到，既可靠又及时，这样才能高效率地开展价值工程工作。

⑥ 加工性。对所收集的信息资料，必须进行仔细加工，首先进行分类，然后进行加工，去粗取精，去伪存真，最后将这些资料整理成系统的便于查阅的资料。收集的资料及信息一般需加以分析、整理，剔除无效资料，使用有效资料，以利于价值工程活动的分析研究。资料加工整理工作的基本步骤如图 9.3 所示。

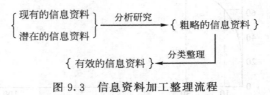

图 9.3 信息资料加工整理流程

（2）信息收集的内容　价值工程信息主要包括技术、经济和社会等多方面的信息，即包括企业内、外部的信息，又包括国内、外的信息。一般应收集以下几方面的资料。

① 使用及销售方面。收集这方面的信息资料是为了充分理解用户对对象产品的期望、要求。例如用户对产品规格、使用环境、使用条件、耐用寿命、价格、性能、可靠性、服务、操作及美观等方面的要求。

② 技术方面。收集这方面的信息资料是为了明确如何进行产品的设计改进才能更好地满足用户的要求，根据用户的要求内容如何进行设计和改造。例如，科技进步方面的有关科研成果、技术发明、专利、新材料、新工艺、新技术、国内外同类产品的发展趋势和技术资料、标准化要求及发展动态等；设计及制造方面的加工工艺、作业方法、使用的设备、工器具、合格品率、废品率、外协件供应者、外协方法等。

③ 成本费用方面。成本是计算价值的必需依据，是功能成本分析的主要内容。实际的产品往往由于设计、生产、经营等方面的原因，其成本存在较大的改善潜力。在广泛占有经济资料（主要是成本资料）的基础上，通过实际成本与标准成本之间的比较、不同企业之间的比较，揭露矛盾，分析差距，降低成本，提高产品价值，这方面的信息资料必不可少。

④ 企业生产经营方面。掌握这方面的资料是为了明白价值工程活动的客观制约条件，使创造出的方案既先进又切实可行。这方面的资料包括企业设计研究能力，加工制造能力，质量保证能力，采购、供应、运输能力，筹措资金的能力。

9.4　功能分析与功能评价

功能分析是价值工程活动的核心，决定着价值工程活动的有效程度。通过对产品的功能和成本的定性和定量分析，确定它们的相互关系，科学地确定产品的必要功能，合理地分配成本，为创造和改善方案提供依据。通过功能分析可以去掉不合理的功能，调整功能间的比值，使产品的功能结构更趋合理，达到用最少的成本去实现必要功能的目的。

功能分析包括功能定义、功能分类和功能整理三方面内容。

9.4.1　功能定义

(1) 功能定义的含义　功能定义是透过产品实物形象，运用简明扼要的语言将隐藏在产品结构背后的本质——功能揭示出来，区别各个产品或者零部件之间的特性，从而从定性的角度解决"它的用途是什么?"这一问题。

功能定义是功能整理的先导性工作，也是进行功能评价的基本条件，因此在进行功能定义时，应该把握住既简明准确，便于测定，又要系统全面，一一对应，只有这样才能满足后续工作的需要。功能定义的过程可如图 9.4 所示。

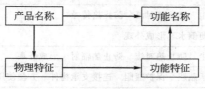

图 9.4　功能定义过程

(2) 功能定义的方法　给功能下定义就要用简明的语言来描述产品的作用，在实践中常用一个动词加一个名词的简单语句给功能下定义。例如，表 9.5 中的主语是需要定义的产品或零件名称，然后用动词和名词表述其功能。

表 9.5　定义功能用语

定义对象	功　　　能	
主语(名词)	谓语(动词)	宾语(名词)
白炽灯	照	明
电动机	提供	动力
石英钟	指示	时间
电磁铁	产生	吸力
水箱	贮	水

用动词和名词表述的功能，应是产品或零件最本质的东西，即效用。在实际工作中，为了不局限于用动词和名词表述现有主语（即产品或零件名称），往往可以撇开"主语"，仅用动词和名词来表示待定主语的功能，以利于创造出新的承担功能的对象。

为便于功能评价，给功能下定义的名词要采用可测定的名词。表 9.6 中的例子说明："电流"、"重量"和"温度"可以用数量测定，而"电"、"桌面"和"凉爽"是不能测定的，不符

表 9.6　定义功能用语的优劣

定义 承担功能的对象	功能定义，不好		功能定义，好	
	动词	名词	动词	名词
电线	导	电	传导	电流
桌腿	支撑	桌面	支撑	重量
电风扇	带来	凉爽	降低	温度

合要求。

功能定义中使用的动词，要有利于发挥创造性，不要使所指的面狭窄而妨碍扩大思路。比如给钻床下定义，要抓住的是它的功能，下了定义后，要撇开现有的承担功能的对象，创造未来的承担功能的对象。因此，给钻床下的定义是"钻孔"，而"打孔"不如"钻孔"好。这样，思考的范围一步一步有所扩大。要记住的是，定义下的好坏，直接与要求达到的目的有关。

给功能下定义要一个一个地进行，有的产品或部件只能实现一种功能，而有的产品或部件则有几种功能，每一种功能都要下定义。显然，多功能的部件好，可使成本降低。一项一项地下定义，可以把存在的问题暴露出来，使设计水平得以提高。例如，塑料保温瓶的功能可定义为各个零部件的功能定义，见表 9.7。

表 9.7　塑料保温瓶零件的功能定义

序号	零件名称	功能定义
1	瓶塞	防尘　防止热对流　防止热传导
2	口圈	方便倒水　形成外观
3	瓶盖	防尘　防止热对流　防止热辐射　形成外观
4	塑料桶	支承瓶胆　保护瓶胆　连接支承构件　方便使用　形成外观
5	提梁	方便使用　形成外观
6	瓶胆	贮水　防止热对流　防止热传导　防止热辐射
7	瓶底	安装底托　保护瓶胆　方便装配　形成外观
8	底托	支承瓶胆底部　减少震动

9.4.2　功能分类

一个产品往往并不是只有一个功能，这些功能的性质及其重要程度是各不相同的，为了识别产品及其零部件的功能性质，需要对功能进行分类，以便改进产品结构，剔除不必要的或过剩的功能而增补不足的功能，或开拓新的功能，以满足用户需要，这是功能分类的目的。可以从不同的角度出发，对功能进行不同的分类。

（1）按功能的重要性分类

① 基本功能。基本功能是产品得以独立存在的基础，是实现设备用途必不可少的功能，是用户购买该设备的目的。一般来说，用户在购买设备时，要对设备提出各种要求，这就构成了设备的总体功能，其中能满足用户基本要求的那一部分功能，就是设备的基本功能。例如：自来水笔的基本功能是写字，矿灯的基本功能是照明，变速箱的基本功能是改变速度，钻床的功能是钻孔等。

② 辅助功能。辅助功能是实现基本功能的手段，是为了有效地实现基本功能而由产品设计者附加上去的功能。它的作用是相对基本功能来说的，是次要的。例如，手表的基本功能是显示时间，但采用什么手段实现这一基本功能？是机械摆动，还是石英振荡；是指针显示，还

是液晶显示；是夜光显示，还是照明显示。再如，变速机构的基本功能是改变速度，在设计时，是采用齿轮变速还是采用皮带变速；是机械变速，还是液压变速。这也是设计者为实现改变速度这一基本功能而附加上去的辅助功能。正因为辅助功能是由设计者附加上去的二次性能，所以，它是可以改变的。对一个系统设计方案来说，辅助功能是必不可少的。但是在不影响基本功能的前提下是可以改变的。由于辅助功能中常常包含不必要功能，而且辅助功能在设备成本中占的比重很大，因此，价值工程的直接目标和工作重点往往针对辅助功能而展开的。

（2）按功能的性质分类

① 使用功能。凡是从设备使用目的方面所提出的各项特性要求都属于使用功能。例如，人们所需要的把新鲜物品冷冻起来无害保存的功能，就是电冰箱的使用功能；工厂所需要的加工零部件的功能，就是机床的使用功能。

② 美学功能。美学功能是指设备外观、形状、色彩、气味、手感和音响等方面的功能，即人们对美的享受功能。例如，人们对钢笔的需求，即要求它使用起来方便、好用，而且又要求它外观漂亮。

一般的消费品都同时有美学功能和使用功能，随着人们需求多样性的提高，越来越多的人注重产品的美学功能，对于一些轻工产品和工艺品更是如此。而对于机器设备和某些建筑用基础材料而言，基本上只看它们的使用功能。至于装在机器内部的零部件或者建筑物内部的管材等，只要求有使用功能，在外观美学上不做过分要求。

（3）按用户要求分类

① 必要功能。必要功能是指产品符合使用者所要求的必须具备的作用或功能，即产品的使用价值。如载重汽车的载重量，羽绒服的保暖功能，台灯的照明功能等。

② 不必要功能。不必要功能是指使用者不需要的功能，即多余的功能。例如，在手表上装上指南针，对于一般人来讲，根本用不上，这就是不必要的功能。在产品中往往包含这种功能，原因一部分是由于设计者没有掌握功能的本质，或者是没有对准用户的要求，主观臆断附加上去的；另一部分则是因为设计不合理而造成的。另外一种不必要功能称之为过剩功能，这种功能是指超过使用者所需要的某种用途或特性值。例如，在设计时，对公差的精度、材料的质量、安全系数等要求过高；或在生产过程中大材小用、优材劣用、整料零用等。

9.4.3　功能整理

（1）功能整理的含义　产品的各个功能之间是相互配合、相互联系的，为实现产品的整体功能发挥各自的作用。各个功能之间存在着并列关系或者上下的位置关系，要通过功能整理予以确定。功能整理是功能分析的第三个重要步骤，它是用系统的观点将已经定义的功能加以系统化，找出各局部功能间的逻辑关系，并用功能系统图的形式表达，以明确产品的功能系统，目的是确认真正要求的功能，发现不必要的功能，确认功能定义的准确性，明确功能领域，从而为功能评价和方案构思提供依据。

（2）功能整理的方法　功能整理就是排列产品的功能系统图。功能系统图是一个完整的产品功能体系，它反映设计者用什么样的设计构思去实现用户的要求，给人一个整体而明确的认识。把功能体系分析为各个功能领域，便于找出改革应从哪一级入手比较恰当。在产品的许多功能之间，存在着上下关系和并列关系。功能的上下关系，是指在一个功能系统中某些功能之间存在着目的和手段关系。如甲功能是乙功能的目的，乙功能是实现甲功能的手段，而乙功能可能又是丙功能的目的，丙功能则是实现乙功能的手段，依此类推。从左到右按每个功能的子功能或下位功能排下去，直到最后列出可以直接提供这种功能的零件。从右到左寻找目的功能。按顺序一直找到产品的基本功能——最上位功能，如图 9.5 所示。

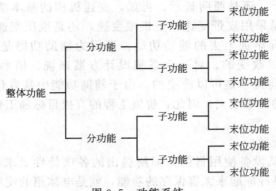

图 9.5　功能系统

目的功能成为上位功能（放在左边），手段功能成为下位功能（放在右边）。上下位功能都是相对的，一个功能对于它的下位功能来说是目的，对它的上位功能来说则是手段。当对一个功能追问"它的目的是什么"时，就可以找到它的上位功能；当追问"它的手段是什么"时，就可以找到它的下位功能。以小型手电筒为例，对于电珠"发光"这一目的，"加热灯丝"则是手段；对于"加热灯丝"这个目的，"通过电流"又是手段。如果称"发光"是上位功能，"加热灯丝"则是下位功能；如果称"加热灯丝"是上位功能，"通过电流"则是下位功能。这种关系可用图 9.6 来表示。

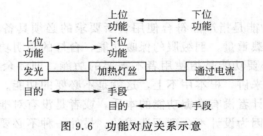

图 9.6　功能对应关系示意

（3）功能整理的步骤

① 编制功能卡片。把产品及构成要素的所有功能定义后，都编制成功能卡片，每一个卡片记载一个功能，卡片的内容和形式如图 9.7 所示。

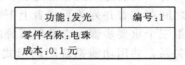

图 9.7　功能卡片

② 把功能分成基本功能和辅助功能。当功能卡片的数量很多时，功能系统图内部之间的关系就比较复杂，为了方便起见，先把基本功能抽出来，连接成功能系统图的主要骨架，然后再连接辅助功能。

③ 通过目的和手段的关系，形成功能系统卡片。从已抽出的基本功能卡片中任意取出一张，通过寻找和提问它的目的功能和手段功能，确认各功能之间的准确位置，然后用同样的方法再把辅助功能连接到基本功能系统中，最终形成功能系统图的卡片图形。

④ 绘制功能系统图。就是把各功能之间的卡片系统图，绘制成文本资料图，并对功能系统图做最后审定。

根据前面对小型手电筒的功能定义和功能整理结果，可以得出小型手电筒的功能系统图。如图 9.8 所示。

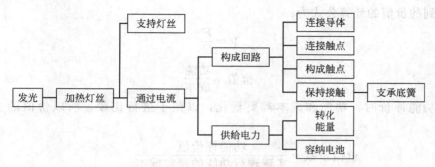

图 9.8　小型手电筒的功能系统图

再以居室的屋顶为例，由于这种产品只有一个部件，因此可将它的不同功能进行整理，将上下位功能关系以一定的顺序排列出来，即形成功能系统图，见图 9.9 所示。

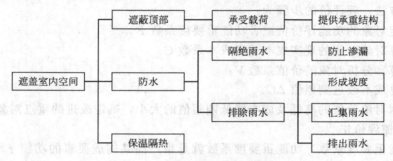

图 9.9　居室屋顶的功能系统

9.4.4　功能分析的作用

（1）经过功能分析，常常可以发现完全可以省掉的不必要的零部件。例如，对某些电气用品和无线电、仪器等产品的零部件进行功能分析时，有时发现有 110～220V 的转换装置。这些产品如果不外销，则在国内已无功能可用，因为我国早已没有用 110V 输电的地区了。

（2）经过功能分析，常常可以找到替代的更便宜的材料制造某些零部件，甚至整个产品，如以塑代钢，生产塑料机械零件，既便宜又耐酸、防锈。用别的材料代替，必须经过功能分析，不然就不知道能否代替得了。

（3）经过功能分析，常常可以改进原有的设计。例如矿工用的矿灯，当了解到它的功能是下矿井时随身带着去照明工作面的时候，就会想到光亮度要高、重量要轻，这样就能指导设计，提高灯的亮度和向轻型、小型发展。

（4）经过功能分析，常常可以启发工艺的改进。例如，当了解到某一部件可不计较外观的时候，有些地方就可以不要求加工得很精细，表面粗糙度值可大一些，这样就可以省掉几道加工工序。

（5）经过功能分析，还常常可以发现某些零部件的制造公差要求太高。例如，某一零部件的功能是为玩具配套用的，它的制造公差当然就可以高得多。

9.4.5　功能评价

功能评价所回答的是"它的成本是多少？"和"它的价值是多少？"的提问，其目的是确定需要改进的功能范围和对象，寻求功能最低的寿命周期成本。功能评价的方法有很多种，但大体上可以分成两大类：一类是绝对值评价法；另一类是相对值评价法。不论是哪种评价方法，它们都有一个共同的特点，即都是以价值系数的大小作为选取价值工程研究对象的依据。

前面提到的价值的计算公式为：

$$V = \frac{F}{C} \tag{9.3}$$

即

$$价值 = \frac{功能}{成本} \tag{9.4}$$

在进行功能评价时，功能和成本都要量化，以便于进行比较。所以价值的公式可以描述为：

$$价值系数 = \frac{功能评价值}{实现现行功能的现实成本} \tag{9.5}$$

还可以描述成：

$$价值系数 = \frac{功能重要度系数}{成本系数} \tag{9.6}$$

无论哪种方法，其评价的步骤为：

第一，确定对象的功能评价值或者功能重要度系数 F；

第二，计算对象功能的现实成本或者成本系数 C；

第三，计算和分析对象的价值系数 V；

第四，计算成本改进期望值 ΔC；

第五，根据对象价值的高低及成本降低期望值的大小，确定改进的重点对象及优先次序。

9.4.5.1　相对值评价法

（1）求功能重要度系数　功能重要度系数就是指产品某构成要素的功能 f_i 与产品总功能 $\sum f_i$ 之比，若用公式表示如下：

$$F_i = \frac{f_i}{\sum f_i} \tag{9.7}$$

功能重要度系数的确定方法很多，但每种确定方法都比较简单。功能重要度系数的估算主要是依靠经验判断，确定产品的各个分功能所占总功能的比重权数。其确定方法有多种，这里主要介绍以下几种形式。

① 直接评分法。由价值分析人员根据自己的相关经验，把 100 分的分值分配给产品的各个分功能，进而求出重要度系数。例如把一种新型的室内吊顶装饰材料矿棉吸声板的功能分成吸声、防火、耐潮、隔热、提供图案、防止变形、方便安装和保护环境等几项，由 10 名价值分析人员（用字母表示）分别进行打分，用直接评分法确定功能重要度系数。见表 9.8。

表 9.8　直接评分表

项目＼人员	A	B	C	D	E	F	G	H	I	J	平均得分	功能重要度系数
吸声	35	27	30	31	24	30	37	33	27	26	30	30％
防火	14	13	10	13	15	12	10	15	12	16	13	13％
耐潮	10	11	12	10	13	12	12	9	13	18	12	12％
隔热	6	4	5	7	3	5	8	4	3	5	5	5％

续表

项目＼人员	A	B	C	D	E	F	G	H	I	J	平均得分	功能重要度系数
提供图案	9	10	13	12	15	10	11	10	10	10	11	11%
防止变形	5	8	7	5	6	7	7	8	4	3	6	6%
方便安装	10	7	8	10	7	9	11	9	5	4	8	8%
保护环境	11	20	15	12	17	15	4	12	26	18	15	15%
合计	100	100	100	100	100	100	100	100	100	100	100	100%

②FD 法。FD（forced decision）法又被称为强制确定法，它包括 0-1 评分法和 0-4 评分法两种。

第一种：0-1 评分法

0-1 评分法是将各功能一一进行对比，重要者得 1 分，不重要的得 0 分；然后，为防止功能重要度系数中出现 0 的情况，用将各项各加 1 分的方法进行修正；最后用修正得分除以总得分即为功能重要度系数。仍以矿棉吸声板为例，可以形成表 9.9 的评分矩阵。

表 9.9　0-1 评分表

项目	吸声	防火	耐潮	隔热	提供图案	防止变形	方便安装	保护环境	累计得分	修正得分	功能重要度系数
吸声	×	1	1	1	1	1	1	1	7	8	8/36＝0.22
防火	0	×	1	1	1	1	1	0	5	6	6/36＝0.17
耐潮	0	0	×	1	1	1	1	0	4	5	5/36＝0.14
隔热	0	0	0	×	0	0	0	0	0	1	1/36＝0.03
提供图案	0	0	0	1	×	1	1	0	3	4	4/36＝0.11
防止变形	0	0	0	1	0	×	0	0	1	2	2/36＝0.06
方便安装	0	0	0	1	0	1	×	0	2	3	3/36＝0.08
保护环境	0	1	1	1	1	1	1	×	6	7	7/36＝0.19
合计									28	36	1.00

第二种：0-4 评分法

0-1 评分法的各功能指标的重要度差别仅为 1 分，拉不开档次，有时候同等重要的功能一个得 1 分，另外一个却得 0 分。为了弥补这一不足，可以采用 0-4 评分法，就是将评价对象的功能一一对比打分时，让得分之和等于 4，其评分矩阵和 0-1 评分法相似，具体参照如下原则进行打分：

a. 非常重要的功能得 4 分，很不重要的功能得 0 分；

b. 比较重要的功能得 3 分，不太重要的功能得 1 分；

c. 两个功能重要程度相同时各得 2 分。

详见表 9.10。

表 9.10 0-4 评分表

项目	吸声	防火	耐潮	隔热	提供图案	防止变形	方便安装	保护环境	累计得分	功能重要度系数
吸声	×	4	4	4	4	4	4	3	27	27/112＝0.24
防火	0	×	2	4	2	4	3	2	17	17/112＝0.15
耐潮	0	2	×	4	2	4	3	2	17	17/112＝0.15
隔热	0	0	0	×	0	2	2	0	4	4/112＝0.04
提供图案	0	2	2	4	×	4	2	2	16	16/112＝0.14
防止变形	0	0	0	2	0	×	2	0	4	4/112＝0.04
方便安装	0	1	1	2	2	2	×	1	9	19/112＝0.08
保护环境	1	2	2	4	2	4	3	×	18	18/112＝0.16
合计									112	1.00

③ DARE 法。DARE（decision alternative ratio evaluation system）法又叫做环比评分法。该方法的特点如下。

a. 按照功能的任意排列顺序，两两逐次对比其重要度，并按前项功能为后项功能重要度的倍数而给前项功能初步打分。

b. 对暂定重要度系数进行修正，把最下面一项功能定为 1，并按反顺序依次修正前面各项功能的得分。

c. 将各功能的修正系数（重要度系数）除以全部功能得分总数，得出功能重要度系数。

继续采用上例中的数据，可得出表 9.11。

表 9.11 环比评分表

功能项目	相互比值	修正比值	功能重要度系数
吸声	1.59	1.49	1.49/6.19＝0.24
防火	1	0.94	0.94/6.19＝0.15
耐潮	4.25	0.94	0.94/6.19＝0.15
隔热	0.25	0.22	0.22/6.19＝0.04
提供图案	4	0.88	0.88/6.19＝0.14
防止变形	0.44	0.22	0.22/6.19＝0.04
方便安装	0.5	0.5	0.5/6.19＝0.08
保护环境	1.00	1.00	1.00/6.19＝0.16
合计		6.19	1.00

这种求算功能重要性系数的方法比 FD 法更合理一些，用较少判断次数即可做出评价，因而采用较多。当比较对象项目较多，使用强制确定法有困难时，用 DARE 法可较快取得结果。

（2）求成本系数 当一个构成要素只承担一个功能时，一般以构成要素的现实成本来计算功能成本系数；若多个构成要素承担一个功能时，就以各构成要素的现实成本合计来计算功能成本系数；若一个构成要素承担多个功能时，则应首先按功能重要程度进行成本分摊，然后再计算功能成本系数。其公式为：

$$某功能成本系数 \ C_i = \frac{某功能现实成本 \ C_i}{所有功能现实成本合计 \sum C_i} \tag{9.8}$$

　　构成要素的现实成本一般包括直接材料费、直接人工费、制造费用和管理费用。前两项费用容易计算，后两项费用应分摊后再进行计算。例如，一个产品有 4 个零部件，共承担 6 种功能，其成本分配如表 9.12 所示。

表 9.12　成本系数计算资料表

零部件		成本在各个功能上的分配值					
名称	成本/元	F_1	F_2	F_3	F_4	F_5	F_6
A	300	100		100			100
B	500		50	150	200		100
C	60				40		20
D	140	50	40			50	
现实成本	C	C_1	C_2	C_3	C_4	C_5	C_6
	1000	150	90	250	240	50	220
成本系数		0.15	0.09	0.25	0.24	0.05	0.22

　　(3) 求价值系数　价值系数是功能重要度系数与成本系数的比值，即 $V_i = \dfrac{F_i}{C_i}$，我们以表 9.12 中的计算结果为基础，可以求出价值系数，在此假设产品各个功能系数已经求得，计算过程如表 9.13 所示。

表 9.13　价值系数表

功能区域	功能重要度系数	现实成本	成本系数	价值系数
F_1	0.19	150	0.15	1.27
F_2	0.21	90	0.09	2.33
F_3	0.25	250	0.25	1
F_4	0.12	240	0.24	0.5
F_5	0.09	50	0.05	1.8
F_6	0.14	220	0.22	0.64
合计	1.00	1000	1.00	

　　(4) 根据价值系数进行分析　从表中可以看出，价值系数的数值不外乎有三种，即：

　　① $V=1$。此时评价对象的功能比重与成本比重大致平衡，合理匹配，可以认为功能的现实成本是比较合理的。

　　② $V<1$。此时评价对象的成本比重大于其功能比重，表明相对于系统内的其它对象而言，目前所占的成本偏高，从而会导致该对象的功能过剩。应将评价对象列为改进对象，改善方向主要是降低现实成本。

　　③ $V>1$。此时评价对象的成本比重小于其功能比重。出现这种结果的原因可能有三种：第一，由于现实成本偏低，不能满足评价对象实现其应具有的功能要求，致使对象功能偏低，这种情况应列为改进对象，改善方向是增加成本；第二，对象目前具有的功能已经超过了其应该具有的水平，也即存在过剩功能，这种情况也应列为改进对象，改善方向是降低功能水平；第三，对象在技术、经济等方面具有某些特征，在客观上存在着功能很重要而需要消耗的成本却很少的情况，这种情况一般就不应列为改进对象。

（5）计算成本改进期望值，并且确定改进的重点对象　计算成本改进期望值首先应确定目标成本，目标成本是指通过功能评价后所要达到的成本期望值。在确定目标成本时考虑了两种情况：

第一种情况是出于竞争的需要，以赶超产品的最低成本为目标成本。将目标成本按功能系数分摊给各功能区域，作为该功能的成本控制指标，从而求出成本降低幅度；

第二种情况是确定预计成本，即根据分析确定改进的具体范围，提出初步改进设想，并估算出成本（即预计成本），然后再按功能系数分摊。

在此结合表 9.12 和表 9.13 所得到的数据，可进一步求出成本改进期望值，具体如表9.14 所示。

表 9.14　功能评价计算表

零部件		功能项目					
名称	成本/元	F_1	F_2	F_3	F_4	F_5	F_6
A	300	100		100			100
B	500		50	150	200		100
C	60				40		20
D	140	50	40			50	
功能重要度系数	1.00	0.19	0.21	0.25	0.12	0.09	0.14
现实成本	C	C_1	C_2	C_3	C_4	C_5	C_6
	1000	150	90	250	240	50	220
成本系数	1.00	0.15	0.09	0.25	0.24	0.05	0.22
按功能重要度系数分配的目标成本	900	171	189	225	108	81	126
价值系数		1.27	2.33	1.00	0.5	1.8	0.64
成本降低幅度	100	−21	−99	25	132	−31	94
成本改进期望值	251	0	0	25	132	0	94

表 9.14 中成本降低幅度有两种情况，即正值和负值。若降低幅度为负值，说明现实成本低于分摊的目标成本，如果需要可增加一些成本。降低幅度出现负值有三种可能性：一是功能重要度系数确定过高，存在有过剩功能。这就需要先调整功能重要度系数，剔除过剩功能，再确定分摊的目标成本；二是现实成本确定过低，保证不了必要功能的实现。这时就应增加现实成本，以保证实现必要功能；三是确属本功能区域的技术水平较高，用较低的现实成本实现了重要性很高的功能，这时就可以用现实成本作为分摊的目标成本。

从表 9.14 所得的数据可以看到，功能 F_4 和 F_6 的价值系数小于 1，同时其成本改进期望值都大于 0，因此应该把功能 F_4 和 F_6 作为重点改进的对象。

9.4.5.2　绝对值评价法

（1）确定对象的功能评价值 F　功能评价值指的是实现用户要求的必要功能的最低成本，它是一个理论上的数值，实际上很难精确，通常可以采用以下两种方法来近似地求出。

① 最低成本法。最低成本法指的是收集具有先进水平的同行业、同类产品的成本信息，从中找出实现此功能的最低费用作为功能的功能评价值。相关信息的获得可以采用市场调查的方法。将收集到的同类产品的功能和成本指标画在同一个坐标系里，如图 9.10 所示。横坐标表示产品的功能完好度，可由产品的技术性能指标评价得出，纵坐标表示实现各种功能所对应的成本。即使是同类企业，不同厂家的产品成本也是不同的，将各个厂家的最低成本进行连

线，称之为最低成本线。确定要分析对象的功能完好程度 F^*，找出与其相交对应的成本 C^*，就是要求得的功能评价值。

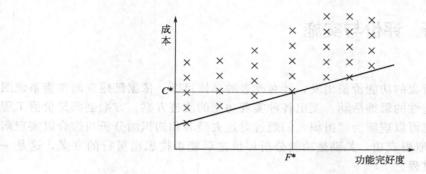

图 9.10　最低成本曲线

② 目标利润确定法。目标利润法是按企业的目标利润来确定某种产品的目标成本，进而得出产品的功能评价值。其计算公式表示为：

$$功能评价值＝目标成本＝产品售价－（目标利润＋销售费用＋税收） \qquad (9.9)$$

（2）求功能现实成本 C　现实成本计算的方式与前面所讲的相同，请见表 9.12。

（3）计算价值系数和成本改进期望值　仍然采用相对值评价法中所使用的例题数据，可得到如表 9.15 所示的数据。

表 9.15　绝对值评价法的功能评价表

零部件		功能项目					
名称	成本/元	F_1	F_2	F_3	F_4	F_5	F_6
A	300	100		100			100
B	500		50	150	200		100
C	60				40		20
D	140	50	40			50	
现实成本（C）	C	C_1	C_2	C_3	C_4	C_5	C_6
	1000	150	90	250	240	50	220
功能重要度系数	1.00	0.19	0.21	0.25	0.12	0.09	0.14
按功能重要度系数分配的功能评价值（F）	900	171	189	225	108	81	126
价值系数（V＝F/C）		1.14	2.10	0.90	0.45	1.62	0.57
成本降低幅度	100	−21	−99	25	132	−31	94
成本改进期望值	251	0	0	25	132	0	94

（4）对价值系数进行分析

① $V=1$。即功能评价值等于功能现实成本，这表明评价对象的功能现实成本与实现功能所必需的最低成本大致相当。此时评价对象的价值为最佳，一般无需改进。

② $V<1$。即功能现实成本大于功能评价值。表明评价对象的现实成本偏高，而功能要求不高，这时一种可能是由于存在着过剩的功能，另一种可能是功能虽无过剩，但实现功能的条件或方法不佳，以致使实现功能的成本大于功能的实际需要。这两种情况都应列入功能改进的范围，并且以剔除过剩功能及降低现实成本为改进方向，使成本与功能比例趋于合理。

③ $V>1$。说明该部件功能比较重要，但分配的成本较少，即功能现实成本低于功能评价

值。此时应进行具体分析，功能与成本的分配可能已较理想，或者有不必要的功能，或者应该提高成本。

9.5 方案的创新、评价与实施

9.5.1 方案创新

方案创新是从提高对象的功能价值出发，针对改进的具体目标，依据已建立的功能系统图和功能评价值，通过创造性的思维活动，提出各种实现功能的改进方案。方案创新是价值工程活动成败的关键。创新也可以理解为"组织人们通过对过去经验和知识的分析与综合以实现新的功能"。价值工程能否取得成功，关键是功能分析评价之后能否构思出可行的方案，这是一个创造、突破、精制的过程。

9.5.1.1 方案创新的原则

① 提倡解放思想，勇于创新。
② 提倡言无不尽，力争多提方案。
③ 提倡群策群力，力争发挥各种专业人才的特长。
④ 提倡以功能为核心，力争从功能出发来考虑问题。

9.5.1.2 方案创新的方法

方案创新的方法很多，其共同特征是充分发挥参与者的创造力，采用定性分析为主。主要包括以下几种方法。

(1) 头脑风暴法 头脑风暴（brain storming）法的发明者是现代创造学的创始人、美国学者阿历克斯·奥斯本（Alex Osborn）。奥斯本 1938 年首次提出头脑风暴法，头脑风暴原指精神病患者头脑中短时间出现的思维紊乱现象，病人会产生大量的胡思乱想。奥斯本借用这个概念来比喻思维高度活跃，打破常规思维方式而产生大量创造性设想的状况。头脑风暴的特点是让与会者敞开思想，使各种设想在相互碰撞中激起脑海的创造性风暴。其可分为直接头脑风暴和质疑头脑风暴法。前者是在专家群体决策基础上尽可能激发创造性，产生尽可能多的设想的方法，后者则是对前者提出的设想和方案逐一质疑，发现其现实可行性的方法。

头脑风暴法力图通过一定的讨论程序与规则来保证创造性讨论的有效性，由此，讨论程序构成了头脑风暴法能否有效实施的关键因素。从程序来说，组织头脑风暴法关键在于以下几个环节。

① 确定议题。一个好的头脑风暴法从对问题的准确阐明开始。因此，必须在会前确定一个目标，使与会者明确通过这次会议需要解决什么问题，同时不要限制可能的解决方案的范围。一般而言，比较具体的议题能使与会者较快产生设想，主持人也较容易掌握；比较抽象和宏观的议题引发设想的时间较长，但设想的创造性也可能较强。

② 会前准备。为了使头脑风暴畅谈会的效率较高，效果较好，可在会前做一点准备工作。如收集一些资料预先给大家参考，以便与会者了解与议题有关的背景材料和外界动态。就参与者而言，在开会之前，对于要解决的问题一定要有所了解。会场可作适当布置，座位排成圆环形的环境往往比教室式的环境更为有利。此外，在头脑风暴会正式开始前还可以出一些创造力测验题供大家思考，以便活跃气氛，促进思维。

③ 确定人选。一般以 8~12 人为宜，也可略有增减（5~15 人）。与会者人数太少不利于交流信息，激发思维；而人数太多则不容易掌握，并且每个人发言的机会相对减少，也会影响会场气氛。只有在特殊情况下，与会者的人数可不受上述限制。

④ 明确分工。要推定一名主持人，1~2 名记录员（秘书）。主持人的作用是在头脑风暴

畅谈会开始时重申讨论的议题和纪律，在会议进程中启发引导，掌握进程。如通报会议进展情况，归纳某些发言的核心内容，提出自己的设想，活跃会场气氛，或者让大家静下来认真思索片刻再组织下一个发言高潮等。记录员应将与会者的所有设想都及时编号，简要记录，最好写在黑板等醒目处，让与会者能够看清。记录员也应随时提出自己的设想，切忌持旁观态度。

⑤ 规定纪律。根据头脑风暴法的原则，可规定几条纪律，要求与会者遵守。如要集中注意力积极投入，不消极旁观；不要私下议论，以免影响他人的思考；发言要针对目标，开门见山，不要客套，也不必做过多的解释；与会之间相互尊重，平等相待，切忌相互褒贬等等。

⑥ 掌握时间。会议时间由主持人掌握，不宜在会前定死。一般来说，以几十分钟为宜。时间太短与会者难以畅所欲言，太长则容易产生疲劳感，影响会议效果。经验表明，创造性较强的设想一般要在会议开始 10～15 分钟后逐渐产生。会议时间最好安排在 30～45 分钟之间。若需要更长时间，就应把议题分解成几个小问题分别进行专题讨论。

(2) 哥顿法　哥顿（Gordon）法又称为模糊目标法，这是美国人哥顿在 1964 年提出的方法。这种方法与头脑风暴法相似，把要研究的问题适当抽象，以利于开阔思路。会议主持者并不把要解决的问题全部摊开，只把问题抽象地介绍给大家，要求海阔天空地提出各种设想。例如要研究一种新型割稻机，则只提出如何把东西割断和分开，大家围绕这一问题提方案。会议主持者要善于引导，步步深入，等到适当时机，再把问题讲明，会议主持者将决策的具体问题展示给小组成员，使小组成员的讨论进一步深化，最后由决策者吸收讨论结果进行决策。

(3) 德尔菲法　德尔菲（Delphi）法是在 20 世纪 60 年代由美国兰德（Rand）公司首先使用的一种特殊的策划方法。德尔菲是古希腊的一座城市，因阿波罗神殿而驰名，由于在希腊神话中太阳神阿波罗有着高超的预测未来的能力，故德尔菲成了预测、策划的代名词。

德尔菲法隐去了参与方案创造的各成员的身份，使每个人的重要性都相同，采用函询的方式或电话、网络的方式，反复咨询专家们的建议，然后由策划人做出统计。如果结果不趋向一致，那么就再征询专家，直至得出比较统一的方案。这种方法的优点是：专家们互不见面，不会产生权威压力，因此，可以自由地充分地发表自己的意见，从而得出比较客观的策划案。

运用这种方法时，要求专家具备方案创造主题相关的专业知识，熟悉市场的情况，精通方案创造的业务操作。专家的意见得出结果后，组织人员需要对结果进行统计处理。

德尔菲法的一般工作程序如下。

① 确定调查目的，拟订调查提纲。首先必须确定目标，拟订出要求专家回答问题的详细提纲，并同时向专家提供有关背景材料，包括预测目的、期限、调查表填写方法及其它希望要求等说明。

② 选择一批熟悉本方案问题的专家，一般至少为 20 人左右，包括理论和实践等各方面专家。

③ 以通信方式向各位选定专家发出调查表，征询意见。

④ 对返回的意见进行归纳综合、定量统计分析后再寄给有关专家，如此往复，经过三、四轮意见比较集中后进行数据处理，综合得出结果。每一轮时间约 7～10 天，总共约一个月左右即可得到大致结果，时间过短专家很忙难于反馈，时间过长则外界干扰因素增多，影响方案的可行性。

这种方法的优点主要是简便易行，具有一定科学性和实用性，可以避免会议讨论时产生的惧权威随声附和，或固执已见，或因顾虑情面不愿与他人意见冲突等弊端；同时也可使大家发表的意见较快收敛，参加者也易接受结论，具有一定程度综合意见的客观性。但缺点是由于专家的时间紧，回答往往比较草率，同时由于方案的创新主要依靠专家，因此归根到底仍属专家们的集体主观意见。

9.5.2 方案评价与实施

9.5.2.1 方案的评价

对方案创新阶段所提出的各种方案进行分析、比较、论证、选优的过程称为方案评价。

对方案进行评价时都应包括技术评价、经济评价和社会评价三个方面。技术评价主要评价方案能否实现所要求的功能，以及方案本身在技术上是否能实现；经济评价是对方案实施的经济效果的大小进行分析和评价；社会评价是对方案给国家和社会带来的影响，如对环境、生态和国民经济的影响等进行的分析和评价。

方案评价又包括概略评价和详细评价两个阶段。概略评价是对方案创新阶段提出的各个方案进行粗略评价，目的是淘汰明显不可行的方案，筛选出价值较高的方案，供详细评价时做进一步的分析。详细评价是在概略评价的基础上，从技术、经济、社会三个方面进行详尽的评价分析，为提案编写和审批提供依据（见图 9.11）。

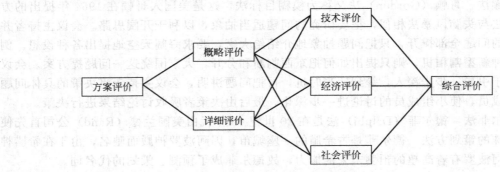

图 9.11　方案评价示意

（1）方案的概略评价　是对创造阶段所得到的众多的方案和设想，进行粗的分析、对比和筛选。由于方案的概略评价只是粗略地筛选，因而一般只进行定性的分析即可。进行方案的概略评价通常采用评价表方式。即将所有方案按任意顺序编号，列入表中；然后对每一方案根据现有资料分别从技术、经济和社会效果等方面逐一进行分析。如果方案可行，则用"○"表示；如果方案不可行，则用"×"表示；如果目前尚不能确定是否可行，则用"△"表示。具体请见表 9.16。

表 9.16　初选方案的概略评价表

初选方案	方案的概略评价				结论
	技术评价	经济评价	社会评价	综合评价	
方案 1	○	○	○	○	采纳
方案 2	×	△	△	×	舍弃
方案 3	○	△	○	○	保留
方案 4	×	○	○	×	舍弃
方案 5	×	○	×	△	舍弃
方案 6	○	△	○	×	保留
……	……	……	……	……	……

（2）方案的详细评价　需要对方案从技术、经济、社会效果等方面进行深入细致的分析，从而最终确定出价值最高的方案。与概略评价相比，详细评价无论从方法还是从内容上都比较复杂，因为详细评价必须提供详尽而有说服力的数据。

　　方案的技术评价主要是根据用户对产品功能的要求，对反映产品性能的诸方面指标逐一进行分析评定。技术评价的内容包括方案的各种特性参数、方案的可靠性、适用性、安全性、可保养性、外观及系统的协调性等。

　　方案经济评价的内容包括方案的成本及方案的经济效益。方案的经济评价包括费用的节省、对企业或公众产生的效益、产品的市场销路以及能保持盈利的年限。

　　方案的社会评价，主要是考虑方案的实施将给社会带来的影响。社会评价是指产品大量投产后将对社会产生的影响，诸如污染、噪声、能源的耗费等。包括：是否符合国家有关的法律政策？是否对环境造成污染？是否影响国家和社会的协调发展？是否有利于巩固国防？对人们的心理、意识形态等有何影响？以及与国家和地区的发展规划是否一致等。

　　（3）综合评价　主要是对方案的综合效果做出整体评价。虽然综合评价的内容未超过技术评价、经济评价和社会评价所包含的指标，但它不是孤立地从某一方面进行研究，而是对各方面的指标进行综合考虑和评价。目前综合评价的方法有很多种，主要有以下几种。

　　① 优缺点列举法。把每一个方案在技术上、经济上的优缺点详细列出，进行综合分析，并对优缺点作进一步调查，用淘汰法逐步缩小考虑范围，从范围不断缩小的过程中找出最后的结论。

　　② 直接打分法。根据各种方案能够达到各项功能要求的程度，按 10 分制打分，然后计算出每个方案达到功能要求的总分。比较各方案总分，做出采纳、保留、舍弃的决定，确定最优的方案。例如某种机电产品的设计有 5 种新方案，现在根据这 5 个新方案对功能的满足程度，分别对各个技术因素进行打分，其结果可表示为表 9.17。

表 9.17　直接打分表

方案	各项技术因素得分						合计	选择方案
	重量	可靠性	适用性	安全性	保养性	外观		
A	8	9	10	10	9	7	53	采纳
B	9	8	6	9	10	9	51	保留
C	7	9	8	9	8	9	50	保留
D	4	7	10	7	8	7	42	舍弃
E	7	8	7	6	6	6	40	舍弃

　　③ 加权打分法（矩阵评分法）。是将各种因素根据要求的不同进行加权计算，权数大小应根据它在产品中所处的地位而定，算出综合分数，选择最优方案。仍然采用上题中的案例，可以用表 9.18 来表示：

表 9.18　加权打分表

方案	各项技术因素得分（加权后）						合计	选择方案
	重量 5％	可靠性 40％	适用性 10％	安全性 30％	保养性 10％	外观 5％		
A	8	9	10	10	9	7	9.25	采纳
B	9	8	6	9	10	9	8.4	保留
C	7	9	8	9	8	9	8.7	保留
D	4	7	10	7	8	7	7.25	舍弃
E	7	8	7	6	6	6	6.95	舍弃

④ 理想系数法。这种方法先对每种方案在各项功能指标上进行评分，并按下面公式计算功能满足系数 X。

$$X = \frac{\sum P_i}{n P_{max}} \tag{9.10}$$

式中，P_i 为各方案满足功能 i 的分数；P_{max} 为满足功能的最高得分；n 为需要满足的功能数。

首先，可以邀请有经验的专家来评分，评分标准可按表 9.19 而定。

表 9.19　评分标准表

方案接近理想程度	给分值	方案接近理想程度	给分值
很好的方案	4	勉强过得去的方案	1
好的方案	3	不能满足要求的方案	0
过得去的方案	2		

然后再按照表 9.20 格式进行功能满足系数 X 的计算。例如，仍然采用上面的案例，得出的结果如下。

表 9.20　功能满意度系数的计算

技术功能目标	方案 A	方案 B	方案 C	方案 D	方案 E	理想方案
重量	3	4	3	1	3	4
可靠性	4	3	4	3	3	4
适用性	4	2	3	4	3	4
安全性	4	4	4	3	2	4
保养性	4	4	3	3	2	4
外观	3	4	4	3	2	4
$\sum P_i$	22	21	21	17	15	24
X	$X_A = 0.92$	$X_B = 0.88$	$X_C = 0.88$	$X_D = 0.71$	$X_E = 0.63$	$X = 1$

接下来对各方案的经济性进行评价，计算经济满意度系数 Y：

$$Y = \frac{C^* - C}{C^*} \tag{9.11}$$

式中，C^* 为理想成本；C 为新方案的预计成本。

理想成本的确定，可以将老产品原成本作为基数来进行计算。如本例中假设老产品的原成本为 1406 元/件，A、B、C 方案的预算成本见表 9.21。

表 9.21　经济满意度系数的计算

方案名称	新方案预计成本 C/元	理想成本 C^*/元	经济满意度系数 Y
A	1230	1406	0.13
B	1351	1406	0.04
C	1187	1406	0.16
D	1374	1406	0.02
E	1298	1406	0.08

最后对方案进行综合评价，即根据方案的功能满足系数 X 和经济满意度系数 Y 计算方案的理想系数 K：

$$K = \sqrt{XY} \tag{9.12}$$

理想系数就是综合衡量方案在功能和成本两方面距离理想状况的程度。当 $K=1$ 时，方案完全理想；若 $K=0$，方案完全不理想；一般 $0<K<1$，在众多方案中选择 K 值最高的方案为选定方案。计算见表 9.22 所示。

表 9.22　理想系数的计算

方案名称	功能满意度 X	经济满意度 Y	理想系数 K
A	0.92	0.13	0.35
B	0.88	0.04	0.19
C	0.88	0.16	0.38
D	0.71	0.02	0.12
E	0.63	0.08	0.22

从表 9.22 可知，C 方案的理想系数最高，所以应该选择 C 方案为最佳方案。

9.5.2.2　方案的提案

选出的最优方案在上报审批之前需要进行试验。具体包括如下内容。

① 试验方案：设备、材料、日期、负责人以及试验结果的评价标准的确定；

② 试验；

③ 对试验结果进行汇总、整理、比较、评价，形成试验报告；

④ 试验通过，可以正式提案。

在提案中，要明确原产品的技术经济指标、用户要求、主要问题、拟达到的目标。同时，还要汇总附上产品功能分析，改进对象的目标和依据，改进前后的试验数据和图纸，改进后的预计成本、预计效益等，一并上报请决策部门审查批准，经批准后列入实施计划。

9.5.2.3　方案实施成果评价

在方案实施过程中，应该对方案的实施情况进行检查，发现问题及时解决。方案实施完成后，要进行总结评价和验收。

（1）企业经济效益评价　可以根据需要计算方案实施后劳动生产率、材料消耗、能源消耗、资金利用、设备利用、产量品种发展、利润、市场占有率等指标值。此外，要进行以下经济效益指标的计算。

① 全年净节约额

$$全年净节约额 = （改进前的单位成本 - 改进后的单位成本）\times 年产量 -$$
$$价值工程活动费用的年度分摊额 \tag{9.13}$$

② 节约百分比

$$节约百分比 = \frac{改进前的单位成本 - 改进后的单位成本}{改进前的单位成本} \times 100\% \tag{9.14}$$

③ 节约倍数

$$节约倍数 = \frac{全年净节约额}{价值工程活动经费} \tag{9.15}$$

④ 价值工程活动单位时间节约数

$$价值工程活动单位时间节约数 = \frac{全年净节约额}{价值工程活动持续时间} \tag{9.16}$$

（2）方案实施的社会效果评价　方案实施的社会效果评价包括是否填补国内外科学技术或产品品种的空白，是否满足国家经济发展或国防建设的重点需要，是否节约了贵重稀缺物资材料，是否节约了能源消耗，是否降低了用户购买成本或其它使用成本，以及是否防止或减少了污染公害等。

最优方案实施过程中，还会有这样那样的问题，对实施情况进行检查，随时发现问题，解决问题，使其更加完善和能顺利地进行。

思考与练习题

9-1　什么是价值工程？价值工程中的价值含义是什么？

9-2　什么是寿命周期和寿命周期成本？

9-3　什么是功能？功能如何分类？

9-4　提高价值有哪些途径？

9-5　ABC分类法选择分析对象的基本思路和步骤是什么？

9-6　什么是功能定义？怎样进行功能定义？

9-7　什么是功能整理？怎样绘制功能系统图？将你熟悉的某种生活日用品及其组成部分进行功能分析，并绘出功能系统图。

9-8　什么是功能评价？怎样根据功能评价结果选择价值工程的改进对象？

9-9　方案的创新有哪些方法？如何进行方案评价？

9-10　已知某种产品有A、B、C、D、E、F、G七个零件，其重要程度从小到大的顺序为B、C、A、D、E、F、G。请采用强制确定法（0-1法）确定各零件的功能重要度系数。

9-11　某产品有A、B、C、D、E、F六个功能，A功能的重要程度为B的3倍，B为C的1.5倍，C为D的0.5倍，D为E的2倍，E为F的1.5倍。

（1）采用环比评分法确定各零件的功能重要度系数。

（2）当它们的现实成本依次为：A为40元；B为10元；C为10元；D为15元；E为15元；F为20元时，计算目标成本为80元时的成本改进期望值。

9-12　某设备更新改造决策，有大修理、技术改造和更新三个方案选优，各方案的费用分别为85000元、124000元、390000元，各方案的功能得分及重要度系数见表9.23所示。

表 9.23　方案的功能评分表

方案功能	方案功能得分			方案各功能重要度权数
	大修理	更新	技术改造	
F_1	6	10	9	0.33
F_2	5	9	10	0.30
F_3	8	10	9	0.15
F_4	6	9	8	0.07
F_5	5	6	7	0.05
F_6	6	9	7	0.05
F_7	7	8	10	0.05

请利用加权评分法来对方案进行评价。

本 章 参 考 文 献

[1]　为民，付晓灵．工程经济学（第二版）．北京：北京大学出版社，2012.

[2]　魏法杰，王玉灵，郑筠．工程经济学（第二版）．北京：电子工业出版社，2013.

[3]　孙继德．建设项目的价值工程（第二版）．北京：中国建筑工业出版社，2011.

[4]　国家标准局．价值工程基本术语和一般工作程序．中华人民共和国国家标准（GB 223—87）.

[5]　鹿雁慧，王铁，宋晓惠．工程经济学（第二版）．北京：北京理工大学出版社，2013.

[6]　杜葵．工程经济学（第三版）．重庆：重庆大学出版社，2011.

第 10 章　技　术　创　新

目前，中国要进行创新型国家建设，面临从世界制造中心向创造中心的转型，技术经济学面临的一项重要任务是：从应用的角度，研究我国技术创新的规律及其与经济发展之间的关系，探索如何建立和健全技术创新机制，为制定相关经济政策和技术政策提供理论依据，从而发挥学科特点和优势，探讨中国的技术发展与技术创新之路。国务院发展中心技术经济部确定了 7 方面的主要研究领域，其中技术创新首当其冲。中国技术经济学会出版的《技术经济学学科发展报告（2011—2012）》中，也将创新管理作为技术经济学学科 5 个重要研究领域之一。因此，本章将介绍技术创新。

10.1　技术创新概述

10.1.1　技术创新的概念

经济学范畴中的"创新"概念最早由美籍奥地利经济学家熊彼特在 1912 年出版的《经济发展理论》一书中提出，并形成最初的"创新"理论。1939 年和 1942 年熊彼特又分别出版了《经济周期》和《资本主义、社会主义和民主主义》两部专著，对创新理论加以补充完善，逐渐形成了以创新理论为基础的独特的创新经济学理论体系。在其后的研究中，熊彼特的创新经济学理论衍生出西方经济学的两个重要分支——以技术变革和技术经济推广为对象的"技术创新"（technology innovation）经济学和以制度变革和形成为对象的"制度创新"经济学。历经100 多年，众多学者对技术创新问题进行了大量研究，形成了许多有特色的理论。

但是，由于存在假设和理论基础上的差异，以及技术创新过程自身的复杂性，在技术创新的概念上，目前尚未形成严格、统一的定义。不同学者从不同角度对技术创新进行了理解和解释，总体上可以区分出两种极端的观点：一种是把技术创新看作是纯粹的技术行为，将技术创新等同于生产过程中的产品创新或工艺创新，对创新成果在市场上的应用较少考虑或不予考虑，如经济合作与发展组织（OECD）在 1992 年的《技术创新统计手册》中指出：技术创新包括新产品和新工艺，以及产品和工艺的显著的技术变化；另一种观点将技术创新看作是纯粹的经济行为，关注技术的应用，即面向价值转化与实现的应用创新，如熊彼特认为：创新属于经济范畴而非技术范畴，它不仅指科学技术上的发明创造，更是指把已发明的科学技术引入企业之中，形成一种新的生产能力。

目前学术界主流的观点倾向于将两者结合，认为对技术创新的认识，无论是只强调技术，还是只强调经济，都是不全面的。本书选取一些有代表性的定义，列举如下。

① 美国经济学家曼斯菲尔德认为：一项发明，当它被首次应用时，可以称之为技术创新。

② 英国科技政策研究专家、OECD 经济顾问克里斯托夫·弗里曼教授认为：技术创新是指第一次引进某项新产品、新工艺的过程，包含技术、设计、生产、财政、管理和市场活动等诸多步骤。

③ 我国"技术经济和创新管理学科奠基人"之一、清华大学经管学院的傅家骥教授认为：技术创新是技术变为商品并在市场上销售得以实现其价值，从而获得经济效益的过程和行为。

④ 我国著名技术创新专家、原中国科技促进发展研究中心副理事长贾蔚文教授等认为：技术创新是一个从新产品或新工艺设想的产生，经过研究、开发、工程化、商业化生产，到市

场应用的完整过程的一系列活动的总和。

技术创新理论是以技术为核心的理论，但它针对的是传统经济学理论中资本、劳动力等要素无法解释和解决的经济增长问题。如果只强调技术创新的技术方面，忽视技术开发行为的市场取向和经济利益，技术创新的成果将缺乏市场的检验，不能转化成社会财富，体现不出其价值；如果只强调技术创新的市场应用方面，技术创新将成为一次性经济利益的获取行为，脱离了技术创新理论的技术核心。因此，技术创新是技术和经济的一体化，包括从新产品或新工艺的设想到市场应用的完整过程，是技术开发和技术应用的有机整体，其中技术开发是手段，技术成果在市场上的应用及利润的获取是最终目的。在这一整体中，不仅需要根据现有技术基础及技术发展的规律，考虑技术开发的可行性和方案；还要以市场为导向，考虑技术开发的必要性，以及技术应用的有效性。

10.1.2 技术创新与其它相关概念的区别

（1）技术创新与技术发明 技术创新是在商品的生产和流通过程中实现的，单纯的创造发明不成为技术创新，只有当它们被用于经济活动时，才成为技术创新。傅家骥教授指出：技术创新是由科技开发、生产、流通和消费这 4 个环节构成的完整系统，是企业或个人的一种经济行为，其结果往往是经济利益；而技术发明一般指创造一个新技术，既可以是一种经济行为，也可以是一种非商业目的的个人爱好。因此技术创新和技术发明的出发点和目的可能是不同的。

（2）技术创新与研究开发 研究开发（R&D）是科学研究与技术开发活动的统称，是技术创新成功的物质和科学基础。但由于创新风险的存在，研究开发活动的展开不能保证一定出现技术成果，因此研究开发并不一定导致技术创新；而且，即使研究开发活动取得技术成果，也不能保证技术成果能成功地进行市场转化。清华大学公共管理学院的苏竣教授提议将 R&D 拓展为 R&3D（研究、开发、示范、推广），认为这样有助于更全面、更深刻地理解技术创新的本质属性。由此可见，技术创新不同于传统的研究开发，后者仅是前者的前期阶段。

（3）技术创新与技术进步 技术进步的侧重点在于科学和技术活动的形态，描述的主体是科学家、生产者及工具体系的形态；而技术创新描述的是人从具有新的设想、构思到开发出新技术再到应用新技术形成市场利润的能动行为，其主体是企业家。企业家虽然不只存在于企业中，但 2006 年 1 月国务院颁布的《国家中长期科学和技术发展规划纲要（2006—2020 年）》中提出技术创新要以企业为主体。事实上，目前企业在技术创新活动中占有重要地位，大连理工大学管理与经济学部教授、技术经济研究所所长刘凤朝教授通过对 2009 年第二次全国 R&D 资源的调研发现：在市场化进程中，企业在投入端已经成为绝对的主体，在产出端越接近市场主体地位越显著。因此，有别于以科学家和科研人员为主体的技术进步，技术创新的主体是企业家和企业。

（4）技术创新与技术革新、技术突破 技术革新与技术突破是技术创新从渐进到突变的两极。技术革新往往指伴随生产活动中出现的小改造、小革新和小发明，是技术创新中量的渐变过程，即渐进性技术创新；技术突破是指具有重大的经济效益和社会效益的技术上的质变，是技术创新的突变形态，即突破性技术创新。

（5）技术创新与技术创新系统 技术创新与技术创新系统是不同的。技术创新系统是一个广泛的概念，涉及技术创新活动的内部环境、外部环境以及技术创新的源泉和扩散，包含科技、组织、商业和金融等一系列综合活动，是一个系统发展的过程。在这一过程中，各技术创新主体广泛合作，科技与经济两大系统耦合，科技成果的商品化得以实现。当前，我国政府强调要建立以企业为主体、市场为导向、产学研结合的技术创新体系，鼓励各技术创新主体间广泛的合作和体系的建立，大力发展国家技术创新系统。

10.1.3 技术创新的特点

从与以上相关概念的对比可以看出，技术创新具有以下特点。

（1）技术创新具有经济性 从理论渊源上看，技术创新理论是针对传统经济学的局限而提出的；从现实研究上看，技术创新的经济绩效是技术创新相关研究的重要变量。因此，与以科学家或兴趣爱好者为主体的技术发明和研究开发不同，技术创新不仅包含技术开发，还包含技术应用，其目的是通过将开发出的技术成果成功的市场化，创造经济利润，对技术创新的研究不能脱离经济学的相关理论。现实中无数的技术创新实践证明了：伴随着一定人力、物力和财力的投入，每一次技术创新成功都能取得较大数量的物质、信息或货币收益。

（2）技术创新具有风险性 技术创新的主体是企业家，在英文中企业家的原意指风险承担者。由于技术创新活动具有试验性质，并且各个阶段、环节都包含有不确定性因素，技术创新呈现出高风险性。技术创新的风险性不仅体现在研究开发活动不一定能取得成果的技术风险上，还体现在即使出现技术成果，其商业化推广也存在较大的失败概率，即经济风险。因此技术创新具有高风险性，企业创新成功的比率一般低于 5%，完全颠覆性的创新成功率远远低于 1%。

（3）技术创新具有复杂性 首先，技术创新是一个涉及不同内容、经过若干阶段的过程，在这一过程中，各个阶段、各个环节有内在的联系：不同环节相互有机联系，不同阶段彼此衔接，所以总体上，技术创新大多数时间以渐进性技术创新为主。但是，当代表旧、新不同技术的前后阶段迅速转换、缺少渐进时，新技术代替旧技术、新旧技术原理间质的表象变化掩盖了新旧技术间内在的联系，表现为技术功能及其实现程度发生了质的飞跃，形成突破性创新。因此，技术创新具有复杂的形态。其次，技术创新具有复杂的层次。根据创新的目标和需求不同，技术创新会跨越从个体到企业、企业到创新群体、创新群体进一步到区域和国家创新系统等不同层次。

（4）技术创新具有外部性 技术创新的外部性是指技术创新主体在非志愿的情况下，其技术创新活动对他人或社会产生的福利溢出，而且技术创新主体也没有从溢出效应中得到任何的收益回报，即得到技术创新溢出的人没有承担与溢出福利相应的成本。这是因为技术创新的成果会以技术发明等形式公布，且其成果商业化后，会更广为人知，他人可以暗中模仿，也可以合法利用；同时，技术创新还培养了研发人才，研发人才的流动会促使新技术向社会扩散。因此，技术创新的外部性一方面会促进社会整体的技术进步，推动技术革新、甚至技术突破；但另一方面，技术创新的溢出效应增加了竞争对手的实力，一定程度上损害了竞争性企业进行技术创新活动的积极性。

10.1.4 技术创新的分类

技术创新作为企业的一项重要商业活动，可以从不同的角度进行分类研究。目前，学术界主要从创新主体、创新对象、技术变化、组织形式、重点环节等方面对技术创新进行分类。

（1）按技术创新的主体分类 技术创新的主体可以划分为科研机构、企业和高等院校。科研机构是产品和技术的研发机构，部分新产品及技术在此诞生。企业是我国经济的支柱，是技术创新的主体，企业的技术创新极大地推动了生产力的发展，成为国民经济的重要增长极。高等学校一方面作为国家技术创新活动的主要场所，聚集了大批青年科技人才和高水平技术专家，他们通过多学科交叉合作，开展应用研究和基础研究，与产业界密切联系，重视技术发明，为经济和社会发展服务；另一方面，从发展的眼光来看待，高等学校又是培养国家科技创新后备人才的基地，为国民经济的持续增长提供人才储备。

（2）按技术创新的对象分类 根据熊彼特的技术创新理论，技术创新对象可以分为产品创新和工艺创新。产品创新是指在产品技术变化基础上进行的技术创新，进一步分为全新型产品创新（研发与现有产品完全不同的新产品）和更新型产品创新（对现有产品在结构、性能和形状、材质等方面做出明显改进或改善）；工艺创新是指生产（服务）过程技术变革基础上的技术创新，如为了提高产品质量、降低市场成本或提高生产效率而创造出新的加工方法和工艺条件。

（3）按技术创新的技术变化性质分类　英国著名技术创新研究专家弗里曼（Christopher Freeman）根据创新的技术变化性质，将技术创新划分为渐进性创新和突破性创新。渐进性创新也被称为维持性创新、演化性创新与连续性创新，通过改良和拓展现有技术来提升主流市场产品性能，使现有的市场规则、竞争态势得到维持和强化。突破性创新也被称为颠覆性创新、破坏性创新、革命性创新、根本性创新与非连续性创新，与渐进性创新的主要区别在于：突破性创新的出现往往建立在新的工程和科学原理之上，创新程度是根本性的；突破性创新的成果往往会改变市场规则和竞争态势，甚至导致整个产业格局的变化，创新影响也是根本性的。

（4）按技术创新的组织形式分类　根据创新主体的组织形式，可以将技术创新分为自主创新和合作创新两种形式。自主创新是技术创新主体通过自身努力进行技术研发，并完成技术成果的商品化，获得利润、达到预期目标的一种创新活动；合作创新是指有创新意愿的不同技术创新主体为共同面对市场竞争环境，进行的研究开发合作过程。

（5）按技术创新的重点环节分类　根据技术创新的重点环节，可以将技术创新分为基础创新和应用创新。基础创新关注技术创新的技术开发过程，强调对自然客观规律的新认识、技术原理或机理的进一步阐明、研究方法手段上的创新或通过基础数据的科学积累总结出的规律认识等，围绕新技术研发展开创新，以技术创新成果推动后续的技术应用环节。应用创新关注技术创新的技术应用过程，以用户的需求为技术创新的起点，形成具有市场潜力的创意，进而拉动技术研发与验证的全过程。

10.1.5　技术创新理论

20 世纪 50 年代以后，世界范围内的科技革命浪潮不断兴起，许多国家出现了近 20 年的发展黄金期。这种经济的高速增长已不能用传统经济学理论中的资本、劳动力等要素加以解释，熊彼特所提出的技术进步与经济增长的关系引起西方经济学理论界的兴趣，技术创新理论得以持续发展。目前，国外技术创新理论的研究和发展已形成了新古典学派、新熊彼特学派、制度创新学派、国家创新系统学派和创业学派等五大理论流派。

（1）新古典学派　技术创新的新古典学派的代表人物是索洛（S. C. Solow），他在 1957 年发表《技术进步与总量增长函数》一文，对美国 1909～1949 年间非农业部门的劳动生产率发展情况进行了实证分析，发现此期间美国制造业总产出中约有 88％源自于技术进步，并建立了著名的技术进步索洛模型，专门用于测度技术进步对经济增长的贡献率。其后的学者在承认技术创新是经济增长的内生变量、经济增长的基本因素的同时，也发现在技术创新过程中存在着"市场失灵"，即：市场机制在经济活动中不能充分保证全社会资源的最优配置，对一些产业或企业的调节作用效果不好甚至是失败的。市场失灵主要是因为技术创新具有外部性的特性，导致单纯依靠市场力量并不足以使资源达到最优配置，需要适当的政府干预。具体包括以下方面。

① 技术创新成果的重要形式是技术性知识或信息，而知识或信息具有公共商品的性质，技术创新者不可能把技术创新生产出的技术性知识或信息完全归为己有。与应用创新相比，基础创新的成果具有更强的公共商品性质，个体企业在这方面的技术创新热情较弱。因此政府应该成为基础研究活动的承担主体，或者对企业、院校、科研机构等进行的基础创新进行资助或政策上的倾斜。

② 技术创新收益具有溢出效应（spill-over effect），即技术创新成果的社会收益超过创新者个体的私人收益。这导致一些企业通过对"投入-收益"的衡量，宁愿做技术创新的模仿者和跟随者，成为收益溢出的受益者，而不是技术创新的发起者和领先者，因为这意味着它将成为技术创新的投入者和创新收益的溢出者。这种"搭便车"的存在会扼杀技术创新主体的创新积极性，因此需要政府制定知识产权保护法规和相关制度，保护技术创新者的创新收益。

③ 科学技术在给人类带来知识、文明、经济发展和社会进步的同时，也存在着负的外部性，即技术创新主体可能出于自身的利益和兴趣，在开展创新活动时产生副作用，给人类社会带来现实的或潜在的危害，如基因工程可能导致的基因污染等。而政府代表国家和社会的整体利益，在采取必要措施、充分发挥技术创新积极作用的同时，可以通过宏观调控限制、制止某些技术创新活动，降低或避免个体组织技术创新活动的无序性和社会危害性；或者通过对技术创新负的外部性进行控制，减少负的外部性的溢出。

（2）新熊彼特学派　整体上来看，关注技术创新政策研究的新古典学派将技术创新过程看作一个"黑箱"，他们不关心这个黑箱内部的运作，因为他们认为良好的市场机制会自动使这个黑箱的内部运行机制达到经济合理。他们关心的是黑箱的外部：一方面，当市场机制在技术创新资源分配方面无能为力时，如何以政府调控作为黑箱输入，进行宏观协调，对市场机制起补充作用；另一方面，黑箱输出的技术创新结果对经济增长的作用。这种研究传统与将技术创新作为一个过程、研究黑箱内部运作机制的新熊比特学派形成了鲜明的对照。技术创新的新熊彼特学派将技术创新视为一个复杂的过程，重视对"黑箱"内部运作机制的揭示。该学派的代表人物有：曼斯菲尔德（Edwin Mansfield）、卡曼（Morton I Kamien）和南希·施瓦茨（Nancy L Schwartz）等，他们坚持经济分析的熊比特传统，强调技术创新和技术进步在经济发展中的核心作用，侧重研究企业的组织行为、市场结构等因素对技术创新的影响，提出了许多著名的技术创新模型。

① 技术推动模型。该模型认为技术创新过程始于科学发现，技术创新过程以基础研究为起点，各环节按职能分工、纵向协作，是单向线性关系。20世纪60年代以前，技术推动模型在技术创新理论中占据主导地位。

② 需求（市场）拉动模型。该模型认为技术创新是由企业感受到的市场需要所引发的，需求信息反馈到研究开发部门，进而研制、生产出能满足消费者需要的产品投入市场。

③ 交互作用模型。以上这两种观点从不同的角度探讨了技术创新的动力，分别将起始的动因归于研究开发和市场需求，但它们的基本点都是将技术创新看作是一个线性的过程，且过程中的各个阶段都是连续发生的。罗斯韦尔（Roy Rothwell）在1983年提出技术创新过程"交互作用模型"，认为技术创新是在技术和市场的交互作用下启动；技术推动和需求拉动在产品生命周期及创新过程的不同阶段有着不同作用；科学、技术和市场的结合是技术创新成功的保证。

④ 链式模型。几乎是在交互作用模型提出的同时，出现了技术创新过程的链式模型。该模型摒弃了线性思维，引入集成观和并行工程观，认为技术创新过程中所有不同阶段之间存在多种联系，每一阶段所开发与积累的知识对其他阶段也都是有益的，且存在着一个相互反馈的过程，即在这个过程中的所有阶段都存在着反馈。

⑤ 系统集成与网络创新模型。20世纪90年代以来，随着技术创新过程越来越复杂，第五代模型发展起来，该模型的特征是技术创新过程的大范围电子化和信息化，并运用网络与专家系统来辅助开发工作，将创新看作是多机构网络交互过程，整个创新过程是企业内外技术创新合作所交织而成的复杂网络，技术创新的实现建立在网络组织形态之上。

（3）制度创新学派　严格而言，制度创新和技术创新是熊彼特"创新理论"的两个分支，分别强调制度创新或技术创新对企业成长的作用。但对于技术创新与制度创新之间相互关系的明确理解，一直是那些对发展的历史和制度方面感兴趣的经济学家和其他社会学家感到困惑的问题，学者们进而形成以下两种对立的观点。

① 旧制度主义学派的创始人凡勃仑（Thorstein B Veblen）强调技术创新对制度创新的决定作用，认为制度是由包括技术环境的物质环境决定的，必须随着环境的变化而变化；技术是不断变化的，而制度的变化无论如何也赶不上技术的变化；而且制度即使出于环境的压迫而不得不改变，也存在惯性，总是想要无限地坚持下去，因此技术变迁引起制度变迁。

② 以诺斯（Douglass Cecil North）为代表的新制度经济学派指出：制度创新决定技术创新，而不是技术创新决定制度创新，并以新古典经济学的分析方法研究制度，认为制度是经济增长的内生变量，制度安排将影响资源配置的效率，正是制度的进步，如专利制度对技术创新的保护，刺激了技术的发展。

尽管存在观点上的分歧，但这些研究从制度方面丰富了技术创新研究，形成了技术创新的制度创新学派。

（4）国家创新系统学派　1841 年，德国古典经济学家李斯特（Friedrich List）在《政治经济学的国家体系》一书中从国家的角度对政治经济发展问题进行了研究。20 世纪 80 年代末期和 90 年代初期，以英国学者弗里曼（Christopher Freeman）和美国学者纳尔逊（Richard R Nelson）为代表的技术创新经济学家将新熊彼特主义和李斯特传统有机结合，认为技术创新不仅仅是企业的孤立行为，更是由国家创新系统推动的，强调从社会经济的宏观角度来解释各国技术创新实绩的差异以及不同企业的技术创新行为差异，更多地借用新制度经济学的某些理论与研究方法，力图把影响技术创新的所有因素，如经济、制度、组织、社会和政治等因素都考虑进去。

（5）创业学派　熊彼特认为经济发展的对象是企业，经济发展的主体是企业家。在熊彼特之后很长一段时间，学术界对创新的研究主要集中在对特定创新过程的把握方面，对企业家创业的研究有所忽视。但 1974 年出现了"石油危机"，一些大企业无法迅速调整以适应通货膨胀、失业和投资无望等问题，而中小企业因为更容易适应迅速变化的经济环境，受到了各国政府的重视，出现了前所未有的发展。20 世纪 90 年代以来，成功的技术创新和基于企业家精神的创业活动越来越融合，如硅谷中小企业及企业家的创业活动极大地推动了一个时代的技术创新，涌现出如苹果、微软等当代企业巨擘。这些企业在产品不断地推陈出新中，成为同行业中技术创新的领导者和成功的楷模，迅速发展、成长成为知名企业的同时，也引发全球的技术创新浪潮。在此背景下，学术界对创业及企业家精神的研究不断高涨，形成了技术创新研究的第五大学派——创业学派。

该学派认为创业活动在经济和就业方面所发挥的作用越来越重要，创业活动起始于企业家精神并受到后者的重要影响，而企业家精神的本质就是有目的、有组织的系统创新；现代企业不创新就无法生存，技术在企业中占据核心地位，技术创新是企业创造价值的主要途径。

10.2　企业技术创新

从以上技术创新理论的演进可以看出：熊彼特提出的技术创新理论从宏观上研究了技术创新对经济的影响，在其后的理论和研究发展中，技术创新研究前沿与主题发生了从经济学转向管理学、从宏观层面向企业创新主体的转变。现代社会经济活动的基本单位是企业，企业是技术创新的主体，是技术创新得以发生、实现的场所，企业有效的技术创新管理是整个国家经济发展、技术水平提高的最基本保障。同时，在全球化和信息时代的背景下，技术创新是现代企业持续发展、在市场竞争中立于不败之地的重要任务和必由之路。因此，企业技术创新从宏观上关乎整个社会的技术进步和经济进步，从微观上关乎个体企业的生存和发展，技术创新的研究主要内容之一就是企业的技术创新。

10.2.1 企业技术创新动力

企业技术创新是技术创新主体在一定动力的支配下展开的，技术创新动力的强弱程度直接关系着创新速度的快慢和创新规模的大小。哈尔滨工程大学经济管理学院的孙冰教授对企业技术创新的动力要素进行了研究，形成了较综合深入的体系。本节以她提出的企业技术创新动力系统为基础进行介绍。

（1）企业外部动力要素

① 市场需求。根据"需求（市场）拉动"的技术创新模型可知，市场需求对技术创新具有重要的拉动作用。若无市场需求，任何创新都无利可图，创新者的创新潜在意识会淡漠甚至丧失，创新的资金来源会日渐枯竭，创新者进而缺乏动力去筹划和启动新一轮创新活动。因此，市场需求是企业技术创新的出发点，也是企业技术创新的终极目标。技术创新的经济性要求技术研发的成果必须通过满足市场需求、实现经济效益而圆满终结此轮技术创新，并通过发现新的市场需求拉动新一轮创新，循环往复，实现技术创新的螺旋式上升。市场需求拉动成为企业技术创新的主要和持续的动力。

② 市场竞争压力要素。尽管传统经济学中的自由市场假设受到了持续的质疑和修正，但不可否认的是：绝大多数企业都是在市场竞争的压力下生存和发展的，市场竞争是企业技术创新的动力之一。市场竞争对企业技术创新的促进作用主要表现在：

a. 竞争迫使企业快速搜集情报资料，以及时准确地掌握市场信息，为技术创新做好前期准备；

b. 竞争强迫企业开发适销对路、价廉物美的产品，开展技术创新活动；

c. 竞争改变人们的观念，增强技术创新人员的危机感和紧迫感，并通过优胜劣汰，不断提高自身的科技素质，保证了技术创新的效果；

d. 竞争促进企业间积极地相互学习，提高了创新效率。

③ 技术推力要素。"科学技术是第一生产力"，是生产方式中最活跃、最革命的因素。根据"技术推动"的技术创新模型，技术创新活动以新技术投入为起点，新技术既是技术创新的前提，又是推动技术创新的重要力量：

a. 新的技术思路往往会诱导企业家组织 R&D 活动，并将研究开发成果投入商业化应用；

b. 重大的技术进展所形成的技术规范一旦模式化，就形成了技术轨道，类同创新会沿着此轨道，自发地启动并完成多项渐进性创新，直至突破性创新的出现打破此轨道为止；

c. 新的技术进步会推动技术创新活动的开展，小的技术进步能推动渐进性技术创新，大的技术进步则可能推动突破性技术创新。

④ 政府政策行为。虽然市场在激励技术创新方面具有自组织、自我加强的作用，但市场并不是万能的，存在新古典学派所提出的市场失灵情况。个体组织如果完全在市场机制的作用下、以追求自身利益为目的进行技术创新活动，一方面可能因为过度的市场竞争而导致技术创新活动无序、资源重复配置、技术创新成果雷同等问题；另一方面可能在社会整体利益方面产生公地悲剧、搭便车等现象，需要政府宏观调控的介入。此外，新制度经济学派也发现制度的进步能刺激技术的发展。现实中，各国政府通常都会根据国家政治目的和国家经济发展计划的需要，通过组织体系、政策体系、法律体系以及行为体系等，来影响、调控社会各层次的技术创新。

（2）企业内部动力要素

① 利益驱动力要素。技术创新具有经济性，技术成果向经济利益的转化是技术创新的根本目标。同时，技术创新是现代企业重要的经营活动之一，企业作为营利性的经济组织，其存在的根本意义在于通过为社会提供商品或服务、收回投资的同时获得利润和竞争优势，营利是企业的天性和天职，是企业行为的最高且唯一的目的。因此，企业技术创新以利益（包括利润和竞争优势等）的实现为目的，利益是促使企业进行技术创新活动的内在驱动力。

② 企业家精神影响力要素。熊彼特指出企业家是创新的主体，在企业的技术创新活动中占据着特别突出的地位。彼得·德鲁克继承并发扬了熊彼特的观点，提出企业家精神中最主要的是创新，认为企业管理的核心内容，是企业家在经济上的冒险行为。正是企业家渴望新事物、渴求变革和追求成就感的内在心理动因激发和驱动他们的开拓进取精神，进而带领企业开展技术创新活动。因此，企业家精神是企业从事技术创新活动的重要前提和基础，是企业技术创新中的巨大推动力，是技术创新的精髓。

③ 企业文化感染力要素。企业创新文化（即崇尚创新的企业文化）通过影响企业管理者和员工价值观、思维方式和行为方式等，对企业技术创新起着内在的、无形的感染和推动作用。这种作用主要表现在：

a. 企业创新文化为全体员工确立了基本价值观、道德规范、企业精神等，能够把员工的个体行为引导到群体技术创新行为上；

b. 企业创新文化通过观念的力量、氛围的影响、群体行为准则和道德规范等，约束、规范、控制员工的个体行为，使其聚焦于技术创新；

c. 企业创新文化被企业员工共同认可并接受后，会把全体员工团结在创新目标之下，调动企业内部有利于技术创新的力量，进而在技术创新过程中产生巨大的向心力和凝聚力；

d. 企业创新文化在员工心目中树立起创新的思想观念和行为准则，使每个员工从内心深处自觉产生为企业技术创新而拼搏的献身精神，形成对于企业创新发展的强烈使命感和持久驱动力量，激励企业全体员工不断追求技术创新。

④ 企业内部激励机制的催化力要素。激励机制是组织者为了使组织成员的行为与其目标相容，并充分发挥每个成员的潜能而执行的一种制度框架。它通过一系列具体的组织行为规范以及根据组织成员生存与发展要求和价值观等设计的奖惩制度来运转。企业内部的激励机制作为企业创新的"催化剂"，在整个创新过程中起着举足轻重的作用。有效的激励机制能充分调动科研人员的主动性和创造性，使他们以最活跃的姿态参与到各项科研活动中，令企业的技术创新充满活力。

⑤ 企业技术创新能力的保障力要素。企业技术创新能力是企业在创新过程中一系列能力的综合体现，是企业进行技术创新的重要条件，企业在进行技术创新之前，往往会对自身的技术创新能力进行评估，以确定技术创新战略；同时，企业技术创新能力还决定了技术创新成功的可能性，技术创新能力越强，企业获得技术创新绩效的可能性越大，最终的技术创新绩效也往往越高。因此，技术创新能力在企业技术创新决策依据中占有较大的权重，是企业技术创新活动的核心保障力。

10.2.2　企业技术创新能力

（1）技术创新能力的概念　技术创新能力是企业从事技术创新活动的基础，对技术创新绩效起决定性的作用。但学术界对技术创新能力的关注和研究始于 20 世纪 80 年代以后，而且国内外著名学者对此概念的理解也不尽相同。

① 国际战略与创新管理领域著名学者、美国斯坦福商学院伯格曼（Robert A Burgelman）教授认为：企业技术创新能力是便于组织支持企业技术创新战略的一系列综合特征，包括可利用资源及分配、对行业发展的理解能力、对技术发展的理解能力、结构和文化条件以及战略管

理能力。

② 哈佛商学院巴顿（Dorothy Leonard-Barton）教授认为：企业技术创新能力的核心是掌握专业知识的人、技术系统、管理系统的能力及企业的价值观。

③ 我国技术创新与管理学专家、浙江大学许庆瑞教授认为：企业技术创新能力是支持企业创新战略实现的产品创新能力和工艺创新能力的耦合，及由此决定系统的整体功能。

④ 浙江大学"创新管理与持续竞争力"国家创新基地副主任魏江教授认为企业技术创新能力的概念应包括如下几点：a. 是产品创新能力和工艺创新能力的整体功能；b. 是一个系统的能力；c. 与企业的技术创新战略密切联系。

从以上对技术创新能力概念有代表性的理解可以看出：目前对技术创新能力缺乏一致性的定义。这是因为技术创新能力具有复杂的内涵：技术创新几乎涉及企业经营活动的各个方面和经营过程的各个环节，在任一相关方面或环节缺乏能力支撑，都会导致技术创新的失败或低效，因此，技术创新能力是多项能力的综合和集成，不是单项能力所能概括的。

简而言之，企业技术创新能力是企业在技术创新过程中一系列能力的综合体现。但具体而言，技术创新能力内涵的复杂性导致技术创新能力可以从不同角度进行分类和解构，如从企业技术创新的具体类型角度，企业技术创新能力包括产品创新能力和工艺创新能力；从组织行为角度，企业技术创新能力包括组织能力、适应能力、创新能力和技术与信息获取能力；从技术创新过程角度，企业技术创新能力可以分为创新决策能力、R&D 能力、生产能力、市场营销能力和组织能力。

（2）企业技术创新能力的评价　技术创新能力是现代企业生存和发展的关键要素，对企业技术创新能力的测度和评价是人们认识和把握这种创造性活动的本质与规律、系统总结创新经验的主要手段，对企业具有非常重要的意义：

首先，通过对技术创新能力的测度，企业可以进行纵向对比，对自身技术创新能力的发展和变化进行深入了解，并制定相应的发展和完善策略；

其次，通过对技术创新能力的测度，企业可以进行横向比较，及时了解自身和竞争对手的能力水平差异，以制定相应的竞争策略。

但是，由于技术创新能力的综合性和复杂性，现有研究从不同的角度建立了形形色色的技术创新能力评价指标体系。

① 从技术创新活动投入与产出的角度，以 R&D 的投入量和 R&D 成果（如新产品的指标、专利、技术贸易额或/和高技术产品的出口等）反映企业整体技术创新水平。这类指标所涉及的数据公开性或可获得性很高，因此根据这些第一手现实数据形成的测度指标往往很客观；但这种测度只涉及技术创新活动的投入和产出部分，缺乏对中间过程的关注。

② 从分类测度的角度是基于以下认识：不同技术创新的活动方式各不相同，因此难以建立通用性的实际测度指标，只能根据不同的技术创新类型采用不同的测度方式。此类测度方法对分析不同类别的企业和不同类型的技术创新具有指导意义，但是由于不同企业和不同类型的技术创新活动能力缺乏可比性，因此缺乏普遍意义。

③ 从综合测度的角度，通过对企业各种综合能力的测度反映企业技术创新的水平。这种方法考虑全面，但缺乏重点，其评价很难分辨出是针对企业能力还是针对企业技术创新能力。

④ 从企业过程的角度，根据对企业技术创新过程的分解，提取出不同环节所需要的技术创新能力，进而分别设计指标进行测度。通过这种评估，企业能够比较容易地看出技术创新问题所在，但是由于技术创新过程的复杂性和不同企业的独特性，技术创新过程的分解和能力的提取缺乏统一的标准。

与技术创新能力的复杂内涵及多样的理解相对应，技术创新能力的评价也缺乏一致的体系构建。其评价体系的设计在以通行指标为基础的同时，也应考虑各企业和不同技术创新类型的独特性。本节以以下企业技术创新能力评价指标体系（见表 10.1）为例进行介绍，因为该指标体系具有较强的通用性和技术创新针对性。

表 10.1　企业技术创新能力评价指标体系

一级指标	二级指标
R&D 投入维度	R&D 投入资本强度：R&D 投入总经费支出与主营收入之比
	R&D 投入资本深度：过往 3 年的开发支出及管理费用与其平均增长率之积
	R&D 投入人力强度：R&D 投入总活动人员拆合工作时间总量与主营收入之比
R&D 产出维度	专利与软件著作权因素：在某一领域内拥有两者的数量和该领域专利总量的比率；发明专利、授权专利和有效专利等因素，软件的使用量
	全要素生产率：除资本、人力要素增长贡献外的生产率
	新产品销售收入占主营收入之比
	社会收益指标：行业认证、奖励
创新组织与管理维度	人力资源：从事 R&D 人员与其从业人员比重之积
	人才培养：R&D 人均培训费、研发人员总收入之比
	资金：过去 3 年管理费用中的研发费用与其平均增长率之积
	组织：是否拥有产、学、研相结合创新组织/中心/基地，是否拥有通过国家和国家这种认证的实验室
	合作：来中心从事技术开发工作的外部专家的工作时间（天数）、对外合作项目占全部开发项目数之比
	国家支持：资质（类型）、奖励（国家自然科学、技术发明、科技进步奖）、补贴、税收减免

来源：崔总合和杨梅，2012。

上述指标体系中的"创新组织与管理维度"需要企业内部的数据资料，实际测算中不一定直接可得，需要通过专家评价等方法进行量化；而 R&D 投入维度与 R&D 产出维度的指标计算主要使用主营业务收入、开发支出、研发费用、专利指标，可以通过相关数据库及上市公司年度财务报告获得。因此，对应上述指标体系中的后两个维度，某企业在特定考察期（设为 5年）的技术创新能力及同期内行业排名的评价方法如下：

a. 计算评价期 R&D 投入深度值

$$评价期 R\&D 投入深度值 = 该期间 R\&D 投入资金量年平均量 \times 年平均增长率 \quad (10.1)$$

其中：

$$R\&D 投入资金年度量 = 年开发支出 + 年研发费用 \quad (10.2)$$

$$评价期 R\&D 投入资金年平均量 = \frac{5 年内的 R\&D 投入资金年度量之和}{5} \quad (10.3)$$

$$R\&D 投入资金年度增长率 = \frac{本年 R\&D 资金投入}{上一年 R\&D 资金投入} \quad (10.4)$$

$$评价期 R\&D 投入年平均增长率 = 4 个年度 R\&D 年度增长率算术平均值 \quad (10.5)$$

b. 计算评价期 R&D 投入强度

$$评价期 R\&D 投入强度值 = \frac{该期间的年 R\&D 投入资金量}{主营业务收入的算数平均值} \quad (10.6)$$

c. 计算企业技术创新能力

$$企业技术创新能力的量化指标 = 企业 R\&D 投入深度指标分值与企业 R\&D 投入强度指标分值的加权平均 \quad (10.7)$$

其中：

$$\begin{matrix} \text{企业 R \& D 投入深度或} \\ \text{强度指标分值} \end{matrix} = 100 \times \frac{\text{企业 R \& D 投入深度值或强度值} - \text{行业 R \& D 投入均值}}{\text{行业内 R \& D 投入最大值} - \text{R \& D 投入最小值}}$$

(10.8)

在同一行业里，按照企业技术创新能力量化指标排序。

d. 计算行业在排名所占名额数

行业在排名所占名额数 = 行业在排名所占名额数比例 × 预计排名总数目   (10.9)

其中：

$$\text{行业在排名所占名额数比例} = \frac{\text{某行业 5 年间 R \& D 投入强度值}}{\sum\limits_{k=1} \text{第 } k \text{ 行业五年间 R \& D 投入强度值}} \times 100\%$$ (10.10)

e. 排名

在第 4 步给出行业名额数后，根据第 3 步的量化指标排序，并参考专利指标（数目和质量）和社会收益指标进行修正排序，最后列出所需的排名表。

10.2.3 企业技术创新战略

企业技术创新战略是企业根据科学技术的特点、营运规律及外部环境，从全局、系统、长远的战略高度把握企业技术创新的目标和方向，并为实现技术创新目标而对企业技术创新活动进行的总体规划。从不同的视角，可以对企业技术创新战略进行不同的分类。本文按竞争态势，将企业技术创新战略分为领先战略（leading strategy）、跟随战略（following strategy）和跨越战略（leapfrogging strategy）。

（1）领先战略　技术领先战略指企业主动自觉地进行技术创新，在工艺、技术、市场等方面力求领先于竞争对手，以取得较大市场份额和较高垄断利润的战略。实施技术领先战略对企业有较高的要求：良好的研究开发条件、雄厚的研究开发经费、充足的科技人才资源、能够承受巨大的风险、较强的市场开拓能力以及有战略眼光和冒险精神的企业家等。同时，由于技术创新外部性的特点，选择领先战略的企业还可能承担技术创新成果溢出的损失。但是，成功的领先战略会令企业拥有较高的市场地位和品牌价值，积累雄厚、先进的技术力量，并从技术领先的产品中获得更高的利润率。2014 年 2 月 19 日，品牌价值咨询公司 Brand Finance 发表报告显示：苹果是价值最高的品牌，品牌价值接近 1050 亿美元，增长 20%；三星排名第二，品牌价值约为 792 亿美元，增长 34%；Google 位居第三，品牌价值为 690 亿美元，增长 32%。这些企业无一不是技术领先型企业，通过不断的技术创新产品刷新当今的技术高度，为全社会带来领先科技产品的同时，也为自身积累了大量的有形和无形财富。

（2）跟随战略　跟随战略指企业在较大范围内保持技术的通用性，观望新技术而不率先开发新技术，等到技术领先企业在技术上开发成功、市场需求也明显的时候，才模仿开发新技术；技术跟随还包括购买技术或以许可的方式使用新技术，购买设备或生产线。采取技术跟随战略的企业由于在市场进入时间上滞后于领先企业，因而在降低制造成本和拓展市场方面必须做出更多的努力。但技术跟随战略对企业的技术要求较低，而且可以令企业具有后发优势，即由于较晚进入行业而获得的领先企业所不具有的竞争优势，如通过观察领先者的行动及效果来减少自身面临的不确定性，少走弯路，从而降低风险，并节约开发费用、资源和时间。

（3）跨越战略　技术跨越战略指技术落后者以赶上或超过技术领先者的技术能力为目标，以突破性自主技术创新为核心、不同技术曲线之间的非连续技术进步的行为。技术跨越能弥补原有主导技术缺陷，改变原有产业的竞争规则，建立新的技术标准，奠定企业的优势竞争地位，获得垄断利润。但应用这一战略要求企业具有很强的产业洞察力和技术预见性，能够准确地把握产业目前的发展态势，并预见未来技术发展的方向。由于新技术的不确定性，实施该战略承担的风险极大。

10.2.4　企业技术创新绩效

10.2.4.1　技术创新绩效的概念

企业技术创新的目标是获得绩效。与技术创新一样，技术创新绩效是一个整体概念，从不同角度分析技术创新绩效的结构，其构成要素也各不相同。国内外有代表性的理解如下。

① 经济合作与发展组织（OECD）认为创新绩效的要素包括：创新产品数量、创新产品销售收入、创新产品专利数量和创新产品产值率。

② 荷兰马斯特里赫特大学的哈哥多（John Hagedoorn）和克洛特（Myriam Cloodt）教授认为：创新绩效从狭义上理解是指根据企业将发明创造引入市场的程度测量的结果，从广义上理解是指从概念生成一直到将发明引入市场整个轨迹过程所取得的包括发明、技术以及创新三方面的绩效。

③ 德国柏林工业大学的格明登（Hans Georg Gemünden）教授用"创新成功"（innovation success）代替"创新绩效"（innovation performance）以描述创新的结果，内容包括产品创新成功（product innovation success）和工艺创新成功（process innovation success）两个方面。

④ 清华大学中国创业研究中心主任高健教授等首次提出技术创新绩效的概念，认为技术创新绩效是指企业技术创新过程的效率、产出的成果及其对商业成功的贡献，包括技术创新产出绩效和技术创新过程绩效。

⑤ 华中科技大学的廖建桥教授认为：创新绩效指个体在知识不断共享和转移的过程中，为了获得本身的竞争优势，保持自己的核心竞争力，进而获取持续成长动力和不断转移知识重心的过程模式与表现。

综上，简而言之，技术创新绩效是技术创新的结果。该结果不仅表现在技术创新的产出方面，如产品创新或工艺创新的成果，或创新成果转化的市场和经济价值，也表现在技术创新的过程方面，如技术基础的增强、技术人才的培养、技术能力的提高等。

10.2.4.2　企业技术创新绩效的评价

国内外学者对技术创新绩效评价做了大量研究。通过对相关研究的整理和分析，技术创新绩效的研究过程可以分为以下 4 个阶段：

第一阶段（20 世纪 50 年代）：技术创新绩效评价的初步研究阶段，该阶段提出了技术效率的概念，初步建立了指标体系和评价模型。

第二阶段（20 世纪 70 年代）：技术创新绩效评价开始规范化、科学化发展的阶段，这个阶段提出了一些新型综合评价方法，评价指标体系突破了单产出指标的局限。

第三阶段（20 世纪 80 年代）：技术创新绩效评价理论体系快速发展的阶段，这一阶段涌现了大量的新型综合评价方法，构建评价指标的角度多样化，并突破了以往评价指标侧重财务指标的局限。

第四阶段（20 世纪 90 年代至今）：全面综合阶段，该阶段的技术创新绩效评价模型综合应用了各种现代评价方法，指标体系更加完善，突出了技术创新的综合网络特征。

技术创新绩效评价指标的演变说明：技术创新绩效的评价存在多重的视角、方法和体系构建；在当前网络经济时代下，企业技术创新的成功不仅仅依赖于、并表现在传统指标上，而是更多的和网络环境因素相关，如企业拥有的技术创新网络资源、企业内外部资源的协调等。在这方面，西安理工大学党兴华教授等针对网络情景下的企业技术创新绩效设计了评价指标体系

（见表10.2）。本节以该体系为基础，对技术创新绩效的评价指标进行介绍。

表 10.2　企业技术创新绩效评价指标体系

一级指标	二级指标	三级指标
技术创新网络化指标	技术创新网络关系结构	直接关联强度
		间接关联强度
	技术创新合作伙伴间的联结程度	网络连通性
知识与信息资源水平	知识基础	拥有的专利数
		拥有的技术诀窍
		员工知识
	信息资源的整合能力	信息意识
		信息搜集能力
		信息处理与应用能力
技术创新过程组织及管理指标	技术创新投入比率	工程技术人员占企业总员工的比率
		R&D人员占工程技术人员的比率
		R&D费用增长率
		R&D平均费用占企业销售收入的比率
	创新过程企业的动态能力	企业协调能力
		企业重构能力
		企业学习能力
	技术创新产出效果	创新产品销售率
		创新产品利税率

（1）技术创新网络化指标　网络中的企业都内嵌于特定的技术创新网络中，企业网络结构对个体企业的技术创新绩效会产生影响。该指标包括两个二级指标。

① 网络关系结构。网络关系结构用来反映企业与其技术创新合作伙伴之间的直接或间接关联程度，包括直接关联强度和间接关联强度两个指标。

a. 直接关联强度即与目标企业直接关联的合作伙伴数量（即10.3.3节中的"个体度中心性"）。企业可以从与其直接联系的合作伙伴那里享受资源共享和知识溢出效应，因此直接关联强度可以用来反映强关系对技术创新绩效的影响；

b. 间接关联强度即与目标企业间接关联的合作伙伴数量。企业虽然不能从与其间接联系的伙伴那里获得正规的信息共享利益，但却有机会通过间接连接享受知识溢出效应所带来的利益，因此间接管理强度可以用来反映弱关系对技术创新绩效的影响。

② 企业合作伙伴间的联结程度。企业合作伙伴间的联结程度即企业及与其有直接关联的合作伙伴所构成的网络的连通性（连通性的定义及度量见10.3.3节）。连通性越高，企业拥有的资源共享及获得新信息的途径越多，但资源和信息的同质化现象也更严重，这会对技术创新绩效产生影响。

（2）知识与信息资源水平　技术创新网络的存在加大了知识和技术创新的外部效应，通过知识的共享、流动和溢出，动态改变企业的知识基础，而企业的知识基础决定了创新的起点，也在很大程度上决定了技术创新的绩效。该指标包括两个二级指标。

① 知识基础。知识基础用来反映企业的知识基础状况，包括企业拥有的专利数、企业拥

有的专业技术诀窍和员工知识三个指标。

② 信息资源的整合能力。信息资源的整合能力用来反映企业对信息的综合利用能力，由企业的信息意识、信息的搜集能力以及信息的处理能力与应用能力构成。

a. 信息意识反映企业对信息重要性的认识程度；

b. 信息搜集能力反映企业能获取技术创新所需信息的能力；

c. 信息处理能力反映企业获取所需信息的能力；

d. 信息应用能力反映企业对相关信息进行科学分析和研究并应用于企业决策与实践的能力。

(3) 技术创新过程组织及管理　企业管理通过对一系列资产和约束机制的运用，把企业资源转化为企业的最终产品，企业的组织管理在很大程度上决定着企业的技术创新绩效。该指标包括三个二级指标。

① 技术创新投入比率。技术创新投入指在技术创新活动的整个过程中投入的所有要素，包括资金、人员、物资、设备、信息和技术等。其投入比率的主要衡量指标有：

a. 工程技术人员占总人员的比率反映企业技术创新人员素质的指标，比重越大，表明创新人才储备越充足，潜在的技术创新投入能力越大；

b. R&D人员占工程技术人员的比率反映企业技术进步的智力密集度和企业在技术创新潜力方面的优势，用来间接的表明企业技术创新人员投入的相对强弱；

c. R&D费用增长率反映不同企业对技术创新的投入强度；

d. R&D平均费用占企业销售收入反映不同规模的企业中人才和技术所起的作用，同时也表明企业对研究开发重视程度和企业持续创新的能力。

② 创新过程企业的动态能力。技术创新过程企业的动态能力包括企业对信息的协调能力、重构能力和学习能力。

a. 协调能力反映一个企业重复某条信息的能力。技术创新需要企业内部各个部门、层次的配合；网络情景下，技术创新合作更是涉及不同的独立组织。由于各方有着各自不同的战略部署、工作习惯和思维方式，意见分歧会随着项目进程不断出现。企业需要对合作过程中的相关意见、建议等进行重复沟通，协调各方达成一个都能接受的方案，以保证合作的顺利进行和绩效的实现。

b. 重构能力指企业根据环境变化重新在企业内分配和使用内外部信息资源的能力。技术创新面对内外部众多的不确定性，需要企业具有动态的重构能力，以不断取得、整合、再确认内外部技术和资源，降低技术创新风险。

c. 学习能力是吸取对方优势、实现组合创新的能力。在网络情景下，技术创新合作过程也是一个组织学习的过程。组织学习是获得和放大知识资源及提高创新能力的保障，是保护竞争优势以及控制合作风险的关键。

③ 技术创新产出效果。技术创新产出效果包括创新产品销售率和创新产品利税率。

a. 创新产品销售率反应企业的新产品销售能力和产品竞争能力，销售率越高，则企业的产品竞争力越强；

b. 创新产品利税率反映企业的产出获利能力和市场竞争力。

10.3　技术创新网络

当前，对技术创新的研究越来越强调在网络情景下进行。网络成为企业技术创新活动开展的重要平台，同时也是区域和国家技术创新系统建立的基础。

10.3.1 技术创新网络的概念

技术创新网络（technological innovation network）是由技术创新主体间广泛联系、合作所形成的组织形态。在技术创新网络成员间的关系特性上，学者们形成两派对立的看法：一种认为技术创新网络成员间的关系是正式的制度安排；另一种观点认为技术创新网络中成员间的关系是非正式的松散联系。目前，主流的看法是将这两种观点融合，认为技术创新网络成员间关系可能是正式的，也可能是非正式的。

① 知识创造理论之父、日本国立一桥大学的野中郁次郎教授（ikujiro Nonaka）认为：创新网络是在创新活动中所涉及的各行动者为了各自利益，在参与产品研发、设计、制造、销售等整个创新过程中，相互协调合作而形成的企业网络，企业与这些创新活动参与者之间的联系，可以是正式的或非正式的。

② 浙江工业大学池仁勇教授认为：企业创新网络是一定区域内的企业与各行为主体，在交互式的作用当中，建立相对稳定的、能够激发或促进创新的、具有本地根植性的、正式或非正式的关系总和。

③ 中国科学院大学王大洲教授把创新网络看作企业创新活动所引发的网络，即在技术创新过程中围绕企业形成的各种正式与非正式合作关系的总体结构，是一种混合型（hybrid）的组织形式，包含着特殊的合作关系。

④ 华南师范大学李金华教授认为：创新网络是创新主体为适应创新复杂性而相互作用所产生的一种组织涌现，它由一定规模数量的主体及主体之间的各种正式合作关系和非正式合作关系交织而成。

⑤ 荷兰代尔夫特理工大学的范阿肯（Joan E Van Aken）和威格曼（Mathieu P Weggeman）教授将技术创新网络定义为参与产品创新或工艺创新过程的网络组织，该网络组织是由一些自主的、在法律地位上平等的组织通过有选择的、持久的商业联系所联结成的系统。

以上定义都认为技术创新网络是组织间正式和非正式关系的集合，最后一个定义进一步对这种既正式又非正式的组织间关系提供了解释：技术创新网络中的成员从法律意义上讲是独立自主的，因此它们之间的关系是组织边界间非正式的互动；但由于技术创新的复杂性和高风险性，网络成员倾向于和优质的合作伙伴缔结长期持久的关系，这一关系在长期的互动过程中可能逐渐被制度化，具有正式关系的特性。

10.3.2 技术创新合作伙伴选择

（1）合作伙伴选择动机　技术创新网络成员是独立的个体，但出于某种或某些动机，它们需要选择合作伙伴、建立合作关系，这些动机主要有如下几个：

① 降低成本。技术创新成为现代企业利润的重要来源，是企业能够持续发展的关键因素，企业普遍在技术创新方面展开竞争，投入大量研发资金，推动新技术、新产品的不断涌现。在水涨船高的背景下，技术创新成本不断增加，资源耗费巨大，单个企业往往无力承担；而且即使有能力承担，技术创新的经济性也迫使企业必须权衡成本的支出。通过技术创新合作，合作企业间可以实现成本分摊，减少个体企业的技术创新负担。

② 分散创新风险。技术创新是一项充满风险和不确定性的活动，每个环节都存在着风险。技术创新的高风险性迫使企业即使能够承担技术创新的成本，也可能因为技术创新成果出现及推广的不确定性而望而却步。合作伙伴的加入可以通过异质资源共享，结合各方的优势，有效降低技术创新的不确定性；也可以在风险发生时通过风险分摊，减少个体企业可能面临的损失。

③ 资源共享。随着科学技术研究的不断发展，各个领域的知识与技术的难度与深度都日益加剧，而且跨领域技术之间的融合也日益明显，这些趋势决定了个体企业无论实力多雄厚，都很难单独具备技术创新需要的所有资源。技术创新的复杂性迫使企业之间必须通过合作实现资源共享和集成，以突破个体企业的资源限制，共同实现技术创新。

④ 增强企业竞争力。首先，技术创新合作通过资源共享、风险和成本分摊，提高了成功的概率，而成功的技术创新会从技术资源水平、行业声望、市场形象等多方面提升企业的竞争力；其次，技术创新合作企业结合彼此的互补性资源、分工合作，在完成技术创新的同时，也使个体企业能够将自身的资源集中到核心业务上，不断强化自身的核心竞争力；第三，技术创新的外部性使得合作企业间可以通过更紧密、频繁的联系和合作促进相互的知识、技术交流和学习，强化企业的技术能力。

(2) 合作伙伴评价 技术创新合作尽管能带来以上好处，但同时蕴藏着机会主义、分配不均、契约不完备等问题，因此合作伙伴的选择必须非常慎重，严格按照一定的程序进行筛选。很多学者对此进行了研究，如西密歇根大学的兰德斯（Robert Landeros）教授等提出建立合作伙伴关系的实施步骤：① 从企业战略的角度来审视是否真的需要建立合作伙伴关系；② 确定挑选合作伙伴的准则，评估潜在的候选企业；③ 正式建立伙伴关系；④ 维持和放弃合作伙伴关系，包括增强彼此间的合作关系或解除与某些伙伴的关系。迈阿密大学的埃尔拉姆（Lisa M Ellram）教授将关键的成功因素引入到合作伙伴关系的建立过程中，认为合作伙伴的选择包括以下四个阶段：战略分析阶段；评估和挑选阶段；合作伙伴关系建立阶段；合作关系维持阶段。

无论合作伙伴选择程序如何设计、阶段如何划分，合作伙伴评价指标的制定是其核心环节。关于合作伙伴评价的研究很多，基本上是根据影响合作伙伴选择的因素，如信任、关系承诺、兼容性、合作文化、合作目标和风险共担等建立评价指标。四川大学公共管理学院技术经济学系主任屈锡华教授等通过对国内外学者相关研究成果进行对比分析，发现合作伙伴的信誉、合作伙伴与企业自身的兼容性以及互补性是普遍受关注的因素，进而提出了一个合作伙伴评价指标体系（见表 10.3）。本节以该体系为例进行介绍。

表 10.3 合作伙伴评价指标体系

一级指标	二级指标
相容性	合作目标
	企业文化
	行业地位
	管理体制
信誉度	合作研发历史
	银行信用
	守法情况
互补性	研发资源
	研发能力
	生产制造能力
	市场开发能力

a. 相容性 企业选择合作伙伴的一个重要动机是降低成本，但是如果所选择的合作伙伴和自己在"合作目标"、"企业文化"、"行业地位"和"管理体制"等方面不相容，必将带来合

作过程中冲突不断、合作成本提高，甚至影响合作创新的成功实现。因此相容性是合作伙伴选择的重要前提。

b. 信誉度　企业为了分散创新风险，选择合作伙伴共同创新，但技术创新合作过程中存在严重的信息不对称，容易引发道德风险。防范道德风险的一个重要途径是通过对"合作研发历史"、"银行信用"、"守法情况"等方面的考察，选择有良好信誉的合作伙伴，这样即使信息不对称，由于合作伙伴自身较高的诚信度而不会导致"道德风险"的发生。因此信誉度是合作伙伴选择和持续的重要保证。

c. 互补性　企业由于自身资源的有限性和技术创新的复杂性，选择合作创新以弥补自身的不足，因而会在"研发资源"、"研发能力"、"生产制造能力"、"市场开发能力"等方面寻找和自己互补的合作伙伴，实现资源共享、达到成功创新的目的，而且合作伙伴的互补性有利于伙伴间的相互学习和各自竞争力的培养。因此互补性是合作伙伴选择的基础。

10.3.3　技术创新网络静态形态

技术创新成员间的合作关系集合构成技术创新网络。网络分析中，网络有两个重要的构成要素：节点和连接。技术创新成员构成网络中的节点；两个成员在一定时间窗内（如 3 年或五年）如果存在合作关系，则在网络上对应的节点间存在连接。众多的成员及成员间的合作关系形成网络，并在网络整体上展现出一定的静态形态。通过对技术创新网络静态形态的分析，可以突破个体企业的微观视角，从网络宏观态势上把握网络的特点。

在网络静态形态的刻画上，从不同的视角可以区分不同的刻画指标。如从网络中个体节点的视角看，包括节点中心性和中介性；从网络整体的视角看，包括网络密度、网络中心性、平均路径长度、集聚系数、顶点度分布、小世界效应和无标度网络等；从网络中群体的视角看，包括派系/群落。浙江大学蔡宁教授等借鉴社会网络分析方法，提出企业网络的结构特征的刻画指标体系。该体系从网络总体的结构特征和局部的构成特征两个方面展开，其中总体的结构特征包括网络密集性、网络连通性和网络群体中心性，网络的局部构成特征包括网络的小团体结构和网络的结构同型性等方面。在该体系基础之上，本节对技术创新网络静态形态的刻画指标进行介绍。

（1）网络密集性　网络密集性是技术创新网络的一个重要宏观特征，即网络图形中实际存在的边与可能存在边的比例，其计算公式如下：

$$D = \frac{2L}{g(g-1)} \tag{10.11}$$

式中，L 为网络中边的数目，g 为网络中节点的数目。

网络密集性大意味着网络内合作行为多、信息流通快，但技术创新成果的外部性增大；而关系疏离企业间关系则通常有信息不通、合作支持少等问题。

（2）网络连通性　在网络中，节点 A、B、C 两两相连，如果节点 C 被移除，网络中其他节点也可以通过 B 连通 A 或者通过 A 连通 B。所以根据网络拓扑学，连通性意味着网络中存在三角形个数的情况，可以通过群聚系数来量化。

$$C = \frac{网络中三角形的个数 \times 3}{节点中关联三点组个数} \tag{10.12}$$

网络功能的实现有赖于其连通性，依赖于各节点间路径的存在。在低连通性的网络中，网络是隔离开的，网络成员互动关系少，但它们各自较为独立的技术创新活动有利于异质知识的出现；在高连通性的网络中信息传递则更为方便快捷，但知识技术的同质化往往比较严重。

（3）网络群体中心性　中心性可以从两个层面进行考察：个体度中心性和群体度中心性。

① 个体度中心性。个体度中心性研究的方法较多，主要包括度中心性（degree

centrality）、接近中心性（closeness centrality）、介数中心性（betweenness centrality）等。其中度中心性的概念最简单，也最常使用，表示一个节点拥有的连接数目：

$$C_D(n_i) = d(n_i) = \sum_j X_{ij} = \sum_j X_{ji} \tag{10.13}$$

式中，X_{ij} 是 0 或 1 的数值，代表企业 i 与企业 j 之间是否存在有关系。

　　个体度中心性是衡量个体组织在网络中重要性的概念工具，可以用来评价个体节点的重要与否、衡量其网络位置的优越性以及社会声望等，在网络分析中常被用来检测网络节点取得资源、控制资源的可能性。

　　② 群体度中心性。在个体度中心性分析的基础上，网络整体的群体中心性计算如下：

$$C_D = \frac{\sum_{i=1}^{g} [C_D(n^*) - C_D(n_i)]}{\max \sum_{i=1}^{g} [C_D(n^*) - C_D(n_i)]} \tag{10.14}$$

式中，$C_D(n^*)$ 是 $C_D(n)$ 中最大的度中心性，分子是它与其它 $C_D(n^*)$ 相减所得差额的加总；分母为此一数值的最大可能值。群体中心性表明了网络中度中心性最高的节点的度中心性与其它节点度中心性之间的差距。这个差距越大，表示网络整体的权力过分集中于几个节点，网络中出现核心企业。这些企业占据重要的网络结构位置，对网络内技术创新资源的配置和流动以及网络整体的技术标准和创新目标的设置起到重要的影响甚至支配作用。

　　(4) 网络小团体结构　小团体是网络中的一个节点子集，在该子集内部节点间联系密集，而与其他团体间的联结密度较小。网络整体的小团体结构可以从两个方面衡量：小团体的个数和小团体的密度。

　　① 小团体的个数。小团体的识别和界定有很多方法。最简单的，可以直观地从网络拓扑图上进行区分：小团体内部节点关系特别紧密，而与外部关系松散，以至于形成了整体网络中的一个次级团体。如图 10.1 中，有三个小团体。

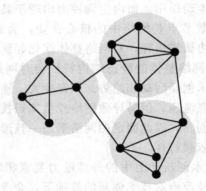

图 10.1　网络中的小团体

　　② 小团体的密度。小团体的密度用 E-Iindex 指标表示：

$$E\text{-}Iindex = \frac{density\text{-}of\text{-}subgroup}{density\text{-}of\text{-}network} \tag{10.15}$$

　　$E\text{-}Iindex$ 指标是小团体密度与网络总体密度（D）的一个比较，用于衡量网络中小团体现象是否严重。该值很大，说明小团体有高度内聚力而网络整体很散漫，这使得网络呈现出一定的群落特征。

　　(5) 结构同型性　在考察网络中行动者的时候，不能把它们看成是独立的，而应该视为某种类型，并对类似的行动者归类，最常用的指标是结构同型性，分为节点间的结构同型性和网络的结构同型性。

① 节点间的结构同型性。两个节点间的结构同型性可以通过阿基米德距离来计算：

$$d_{ij} = \sqrt{\sum_{k=1}^{n} [(x_{ik} - x_{jk})^2 + (x_{ki} - x_{kj})^2]}, i \neq k, j \neq k \qquad (10.16)$$

两个节点间越是结构同型，d_{ij} 越接近于 0。

② 网络的结构同型性。相应的，整个网络的结构同型性可以通过平均阿基米德距离来衡量，即每对节点间的距离加总除以网络中节点对的个数。

$$E = \frac{\sum_{i=1,j=1}^{n} d_{ij}}{n(n-1)} \qquad (10.17)$$

式中，n 为网络中节点的个数。结构同型性可以表征网络内企业间的相似性。

10.3.4　技术创新网络动态演化

在当今的网络情景下，任何企业都无法完全脱离外部环境而成功地进行技术创新。对技术创新网络动态演化的认识和了解，有助于企业把握网络整体的演化规律，进而通过更准确的环境预测，进行相关技术创新能力培养、战略制定、合作伙伴选择，以取得更好的技术创新绩效。

（1）演化动因

① 内生推动力。与企业技术创新动力中的内部动力要素相对应，技术创新网络中的个体企业被技术创新成果的利益所驱动，在领导人企业家精神的带动下，由企业创新文化影响，受企业内部创新激励机制的催化，应用企业技术创新能力进行利用性或探索性学习，会引发整个网络的渐进性或突破性创新。这是创新网络的生命力和原动力所在。

② 内生调控力。内生推动力是微观企业在个体动机下进行技术创新，通过技术创新的外部性对网络整体技术创新产生推动作用。而内生调控力出现于具有较高群体中心性、权力集中于几个节点的网络，这几个少数节点是网络中的核心企业，会通过对自身权力和影响力的运用，对组织间关系和网络进行协调和治理，对网络整体演化起到调控作用。

③ 结构制约力。技术创新网络整体的静态结构特征会对网络中个体的技术创新行为产生影响，进而影响网络整体的技术创新活动和趋势。如密度大、连通性高、内聚力强的网络结构会促进网络内的合作行为和信息流通，但易导致网络成员知识技术同质化，在促进网络整体渐进性创新的同时，限制突破性创新。因此固定的网络形态一旦形成，会成为影响创新网络演化的力量，使网络演化具有路径依赖特性。

④ 外生拉动力。与企业技术创新动力中的外部动力要素相对应，随着新技术的萌芽和出现，在市场对新技术的需求以及政府对技术创新的鼓励下，企业纷纷展开技术创新，在市场竞争的压力下，要快速有效的取得成功往往需要突破个体企业的资源和能力限制，企业间相互积极学习、广泛结网，以共同实现技术创新目标。因此，新技术的出现、市场需求的变化、法律法规新要求的提出等，会打破原有技术创新网络形态，引发新的网络结构的出现。

（2）演化过程　技术创新按照技术变化的性质可分为渐进性变化和突破性变化。从技术创新网络演化的过程上看，可以将演化过程相应地分为均衡阶段和变革阶段，其中均衡阶段是仅允许渐进性变化的较长的稳定期，被短期的、产生结构上质变的变革阶段所打断。技术创新网络是处于均衡阶段还是变革阶段，是以上 4 种力量共同作用的结果。

首先，稳定力量主要来自网络的结构制约力，变化力量主要来自网络内部组织的内生推动力和外部环境的外生拉动力。当网络的稳定力量大于变化力量时，网络处于均衡阶段，进行渐进变化；当变化力量大于稳定力量时，网络处于变革阶段，进行激进变化。

其次，内生调控力受网络中核心企业的战略、领导人的企业家精神和风险偏好等的重要影响，在网络均衡阶段可能是一种变化力量，避免网络过于僵化而减少活力；在网络变革阶段往往是一种稳定力量，避免网络过于动态而降低效率。

这 4 种力量共同作用，影响了网络演化的轨迹和方向，见图 10.2。

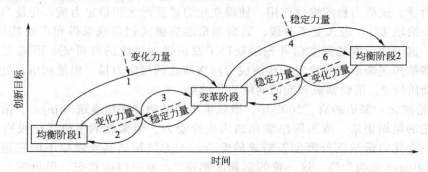

图 10.2　技术创新网络动态演化模型

轨迹 1 显示：在突然爆发的巨大变化力量作用下，网络从均衡阶段 1 跃迁至变革阶段，从渐进性变化跃迁至突破性变化。但是，如果原有网络群体中心性高、权力集中，现有技术标准的支配地位明显，技术规范模式化形成了技术轨道；加上网络密度大、连通性高、内聚力强、结构同型性明显，网络结构形态呈现刚性，结构制约力很大，变化力量会小于稳定力量，网络会沿轨迹 2 回到均衡阶段 1，突破性创新失败。即使网络沿轨迹 1 进入变革阶段，仍可能因为稳定力量的作用，产生轨迹 3。此时如果变化力量强于稳定力量，网络会沿轨迹 3 回归变革阶段，完成突破性创新。如果稳定力量强于变化力量，网络会从轨迹 3 进入轨迹 2，重新进入均衡阶段 1。即短暂的激进变化后，突破性创新没有成功，或新的技术创新成果缺乏广泛的支持和响应，新的技术标准没有形成，而原有的权力和网络结构没有遭到完全的破坏，其形成的稳定力量促使网络回归原有的技术轨道。但变化的力量已经产生并继续积聚，随着相关条件的成熟，变化力量逐渐强于稳定力量，网络会沿轨道 1 进入变革阶段，开始下一轮的激进变化。

当激进变化完成后，网络的变化力量经过爆发后逐渐减弱，突破性创新成果得到广泛的认可和接受；新的技术标准和网络结构逐渐形成并稳定，成为网络演化的稳定力量，促使网络从变革阶段沿轨迹 4 进入均衡阶段 2，开始沿着新的技术轨道进行渐进变化。但如果激进变化不够彻底，突破性创新没有完全完成，网络的变化力量还存在，新的稳定力量相对还弱，网络会沿轨迹 5 回归变革阶段，继续突破性创新。即使网络进入均衡阶段 2，在新兴的核心企业还缺乏根基、新的技术标准和网络结构还较脆弱、网络的变化力量方兴未艾时，网络仍可能进入轨迹 6。此时，如果稳定力量强于变化力量，网络会沿轨迹 6 回归均衡阶段 2，进入新的技术轨道并渐进演化下去。如果变化力量强于稳定力量，网络会从轨迹 6 进入轨迹 5，重新进入变革阶段，继续突破性创新。待激进变化充分，网络的变化力量能量释放，新的稳定力量形成并强大，网络会沿轨道 4 进入均衡阶段 2，开始下一轮的渐进变化。

（3）案例：塞班的兴衰

手机行业中塞班（Symbian）系统的兴衰，可以较充分地说明在以上动力作用下技术创新网络的演化过程。

① 第一轮演化：塞班的兴。1998 年，面对意图染指手机领域的微软，塞班公司成立，由当时英国著名手持电脑公司 Psion、著名手机厂商爱立信、诺基亚、松下、摩托罗拉共同投

资。塞班系统迅速兴起，主要有以下三方面的原因：a. 塞班的主要功能着重于打电话时的信号通畅，并集成了通信网络、无线文字、网页浏览、电子邮件等功能，支持 Java 应用，能够运行小型的第三方软件，较好的迎合了当时消费者的需求，因此内生推动力和外生拉动力相互配合，表现为较强的变化力量；b. 由于新兴知识权力的载体仍是一些老牌的手机业巨头，塞班的兴起对现行网络权力格局不具有大的破坏作用，结构制约力较弱；c. 以诺基亚为首的这些现行知识权力的拥有者，面对由自己引发的新一轮创新，成为在结构制约力稳定作用抑制下的一种变化力量。这些力量的综合作用，使得变化力量要远大于稳定力量，促使当时的手机行业从均衡阶段沿轨迹 1，进入变革阶段。其后塞班的突破式创新成果得到广泛的认可和接受，索尼、三洋、富士通、索尼爱立信等先后获得了塞班操作系统的许可证，形成庞大的塞班联盟。新的网络结构逐渐形成并稳定，转而成为网络演化的稳定力量，促使网络从变革阶段沿轨迹 4 进入均衡阶段 2。围绕塞班兴起的网络演化结束。

② 第二轮演化：塞班的衰。2002 年，微软推出新的智能手机系统 Stinger。微软的手机系统作为新一轮的组织创新，成为网络演化的内生推动力。但微软的手机系统没有塞班系统易用，导致这一变化力量缺乏外部创新需求的配合，无力抗衡诺基亚领导下的塞班帝国。2005年，微软的 Stinger 无疾而终，这一轮的创新沿轨迹 2，回归均衡状态。但更新一轮的创新随着 2007 年年初苹果 iPhone（iOS 系统）及谷歌安卓系统的发布又一次开始。对于此时的消费者来说，手机已不仅仅是打电话发短信，更多的是娱乐。安卓和苹果的 iOS 系统在对触摸屏、多媒体、新操作界面的支持上，以及在同 PC 以及互联网的交互和应用方面的扩展性上，远远优于塞班。这一轮的内生推动力与外生拉动力很好的结合，又一次成为强大的变化力量。面对iOS，塞班系统还能依靠低价的优势，凭借以往以诺基亚为核心所构建网络的结构制约力作为稳定力量，与之抗衡，使创新处于轨迹 2 与轨迹 3 的僵持状态；但随着安卓在智能手机领域的迅速拓展，塞班逐渐招架不住。稳定力量逐渐难以抵御变化力量，网络发生激进变化。2009年开始，LG、索尼爱立信、三星电子等各大厂商纷纷宣布退出 Symbian、转向 Android，Symbian 仅剩诺基亚一家支持；2011 年，诺基亚官方宣布放弃 Symbian 品牌。围绕 Symbian衰败的网络演化基本结束。与此同时，苹果、三星、HTC 等应用 iOS 和安卓系统的手机品牌成为手机市场上的新贵，以它们为核心的新的网络结构逐渐形成并稳定。这些核心企业转而成为网络演化的稳定力量。例如苹果不断推出新一代的 iPhone，通过不断推陈出新奠定并维持自己在行业内创新引领者的形象和地位的同时，以渐进式创新的方式取代突破式创新，促使网络从变革阶段沿轨迹 4 进入均衡阶段 2，开启 iOS 和安卓系统兴盛的网络演化新阶段。

10.4 技术创新政策

技术创新是在制度、组织和文化背景下进行的活动。技术创新的外部性显示：市场的作用有限，需要政府的介入和宏观调控。因此政府如何根据社会、经济、技术发展的实际情况制定技术创新政策，才能有利于该地区或者国家的技术进步和产业发展，是技术创新的理论研究和实践中非常重要的问题。

10.4.1 技术创新政策的概念

技术创新政策产生于 20 世纪六七十年代，在我国的研究有二十多年的历史。最早见诸学术刊物的研究成果是中国科学技术情报研究所的汤世国在《科学学研究》1988 年第 4 期上发表的《技术创新政策探讨》；最早的一本学术专著是中国科学院政策与管理研究所的罗伟所著、由人民出版社在 1996 年出版的《技术创新与政府政策》一书。由于研究历史不长，也由于技术创新政策的地域性和复杂性，技术创新政策目前缺乏一个统一的定义，国内外著名学者对此概念的理解存在差异。

① 创新管理领域的专家、英国萨塞克斯大学的罗斯威尔（Roy Rothwell）教授认为：技术创新政策是科技政策和产业政策的结合，这种结合是在各种政策相互协调的基础上进行的，是一种整合。

② 技术创新战略和政策研究方面的学者、澳大利亚昆士兰大学的道奇逊（Mark Dodgson）教授认为：技术创新政策与当今世界最重大经济问题的解决密切相关，政府对技术创新具有重要的促进作用，技术创新政策应包括支持创新者、构建技术文化和减少创新障碍这三个框架。技术创新涉及的不仅仅是技术问题，而且包括了许多组织与管理问题。

③ 1982 年，OECD 组织的科技委员会提出：技术创新政策的目的是要把科技政策与政府其他政策，特别是经济、社会和产业政策，包括能源、教育和人力资源政策形成一个整体。技术创新政策的内涵主要包括：a. 有关 R&D 和创新投资的措施，如直接资助 R&D 活动、税收激励等；b. 有关技术诀窍的扩散和获取的措施，如教育、科技信息以及促进建立共用技术研究开发中心等；c. 有关一般竞争条件的措施，如反托拉斯法、政府刺激创新的努力以及政府规制等。

④ 中国科学院创新发展研究中心副主任连燕华认为：技术创新政策是一个政策体系，是一个国家为促进技术创新活动、规范技术创新行为而采取的各种直接或间接的政策与措施的总和。

⑤ 浙江大学的陈劲教授认为：技术创新政策是一国政府为了影响或者改变技术创新的速度、方向和规模而采取的一系列公共政策的总称，技术创新政策不等于科技政策和经济政策，也不是科技政策和经济政策各自一部分内容的简单相加，但显然应当包括科技政策与经济政策的一些具体措施和手段。

尽管不同学者对技术创新政策的内涵和构成有不同见解，但是分析上述观点不难发现：所有学者都强调技术创新政策是多种不同政策措施的组合。

10.4.2 政策对技术创新的影响

（1）教育政策 技术创新过程中技术创新能力是核心，而人是技术创新能力的重要载体。技术创新型人才的培养，对国家整体的技术创新具有重大和深远的影响。

（2）市场竞争政策 企业是技术创新的主体，市场竞争是技术创新的重要动力。企业在市场需求及市场竞争的压力下展开技术创新；同时，有效的市场调节机制通过优胜劣汰，对有效率、有成果的技术创新产生回报，激励技术创新活动进一步展开。

（3）金融政策 金融体系为企业提供资金，特别是对新风险投资的金融资本是技术创新资金的主要来源。有利的金融政策能有效减少企业在技术创新融资上的困难，并通过政策导向实现对企业技术创新的调控。同时，完善的金融政策也会包含经营性风险资本体系所必需的法制条件，从而降低企业不良贷款水平，加强银行系统的监管机制。

（4）知识产权保护政策 完善的知识产权保护政策能有效地保护技术创新成果持有人的权益，通过合理降低技术创新的外部性，减少非技术创新成果持有人对技术创新成果的侵占，维护技术创新投入方合法权益的同时，提升技术创新主体的积极性。同时，完备的知识产权保护政策也有利于技术转移，尽管这种技术转移往往不是无偿的，需要以支付一定的知识产权转让费用为代价，但它会减少技术创新持有人对成果被侵占的顾虑，打通技术转让输出方的瓶颈。

（5）技术标准政策 技术标准可以增强企业竞争力，特别是在实现企业规模经营以及提升产品的可替代性、兼容性和协同性等方面扮演着重要角色。标准体系广泛、合法地使用有利于激发企业在技术研发方面的投资热情，并将有助于扶持技术创新。但另一方面，技术标准也可能被用于支持新生工业或保护本国企业免受国外企业的竞争，而对竞争的阻碍往往会导致资源的无效配置，扼杀技术创新。

（6）公共采购政策　由于政府在经济中的主导作用以及公共采购市场的巨大潜力，以创新为导向的公共采购政策有助于促进创新和加速创新产品及服务的传播。但政策的制定和执行是一个复杂过程，它需要专业技术的支持和政府部门的协调。

10.4.3　技术创新政策的分析和评价

技术创新政策的研究大多以定性分析为主，这样的研究具有较大的主观性和随意性。本节介绍两种定量研究：一是通过对技术创新政策的关键词进行统计分析，展现技术创新政策的现状；二是通过设计指标体系，对技术创新政策进行评价。

（1）关键词分析　大连理工大学管理与经济学部部长苏敬勤教授等收集了 2000～2010 年间的技术创新政策文件 331 种，其中中央文件 108 种、地方（北京市和大连市）文件 223 种。对每一项政策从发布时间、机构、机构属性、指导思想、核心理念、政策措施等方面进行分类、整理，形成技术创新政策数据库，进而进行了关键词提取与规范化，并按照关键词频次从高到低进行排序形成关键词汇（见表 10.4）。

表 10.4　技术创新政策的关键词

序号	关键词	频次	序号	关键词	频次
	中央政策			地方政策	
1	促进自主创新	56	1	补助	68
2	基础平台建设	45	2	奖励	62
3	技术开发项目	45	3	技术开发项目	62
4	税收优惠	41	4	科技型企业	59
5	高新技术产业	41	5	人才培养	57
6	提供核心竞争力	37	6	高新技术产业	56
7	产学研联合平台建设	36	7	贴息	52
8	补助	35	8	科技孵化器建设	51
9	信贷支持	34	9	科技成果转化项目	48
10	科技成果转化项目	33	10	税收优惠	43
11	联动创新平台建设	32	11	公共服务平台建设	38
12	服务外包产业	32	12	信用担保支持	37
13	科技重大专项项目	30	13	产业园区建设	35
14	奖励	28	14	安家补贴	32
15	科技型企业	26	15	信息化建设	26
16	人才集聚	22	16	研发平台建设	25
17	产业集聚	20	17	科技重大专项项目	23
18	科技孵化器建设	19	18	推进中关村国家自主创新示范区	22
19	中西部地区项目	18	19	服务外包产业	20
20	中文合作项目	16	20	户口迁入	20
			21	外国人才引进	18
			22	专利质押贷款	15
			23	振兴东北老工业基地	10

在以上量化分析的基础之上，通过绘制关键词网络图与可视化分析，进而对比、归纳中央与地方政策中的技术创新政策关键词，在保留公共关键词的基础上，把地方政策关键词细化到中央政策关键词之下，最终得到以关键词为基础的技术创新政策结构，如表 10.5 所示。

表 10.5　以关键词为基础的技术创新政策结构

项目		技术创新政策	
		中央政策	地方政策
政策目标		促进自主创新,提高核心竞争力	北京:推进中关村国家自主创新示范区
			大连:振兴东北老工业基地
政策对象		高新技术产业、服务外包产业 科技型企业 技术开发项目、科技成果转化项目、科技重大专项项目 中西部地区项目、中外合作项目	
政策手段	财政金融支持	补助、奖励、税收优惠	
		信贷支持	贴息、专利质押贷款、信用担保支持
	平台建设	产学研联合平台建设	
		科技孵化器建设	
		产业集群	产业园区建设
		基础平台建设	公共服务平台建设、信息化建设、研发平台建设
		人才集聚	户口迁入、安家补贴、人才培养、外国人才引进
		联动创新平台建设	

该研究表明：

首先，在研究方法上，可以通过对技术创新政策关键词的提取和统计，对技术创新政策的现状进行把握和分析；

其次，在我国技术创新政策的结构组成上，由中央与地方政策共同构成，遵循"政策目标—政策对象—政策手段"的三段式结构，其中政策对象主要涉及与技术创新相关的产业、企业以及项目，政策手段则主要包括财政金融支持与平台建设；

最后，在我国技术创新政策的内部关系上，中央政策反映国家利益、全局利益，地方政策反映地方局部利益。

（2）指标评价　浙江理工大学经济管理学院程华教授对技术创新政策的评价指标进行了设计，包括：

① 技术创新政策力度（P）。技术创新政策的力度越大，对技术创新的促进作用越大。政策力度赋值标准：

a. 5——全国人民代表大会及其常务委员会颁布的法律；

b. 4——国务院颁布的条例、各个部委的部令；

c. 3——国务院颁布的暂行条例、规划，各个部委的条例、规定；

d. 2——各个部委的暂行规定、办法、意见、规划；

e. 1——通知、公告。

在涉及联合颁布政策时，以发文部门和类型匹配效度最高的计算。

$$TP_{it} = \sum_{j=1}^{N} P_{ij} \tag{10.18}$$

式中，TP 为政策力度；i 为产业，t 为年；N 为 i 产业第 t 年颁布的政策数目；j 为 i 产业第 t

年颁布的第 j 项政策；$j \in [l, N]$；P_{ij} 表示 i 产业第 j 条政策的政策力度。

如果某项政策没有废除，就一直有影响，利用 $NTP_t = NTP_{t-1} + TP_t$ 计算各产业政策力度。

② 技术创新政策波动度（PX）

$$PX = 各行业每年颁布的政策力度 \times 研究期内该行业政策的标准方差 \quad (10.19)$$

标准差可用来衡量政策的稳定程度，标准差越小，意味着政策波动越小，稳定度较高。所以以上公式表征各行业创新政策波动情况。

③ 政策工具（PA、PB 和 PC）。技术创新政策可以分为：供给政策（PA）、环境政策（PB）和需求政策（PC）。概括而言，供给型政策工具更多地表现为政策对技术创新活动的推动力，需求政策工具表现为拉动力，环境政策工具起间接的影响作用。具体而言：

a. 供给政策工具指政府通过对人才、信息、技术、资金等的支持直接扩大技术的供给，改善技术创新相关要素的供给，推动技术创新和新产品开发，可细分为教育培训、科技信息支持、科技基础设施建设、科技资金投入、公共服务等；

b. 环境政策工具指政府通过财务金融、税收制度、法规管制等政策影响科技发展的环境因素，为技术创新等科技活动提供有利的政策环境，间接影响并促进科技创新和新产品开发，可细分为目标规划、金融支持、税收优惠、知识产权、法规管制等几方面；

c. 需求政策工具指政府通过采购与贸易管制等措施减少市场的不确定性，积极开拓并稳定新技术应用的市场，从而拉动技术创新和新产品开发，可细分为公共技术采购、外包、贸易管制、海外机构管理等几方面。

10.4.4 国家技术创新系统

国家创新体系（national innovation system，NIS）包括一系列政治及其他要素，它明确了一个国家创造性地设定并实现其文化、社会及经济发展宏伟目标的能力。从现代经济学的角度，创新体系可以被定义为：基于制度化的市场机制与非市场机制的整合，它是为实现经济的可持续发展而将公共与私营机构产品、配置及知识利用最优化的过程。

中国创新体系构建始于 20 世纪 80 年代中期的涉及科技体系革新的经济体制改革。以"火炬计划"为契机，科技产业园区（science and technology industrial park，STIP）、大学科技园区以及技术产业孵化器等新兴科技基础设施应运而生，大大促进了产业界与学术界之间的交流，公共科研机构职能的拓展开始弥补创新体系的缺失环节。随着中国对外开放水平的不断提高，企业管理和服务创新的关键基础条件的渐趋完善以及大学与公共科研机构改革的深化，中国创新体系的进程于 1990 年代开始迅速推进。进入 21 世纪，受一系列国家新政策特区试点、地区及当地政府支持下的自下而上的创新以及整体自上而下体制改革的促动，中国开始构建真正意义上的以整体经济为背景的国家创新体系。

当前，我国技术创新政策的整体发展正在从个体创新激励转向机制创新激励，偏重于创新活动的外部激励和外部设施建设。国务院发展研究中心技术经济研究部部长昌薇指出：我国的创新体系建设已进入战略转型期，创新政策从针对创新活动的政策为主转向完善影响创新的制度环境为主；从注重科技投入数量转向提高科技投入的产出效果；从鼓励增加创新的直接要素投入转向各种相关要素投入的平衡。2006 年 1 月，国务院颁布了《国家中长期科学和技术发展规划纲要（2006—2020 年）》，提出到 2020 年，我国将进入创新型国家行列，为在 21 世纪中叶成为世界科技强国奠定基础；并强调要把建设以企业为主体、以市场为导向的技术创新体系作为国家创新体系的突破口。2012 年 9 月 23 日，中共中央、国务院印发了《关于深化科技体制改革加快国家创新体系建设的意见》，指出要全面落实《规划纲要》，突出企业技术创新主体作用，促进科技资源开放共享，各类创新主体协同合作，提升国家创新体系整体效能。以上学者的发现及相关政策导向说明：我国正在大力发展国家技术创新系统。

但是，在推进国家技术创新系统的同时，我们也需要结合我国的国情，对可能存在的困难和问题有清醒的认识。经济合作与发展组织（OECD）应中国科技部要求，对中国国家创新体系及政策进行了述评和总结，指出当前中国国家技术创新系统所面临的主要困难为：

（1）规模、不均衡性与复杂性　中国创新体系发展面临现实的绝对总量与人均总量方面的压力，而且，中国较之其他 OECD 国家具有强烈的地区差异性。

（2）缺乏国际可比指标与统计数据　中国并非所有可比地区都可以参照 OECD 标准予以衡量，尤其是在科技人力资源方面。

（3）国家制度的特殊性　中国有特殊的所有制和管理制度，中国的企业创新活动即使可以采用国际标准予以衡量，其结果同其他地区也不具有可比性。

（4）改革的迅速推进　快速变化的节奏使得对中国创新体系的精确监测非常需要中国政府乃至第三方的介入。缺失信息需要通过制造大量信息来弥补，这些信息大部分不具有科学性，它们有可能误导舆论甚至对全球政策制定产生重大影响。

思考与练习题

10-1　什么是技术创新？如何对技术创新分类？

10-2　技术创新和技术发明、研究开发、技术进步、技术革新、技术突破、技术创新系统的区别分别是什么？技术创新的特点是什么？

10-3　技术创新的主要理论有哪些？其学术观点分别是什么？

10-4　企业进行技术创新的动力有哪些？

10-5　企业技术创新能力是什么？可以如何评价？（除书上介绍的评价指标外，你是否能提出其他指标？依据是什么？）

10-6　企业技术创新战略有哪些？

10-7　企业技术创新绩效是什么？可以如何评价？（除书上介绍的评价指标外，你是否能提出其他指标？依据是什么？）

10-8　思考为什么书上介绍的企业技术创新能力和企业技术创新绩效的评价体系中有相互交叉的指标？

10-9　你认为技术创新网络中组织间是正式还是非正式的关系？为什么？

10-10　技术创新合作伙伴选择的动机是什么？伙伴评价的指标有哪些？

10-11　技术创新网络静态形态分析的必要性是什么？有哪些主要指标？这些指标分别能说明网络具有怎样的特征？

10-12　结合 10.3.4 节"塞班的兴衰"案例，说明技术创新网络动态分析的必要性是什么？网络演化动力和过程是怎样的？

10-13　什么是技术创新政策？对技术创新产生怎样的影响？

10-14　技术创新政策分析和评价的方法有哪些？

10-15　什么是国家技术创新系统？

本 章 参 考 文 献

[1]　傅家骥．技术创新学．北京：清华大学出版社，1998．

[2]　孙冰．企业技术创新动力研究［D］．哈尔滨工程大学，2003．

[3]　吴贵生，王毅．技术创新管理（第三版）．北京：清华大学出版社，2013．

[4]　雷家骕，洪军．技术创新管理．北京：机械工业出版社，2012．

［5］ 汪锦，孙玉涛，刘凤朝. 中国企业技术创新的主体地位研究［J］. 中国软科学，2012（9）：146-154.

［6］ 崔总合，杨梅. 企业技术创新能力评价指标体系构建研究［J］. 科技进步与对策，2012，29（7）：139-141.

［7］ 向坚，刘洪伟. 技术创新绩效评价研究综述［J］. 科技进步与对策，2011，28（6）：155-160.

［8］ 戴彬，屈锡华，李宏伟等. 基于模糊综合评价的技术创新合作伙伴选择模型研究［J］. 科技进步与对策，2011（1）：120-123.

［9］ 石乘齐，党兴华. 创新网络演化动力研究——基于知识权力的前沿视角［J］. 中国科技论坛，2013（1）：5-10.

附录　复利系数表

复利系数表（$i=3\%$）

n	一次支付		等额序列				等差序列		n
	$(F/P,i,n)$	$(P/F,i,n)$	$(F/A,i,n)$	$(A/F,i,n)$	$(P/A,i,n)$	$(A/P,i,n)$	$(P/G,i,n)$	$(A/G,i,n)$	
1	1.03000	0.97087	1.00000	1.00000	0.97087	1.03000	0.00000	0.00000	1
2	1.06090	0.94260	2.03000	0.49261	1.91347	0.52261	0.94260	0.49261	2
3	1.09273	0.91514	3.09090	0.32353	2.82861	0.35353	2.77288	0.98030	3
4	1.12551	0.88849	4.18363	0.23903	3.71710	0.26903	5.43834	1.46306	4
5	1.15927	0.86261	5.30914	0.18835	4.57971	0.21835	8.88878	1.94090	5
6	1.19405	0.83748	6.46841	0.15460	5.41719	0.18460	13.07620	2.41383	6
7	1.22987	0.81309	7.66246	0.13051	6.23028	0.16051	17.95475	2.88185	7
8	1.26677	0.78941	8.89234	0.11246	7.01969	0.14246	23.48061	3.34496	8
9	1.30477	0.76642	10.15911	0.09843	7.78611	0.12843	29.61194	3.80318	9
10	1.34392	0.74409	11.46388	0.08723	8.53020	0.11723	36.30879	4.25650	10
11	1.38423	0.72242	12.80780	0.07808	9.25262	0.10808	43.53300	4.70494	11
12	1.42576	0.70138	14.19203	0.07046	9.95400	0.10046	51.24818	5.14850	12
13	1.46853	0.68095	15.61779	0.06403	10.63496	0.09403	59.41960	5.58720	13
14	1.51259	0.66112	17.08632	0.05853	11.29607	0.08853	68.01413	6.02104	14
15	1.55797	0.64186	18.59891	0.05377	11.93794	0.08377	77.00020	6.45004	15
16	1.60471	0.62317	20.15688	0.04961	12.56110	0.07961	86.34770	6.87421	16
17	1.65285	0.60502	21.76159	0.04595	13.16612	0.07595	96.02796	7.29357	17
18	1.70243	0.58739	23.41444	0.04271	13.75351	0.07271	106.01367	7.70812	18
19	1.75351	0.57029	25.11687	0.03981	14.32380	0.06981	116.27882	8.11788	19
20	1.80611	0.55368	26.87037	0.03722	14.87747	0.06722	126.79866	8.52286	20
21	1.86029	0.53755	28.67649	0.03487	15.41502	0.06487	137.54964	8.92309	21
22	1.91610	0.52189	30.53678	0.03275	15.93692	0.06275	148.50939	9.31858	22
23	1.97359	0.50669	32.45288	0.03081	16.44361	0.06081	159.65661	9.70934	23
24	2.03279	0.49193	34.42647	0.02905	16.93554	0.05905	170.97108	10.09540	24
25	2.09378	0.47761	36.45926	0.02743	17.41315	0.05743	182.43362	10.47677	25
26	2.15659	0.46369	38.55304	0.02594	17.87684	0.05594	194.02598	10.85348	26
27	2.22129	0.45019	40.70963	0.02456	18.32703	0.05456	205.73090	11.22554	27
28	2.28793	0.43708	42.93092	0.02329	18.76411	0.05329	217.53197	11.59298	28
29	2.35657	0.42435	45.21885	0.02211	19.18845	0.05211	229.41367	11.95582	29
30	2.42726	0.41199	47.57542	0.02102	19.60044	0.05102	241.36129	12.31407	30

复利系数表（$i=4\%$）

n	一次支付		等额序列				等差序列		n
	$(F/P,i,n)$	$(P/F,i,n)$	$(F/A,i,n)$	$(A/F,i,n)$	$(P/A,i,n)$	$(A/P,i,n)$	$(P/G,i,n)$	$(A/G,i,n)$	
1	1.04000	0.96154	1.00000	1.00000	0.96154	1.04000	0.00000	0.00000	1
2	1.08160	0.92456	2.04000	0.49020	1.88609	0.53020	0.92456	0.49020	2
3	1.12486	0.88900	3.12160	0.32035	2.77509	0.36035	2.70255	0.97386	3
4	1.16986	0.85480	4.24646	0.23549	3.62990	0.27549	5.26696	1.45100	4
5	1.21665	0.82193	5.41632	0.18463	4.45182	0.22463	8.55467	1.92161	5
6	1.26532	0.79031	6.63298	0.15076	5.24214	0.19076	12.50624	2.38571	6
7	1.31593	0.75992	7.89829	0.12661	6.00205	0.16661	17.06575	2.84332	7
8	1.36857	0.73069	9.21423	0.10853	6.73274	0.14853	22.18058	3.29443	8

续表

n	一次支付		等 额 序 列				等差序列		n
	$(F/P,i,n)$	$(P/F,i,n)$	$(F/A,i,n)$	$(A/F,i,n)$	$(P/A,i,n)$	$(A/P,i,n)$	$(P/G,i,n)$	$(A/G,i,n)$	
9	1.42331	0.70259	10.58280	0.09449	7.43533	0.13449	27.80127	3.73908	9
10	1.48024	0.67556	12.00611	0.08329	8.11090	0.12329	33.88135	4.17726	10
11	1.53945	0.64958	13.48635	0.07415	8.76048	0.11415	40.37716	4.60901	11
12	1.60103	0.62460	15.02581	0.06655	9.38507	0.10655	47.24773	5.03435	12
13	1.66507	0.60057	16.62684	0.06014	9.98565	0.10014	54.45462	5.45329	13
14	1.73168	0.57748	18.29191	0.05467	10.56312	0.09467	61.96179	5.86586	14
15	1.80094	0.55526	20.02359	0.04994	11.11839	0.08994	69.73550	6.27209	15
16	1.87298	0.53391	21.82453	0.04582	11.65230	0.08582	77.74412	6.67200	16
17	1.94790	0.51337	23.69751	0.04220	12.16567	0.08220	85.95809	7.06563	17
18	2.02582	0.49363	25.64541	0.03899	12.65930	0.07899	94.34977	7.45300	18
19	2.10685	0.47464	27.67123	0.03614	13.13394	0.07614	102.89333	7.83416	19
20	2.19112	0.45639	29.77808	0.03358	13.59033	0.07358	111.56469	8.20912	20
21	2.27877	0.43883	31.96920	0.03128	14.02916	0.07128	120.34136	8.57794	21
22	2.36992	0.42196	34.24797	0.02920	14.45112	0.06920	129.20242	8.94065	22
23	2.46472	0.40573	36.61789	0.02731	14.85684	0.06731	138.12840	9.29729	23
24	2.56330	0.39012	39.08260	0.02559	15.24696	0.06559	147.10119	9.64790	24
25	2.66584	0.37512	41.64591	0.02401	15.62208	0.06401	156.10400	9.99252	25
26	2.77247	0.36069	44.31174	0.02257	15.98277	0.06257	165.12123	10.33120	26
27	2.88337	0.34682	47.08421	0.02124	16.32959	0.06124	174.13846	10.66399	27
28	2.99870	0.33348	49.96758	0.02001	16.66306	0.06001	183.14235	10.99092	28
29	3.11865	0.32065	52.96629	0.01888	16.98371	0.05888	192.12059	11.31205	29
30	3.24340	0.30832	56.08494	0.01783	17.29203	0.05783	201.06183	11.62743	30

复利系数表（$i=5\%$）

n	一次支付		等 额 序 列				等差序列		n
	$(F/P,i,n)$	$(P/F,i,n)$	$(F/A,i,n)$	$(A/F,i,n)$	$(P/A,i,n)$	$(A/P,i,n)$	$(P/G,i,n)$	$(A/G,i,n)$	
1	1.05000	0.95238	1.00000	1.00000	0.95238	1.05000	0.00000	0.00000	1
2	1.10250	0.90703	2.05000	0.48780	1.85941	0.53780	0.90703	0.48780	2
3	1.15763	0.86384	3.15250	0.31721	2.72325	0.36721	2.63470	0.96749	3
4	1.21551	0.82270	4.31013	0.23201	3.54595	0.28201	5.10281	1.43905	4
5	1.27628	0.78353	5.52563	0.18097	4.32948	0.23097	8.23692	1.90252	5
6	1.34010	0.74622	6.80191	0.14702	5.07569	0.19702	11.96799	2.35790	6
7	1.40710	0.71068	8.14201	0.12282	5.78637	0.17282	16.23208	2.80523	7
8	1.47746	0.67684	9.54911	0.10472	6.46321	0.15472	20.96996	3.24451	8
9	1.55133	0.64461	11.02656	0.09069	7.10782	0.14069	26.12683	3.67579	9
10	1.62889	0.61391	12.57789	0.07950	7.72173	0.12950	31.65205	4.09909	10
11	1.71034	0.58468	14.20679	0.07039	8.30641	0.12039	37.49884	4.51444	11
12	1.79586	0.55684	15.91713	0.06283	8.86325	0.11283	43.62405	4.92190	12
13	1.88565	0.53032	17.71298	0.05646	9.39357	0.10646	49.98791	5.32150	13
14	1.97993	0.50507	19.59863	0.05102	9.89864	0.10102	56.55379	5.71329	14
15	2.07893	0.48102	21.57856	0.04634	10.37966	0.09634	63.28803	6.09731	15
16	2.18287	0.45811	23.65749	0.04227	10.83777	0.09227	70.15970	6.47363	16
17	2.29202	0.43630	25.84037	0.03870	11.27407	0.08870	77.14045	6.84229	17
18	2.40662	0.41552	28.13238	0.0355	11.68959	0.08555	84.20430	7.20336	18
19	2.52695	0.39573	30.53900	0.03275	12.08532	0.08275	91.32751	7.55690	19
20	2.65330	0.37689	33.06595	0.03024	12.46221	0.08024	98.48841	7.90297	20
21	2.78596	0.35894	35.71925	0.02800	12.82115	0.07800	105.66726	8.24164	21
22	2.92526	0.34185	38.50521	0.02597	13.16300	0.07597	112.84611	8.57298	22
23	3.07152	0.32557	41.43048	0.02414	13.48857	0.07414	120.00868	8.89706	23

续表

n	一次支付		等　额　序　列				等　差　序　列		n
	$(F/P,i,n)$	$(P/F,i,n)$	$(F/A,i,n)$	$(A/F,i,n)$	$(P/A,i,n)$	$(A/P,i,n)$	$(P/G,i,n)$	$(A/G,i,n)$	
24	3.22510	0.31007	44.50200	0.02247	13.79864	0.07247	127.14024	9.21397	24
25	3.38635	0.29530	47.72710	0.02095	14.09394	0.07095	134.22751	9.52377	25
26	3.55567	0.28124	51.11345	0.01956	14.37519	0.06956	141.25852	9.82655	26
27	3.73346	0.26785	54.66913	0.01829	14.64303	0.06829	148.22258	10.12240	27
28	3.92013	0.25509	58.40258	0.01712	14.89813	0.06712	155.11011	10.41138	28
29	4.11614	0.24295	62.32271	0.01605	15.14107	0.06605	161.91261	10.69360	29
30	4.32194	0.23138	66.43885	0.01505	15.37245	0.06505	168.62255	10.96914	30

复利系数表（$i=6\%$）

n	一次支付		等　额　序　列				等　差　序　列		n
	$(F/P,i,n)$	$(P/F,i,n)$	$(F/A,i,n)$	$(A/F,i,n)$	$(P/A,i,n)$	$(A/P,i,n)$	$(P/G,i,n)$	$(A/G,i,n)$	
1	1.06000	0.94340	1.00000	1.00000	0.94340	1.06000	0.00000	0.00000	1
2	1.12360	0.89000	2.06000	0.48544	1.83339	0.54544	0.89000	0.48544	2
3	1.19102	0.83962	3.18360	0.31411	2.67301	0.37411	2.56924	0.96118	3
4	1.26248	0.79209	4.37462	0.22859	3.46511	0.28859	4.94552	1.42723	4
5	1.33823	0.74726	5.63709	0.17740	4.21236	0.23740	7.93455	1.88363	5
6	1.41852	0.70496	6.97532	0.14336	4.91732	0.20336	11.45935	2.33040	6
7	1.50363	0.66506	8.39384	0.11914	5.58238	0.17914	15.44969	2.76758	7
8	1.59385	0.62741	9.89747	0.10104	6.20979	0.16104	19.84158	3.19521	8
9	1.68948	0.59190	11.49132	0.08702	6.80169	0.14702	24.57677	3.61333	9
10	1.79085	0.55839	13.18079	0.07587	7.36009	0.13587	29.60232	4.02201	10
11	1.89830	0.52679	14.97164	0.06679	7.88687	0.12679	34.87020	4.42129	11
12	2.01220	0.49697	16.86994	0.05928	8.38384	0.11928	40.33686	4.81126	12
13	2.13293	0.46884	18.88214	0.05296	8.85268	0.11296	45.96293	5.19198	13
14	2.26090	0.44230	21.01507	0.04758	9.29498	0.10758	51.71284	5.56352	14
15	2.39656	0.41727	23.27597	0.04296	9.71225	0.10296	57.55455	5.92598	15
16	2.54035	0.39365	25.67253	0.03895	10.10590	0.09895	63.45925	6.27943	16
17	2.69277	0.37136	28.21288	0.03544	10.47726	0.09544	69.40108	6.62397	17
18	2.85434	0.35034	30.90565	0.03236	10.82760	0.09236	75.35692	6.95970	18
19	3.02560	0.33051	33.75999	0.02962	11.15812	0.08962	81.30615	7.28673	19
20	3.20714	0.31180	36.78559	0.02718	11.46992	0.08718	87.23044	7.60515	20
21	3.39956	0.29416	39.99273	0.02500	11.76408	0.08500	93.11355	7.91508	21
22	3.60354	0.27751	43.39229	0.02305	12.04158	0.08305	98.94116	8.21662	22
23	3.81975	0.26180	46.99583	0.02128	12.30338	0.08128	104.70070	8.50991	23
24	4.04893	0.24698	50.81558	0.01968	12.55036	0.07968	110.38121	8.79506	24
25	4.29187	0.23300	54.86451	0.01823	12.78336	0.07823	115.97317	9.07220	25
26	4.54938	0.21981	59.15638	0.01690	13.00317	0.07690	121.46842	9.34145	26
27	4.82235	0.20737	63.70577	0.01570	13.21053	0.07570	126.85999	9.60294	27
28	5.11169	0.19563	68.52811	0.01459	13.40616	0.07459	132.14200	9.85681	28
29	5.41839	0.18456	73.63980	0.01358	13.59072	0.07358	137.30959	10.10319	29
30	5.74349	0.17411	79.05819	0.01265	13.76483	0.07265	142.35879	10.34221	30

复利系数表（$i=7\%$）

n	一次支付		等 额 序 列				等差序列		n
	$(F/P,i,n)$	$(P/F,i,n)$	$(F/A,i,n)$	$(A/F,i,n)$	$(P/A,i,n)$	$(A/P,i,n)$	$(P/G,i,n)$	$(A/G,i,n)$	
1	1.07000	0.93458	1.00000	1.00000	0.93458	1.07000	0.00000	0.00000	1
2	1.14490	0.87344	2.07000	0.48309	1.80802	0.55309	0.87344	0.48309	2
3	1.22504	0.81630	3.21490	0.31105	2.62432	0.38105	2.50603	0.95493	3
4	1.31080	0.76290	4.43994	0.22523	3.38721	0.29523	4.79472	1.41554	4
5	1.40255	0.71299	5.75074	0.17389	4.10020	0.24389	7.64666	1.86495	5
6	1.50073	0.66634	7.15329	0.13980	4.76654	0.20980	10.97838	2.30322	6
7	1.60578	0.62275	8.65402	0.11555	5.38929	0.18555	14.71487	2.73039	7
8	1.71819	0.58201	10.25980	0.09747	5.97130	0.16747	18.78894	3.14654	8
9	1.83846	0.54393	11.97799	0.08349	6.51523	0.15349	23.14041	3.55174	9
10	1.96715	0.50835	13.81645	0.07238	7.02358	0.14238	27.71555	3.94607	10
11	2.10485	0.47509	15.78360	0.06336	7.49867	0.13336	32.46648	4.32963	11
12	2.25219	0.44401	17.88845	0.05590	7.94269	0.12590	37.35061	4.70252	12
13	2.40985	0.41496	20.14064	0.04965	8.35765	0.11965	42.33018	5.06484	13
14	2.57853	0.38782	22.55049	0.04434	8.74547	0.11434	47.37181	5.41673	14
15	2.75903	0.36245	25.12902	0.03979	9.10791	0.10979	52.44605	5.75829	15
16	2.95216	0.33873	27.88805	0.03586	9.44665	0.10586	57.52707	6.08968	16
17	3.15882	0.31657	30.84022	0.03243	9.76322	0.10243	62.59226	6.41102	17
18	3.37993	0.29586	33.99903	0.02941	10.05909	0.09941	67.62195	6.72247	18
19	3.61653	0.27651	37.37896	0.02675	10.33560	0.09675	72.59910	7.02418	19
20	3.86968	0.25842	40.99549	0.02439	10.59401	0.09439	77.50906	7.31631	20
21	4.14056	0.24151	44.86518	0.02229	10.83553	0.09229	82.33932	7.59901	21
22	4.43040	0.22571	49.00574	0.02041	11.06124	0.09041	87.07930	7.87247	22
23	4.74053	0.21095	53.43614	0.01871	11.27219	0.08871	91.72013	8.13685	23
24	5.07237	0.19715	58.17667	0.01719	11.46933	0.08719	96.25450	8.39234	24
25	5.42743	0.18425	63.24904	0.01581	11.65358	0.08581	100.67648	8.63910	25
26	5.80735	0.17220	68.67647	0.01456	11.82578	0.08456	104.98137	8.87733	26
27	6.21387	0.16093	74.48382	0.01343	11.98671	0.08343	109.16556	9.10722	27
28	6.64884	0.15040	80.69769	0.01239	12.13711	0.08239	113.22642	9.32894	28
29	7.11426	0.14056	87.34653	0.01145	12.27767	0.08145	117,16218	9.54270	29
30	7.61226	0.13137	94.46079	0.01059	12.40904	0.08059	120.97182	9.74868	30

复利系数表（$i=8\%$）

n	一次支付		等 额 序 列				等差序列		n
	$(F/P,i,n)$	$(P/F,i,n)$	$(F/A,i,n)$	$(A/F,i,n)$	$(P/A,i,n)$	$(A/P,i,n)$	$(P/G,i,n)$	$(A/G,i,n)$	
1	1.08000	0.92593	1.00000	1	0.92593	1.08000	0.00000	0.00000	1
2	1.16640	0.85734	2.08000	0.48077	1.78326	0.56077	0.85734	0.48077	2
3	1.25971	0.79383	3.24640	0.30803	2.57710	0.38803	2.44500	0.94874	3
4	1.36049	0.73503	4.50611	0.22192	3.31213	0.30192	4.65009	1.40396	4
5	1.46933	0.68058	5.86660	0.17046	3.99271	0.25046	7.37243	1.84647	5
6	1.58687	0.63017	7.33593	0.13632	4.62288	0.21632	10.52327	2.27635	6
7	1.71382	0.58349	8.92280	0.11207	5.20637	0.19207	14.02422	2.69366	7
8	1.85093	0.54027	10.63663	0.09401	5.74664	0.17401	17.80610	3.09852	8
9	1.99900	0.50025	12.48756	0.08008	6.24689	0.16008	21.80809	3.49103	9
10	2.15892	0.46319	14.48656	0.06903	6.71008	0.14903	25.97683	3.87131	10

续表

n	一次支付		等 额 序 列				等差序列		n
	$(F/P,i,n)$	$(P/F,i,n)$	$(F/A,i,n)$	$(A/F,i,n)$	$(P/A,i,n)$	$(A/P,i,n)$	$(P/G,i,n)$	$(A/G,i,n)$	
11	2.33164	0.42888	16.64549	0.06008	7.13896	0.14008	30.26566	4.23950	11
12	2.51817	0.39771	18.97713	0.05270	7.53608	0.13270	34.63391	4.59575	12
13	2.71962	0.36770	21.49530	0.04652	7.90378	0.12652	39.04629	4.94021	13
14	2.93719	0.34046	24.21492	0.04130	8.24424	0.12130	43.47228	5.27305	14
15	3.17217	0.31524	27.15211	0.03683	8.55948	0.11683	47.88566	5.59446	15
16	3.42594	0.29189	30.32428	0.03298	8.85137	0.11298	52.26402	5.90463	16
17	3.70002	0.27027	33.75023	0.02963	9.12164	0.10963	56.58832	6.20375	17
18	3.99602	0.25025	37.45024	0.02670	9.37189	0.10670	60.84256	6.49203	18
19	4.31570	0.23171	41.44626	0.02413	9.60360	0.10413	65.01337	6.76969	19
20	4.66096	0.21455	45.76196	0.02185	9.81815	0.10185	69.08979	7.03695	20
21	5.03383	0.19866	50.42292	0.01983	10.01680	0.09983	73.06291	7.29403	21
22	5.43654	0.18394	55.45676	0.01803	10.20074	0.09803	76.92566	7.54118	22
23	5.87146	0.17032	60.89330	0.01642	10.37106	0.09642	80.67259	7.77863	23
24	6.34118	0.15770	66.76476	0.01498	10.52876	0.09498	84.29968	8.00661	24
25	6.84848	0.14602	73.10594	0.01368	10.67478	0.09368	87.80411	8.22538	25
26	7.39635	0.13520	79.95442	0.01251	10.80998	0.09251	91.18415	8.43518	26
27	7.98806	0.12519	87.35077	0.01145	10.93516	0.09145	94.43901	8.63627	27
28	8.62711	0.11591	95.33883	0.01049	11.05108	0.09049	97.56868	8.82888	28
29	9.31727	0.10733	103.96594	0.00962	11.15841	0.08962	100.57385	9.01328	29
30	10.06266	0.09938	113.28321	0.00883	11.25778	0.08883	103.45579	9.18971	30

复利系数表 $(i=10\%)$

n	一次支付		等 额 序 列				等差序列		n
	$(F/P,i,n)$	$(P/F,i,n)$	$(F/A,i,n)$	$(A/F,i,n)$	$(P/A,i,n)$	$(A/P,i,n)$	$(P/G,i,n)$	$(A/G,i,n)$	
1	1.10000	0.90909	1.00000	1.00000	0.90909	1.10000	0.00000	0.00000	1
2	1.21000	0.82645	2.10000	0.47619	1.73554	0.57619	0.82645	0.47619	2
3	1.33100	0.75131	3.31000	0.30211	2.48685	0.40211	2.32908	0.93656	3
4	1.46410	0.68301	4.64100	0.21547	3.16987	0.31547	4.37812	1.38117	4
5	1.61051	0.62092	6.10510	0.16380	3.79079	0.26380	6.86180	1.81013	5
6	1.77156	0.56447	7.71561	0.12961	4.35526	0.22961	9.68417	2.22356	6
7	1.94872	0.51316	9.48717	0.10541	4.86842	0.20541	12.76312	2.62162	7
8	2.14359	0.46651	11.43589	0.08744	5.33493	0.18744	16.02867	3.00448	8
9	2.35795	0.42410	13.57948	0.07364	5.75902	0.17364	19.42145	3.37235	9
10	2.59374	0.38554	15.93742	0.06275	6.14457	0.16275	22.89134	3.72546	10
11	2.85312	0.35049	18.53117	0.05396	6.49506	0.15396	26.39628	4.06405	11
12	3.13843	0.31863	21.38428	0.04676	6.81369	0.14676	29.90122	4.38840	12
13	3.45227	0.28966	24.52271	0.04078	7.10336	0.14078	33.37719	4.69879	13
14	3.79750	0.26333	27.97498	0.03575	7.36669	0.13575	36.80050	4.99553	14
15	4.17725	0.23939	31.77248	0.03147	7.60608	0.13147	40.15199	5.27893	15
16	4.59497	0.21763	35.94973	0.02782	7.82371	0.12782	43.41642	5.54934	16
17	5.05447	0.19784	40.54470	0.02466	8.02155	0.12466	46.58194	5.80710	17
18	5.55992	0.17986	45.59917	0.02193	8.20141	0.12193	49.63954	6.05256	18
19	6.11591	0.16351	51.15909	0.01955	8.36492	0.11955	52.58268	6.28610	19
20	6.72750	0.14864	57.27500	0.01746	8.51356	0.11746	55.40691	6.50808	20
21	7.40025	0.13513	64.00250	0.01562	8.64869	0.11562	58.10952	6.71888	21
22	8.14027	0.12285	71.40275	0.01401	8.77154	0.11401	60.68929	6.91889	22
23	8.95430	0.11168	79.54302	0.01257	8.88322	0.11257	63.14621	7.10848	23

续表

n	一次支付		等 额 序 列				等 差 序 列		n
	$(F/P,i,n)$	$(P/F,i,n)$	$(F/A,i,n)$	$(A/F,i,n)$	$(P/A,i,n)$	$(A/P,i,n)$	$(P/G,i,n)$	$(A/G,i,n)$	
24	9.84973	0.10153	88.49733	0.01130	8.98474	0.11130	65.48130	7.28805	24
25	10.83471	0.09230	98.34706	0.01017	9.07704	0.11017	67.69640	7.45798	25
26	11.91818	0.08391	109.18177	0.00916	9.16095	0.10916	69.79404	7.61865	26
27	13.10999	0.07628	121.09994	0.00826	9.23722	0.10826	71.77726	7.77044	27
28	14.42099	0.06934	134.20994	0.00745	9.30657	0.10745	73.64953	7.91372	28
29	15.86309	0.06304	148.63093	0.00673	9.36961	0.10673	75.41463	8.04886	29
30	17.44940	0.05731	164.49402	0.00608	9.42691	0.10608	77.07658	8.17623	30

复利系数表（$i=12\%$）

n	一次支付		等 额 序 列				等 差 序 列		n
	$(F/P,i,n)$	$(P/F,i,n)$	$(F/A,i,n)$	$(A/F,i,n)$	$(P/A,i,n)$	$(A/P,i,n)$	$(P/G,i,n)$	$(A/G,i,n)$	
1	1.12000	0.89286	1.00000	1.00000	0.89286	1.12000	0.00000	0.00000	1
2	1.25440	0.79719	2.12000	0.47170	1.69005	0.59170	0.79719	0.47170	2
3	1.40493	0.71178	3.37440	0.29635	2.40183	0.41635	2.22075	0.92461	3
4	1.57352	0.63552	4.77933	0.20923	3.03735	0.32923	4.12731	1.35885	4
5	1.76234	0.56743	6.35285	0.15741	3.60478	0.27741	6.39702	1.77459	5
6	1.97382	0.50663	8.11519	0.12323	4.11141	0.24323	8.93017	2.17205	6
7	2.21068	0.45235	10.08901	0.09912	4.56376	0.21912	11.64427	2.55147	7
8	2.47596	0.40388	12.29969	0.08130	4.96764	0.20130	14.47145	2.91314	8
9	2.77308	0.36061	14.77566	0.06768	5.32825	0.18768	17.35633	3.25742	9
10	3.10585	0.32197	17.54874	0.05698	5.65022	0.17698	20.25409	3.58465	10
11	3.47855	0.28748	20.65458	0.04842	5.93770	0.16842	23.12885	3.89525	11
12	3.89598	0.25668	24.13313	0.04144	6.19437	0.16144	25.95228	4.18965	12
13	4.36349	0.22917	28.02911	0.03568	6.42335	0.15568	28.70237	4.46830	13
14	4.88711	0.20462	32.39260	0.03087	6.62817	0.15087	31.36242	4.73169	14
15	5.47357	0.18270	37.27971	0.02682	6.81086	0.14682	33.92017	4.98030	15
16	6.13039	0.16312	42.75328	0.02339	6.97399	0.14339	36.36700	5.21466	16
17	6.86604	0.14564	48.88367	0.02046	7.11963	0.14046	38.69731	5.43530	17
18	7.68997	0.13004	55.74971	0.01794	7.24967	0.13794	40.90798	5.64274	18
19	8.61276	0.11611	63.43968	0.01576	7.36578	0.13576	42.99790	5.83752	19
20	9.64629	0.10367	72.05244	0.01388	7.46944	0.13388	44.96757	6.02020	20
21	10.80385	0.09256	81.69874	0.01224	7.56200	0.13224	46.81876	6.19132	21
22	12.10031	0.08264	92.50258	0.01081	7.64465	0.13081	48.55425	6.35141	22
23	13.55235	0.07379	104.60289	0.00956	7.71843	0.12956	50.17759	6.50101	23
24	15.17863	0.06588	118.15524	0.00846	7.78432	0.12846	51.69288	6.64064	24
25	17.00006	0.05882	133.33387	0.00750	7.84314	0.12750	53.10464	6.77084	25
26	19.04007	0.05252	150.33393	0.00665	7.89566	0.12665	54.41766	6.89210	26
27	21.32488	0.04689	169.37401	0.00590	7.94255	0.12590	55.63689	7.00491	27
28	23.88387	0.04187	190.69889	0.00524	7.98442	0.12524	56.76736	7.10976	28
29	26.74993	0.03738	214.58275	0.00466	8.02181	0.12466	57.81409	7.20712	29
30	29.95992	0.03338	241.33268	0.00414	8.05518	0.12414	58.78205	7.29742	30

复利系数表 ($i=15\%$)

n	一次支付		等 额 序 列				等 差 序 列		n
	$(F/P,i,n)$	$(P/F,i,n)$	$(F/A,i,n)$	$(A/F,i,n)$	$(P/A,i,n)$	$(A/P,i,n)$	$(P/G,i,n)$	$(A/G,i,n)$	
1	1.15000	0.86957	1.00000	1.00000	0.86957	1.15000	0.00000	0.00000	1
2	1.32250	0.75614	2.15000	0.46512	1.62571	0.61512	0.75614	0.46512	2
3	1.52088	0.65752	3.47250	0.28798	2.28323	0.43798	2.07118	0.90713	3
4	1.74901	0.57175	4.99338	0.20027	2.85498	0.35027	3.78644	1.32626	4
5	2.01136	0.49718	6.74238	0.14832	3.35216	0.29832	5.77514	1.72281	5
6	2.31306	0.43233	8.75374	0.11424	3.78448	0.26424	7.93678	2.09719	6
7	2.66002	0.37594	11.06680	0.09036	4.16042	0.24036	10.19240	2.44985	7
8	3.05902	0.32690	13.72682	0.07285	4.48732	0.22285	12.48072	2.78133	8
9	3.51788	0.28426	16.78584	0.05957	4.77158	0.20957	14.75481	3.09223	9
10	4.04556	0.24718	20.30372	0.04925	5.01877	0.19925	16.97948	3.38320	10
11	4.65239	0.21494	24.34928	0.04107	5.23371	0.19107	19.12891	3.65494	11
12	5.35025	0.18691	29.00167	0.03448	5.42062	0.18448	21.18489	3.90820	12
13	6.15279	0.16253	34.35192	0.02911	5.58315	0.17911	23.13522	4.14376	13
14	7.07571	0.14133	40.50471	0.02469	5.72448	0.17469	24.97250	4.36241	14
15	8.13706	0.12289	47.58041	0.02102	5.84737	0.17102	26.69302	4.56496	15
16	9.35762	0.10686	55.71747	0.01795	5.95423	0.16795	28.29599	4.75225	16
17	10.76126	0.09293	65.07509	0.01537	6.04716	0.16537	29.78280	4.92509	17
18	12.37545	0.08081	75.83636	0.01319	6.12797	0.16319	31.15649	5.08431	18
19	14.23177	0.07027	88.21181	0.01134	6.19823	0.16134	32.42127	5.23073	19
20	16.36654	0.06110	102.44358	0.00976	6.25933	0.15976	33.58217	5.36514	20
21	18.82152	0.05313	118.81012	0.00842	6.31246	0.15842	36.64479	5.48832	21
22	21.64475	0.04620	137.63164	0.00727	6.35866	0.15727	35.61500	5.60102	22
23	24.89146	0.04017	159.27638	0.00628	6.39884	0.15628	36.49884	5.70398	23
24	28.62518	0.03493	184.16784	0.00543	6.43377	0.15543	37.30232	5.79789	24
25	32.91895	0.03038	212.79302	0.00470	6.46415	0.15470	38.03139	5.88343	25
26	37.85680	0.02642	245.71197	0.00407	6.49056	0.15407	38.69177	5.96123	26
27	43.53531	0.02297	283.56877	0.00353	6.51353	0.15353	39.28899	6.03190	27
28	50.06561	0.01997	327.10408	0.00306	6.53351	0.15306	39.82828	6.09600	28
29	57.57545	0.01737	377.16969	0.00265	6.55088	0.15265	40.31460	6.15408	29
30	66.21177	0.01510	434.74515	0.00230	6.56598	0.15230	40.75259	6.20663	30

复利系数表 ($i=20\%$)

n	一次支付		等 额 序 列				等 差 序 列		n
	$(F/P,i,n)$	$(P/F,i,n)$	$(F/A,i,n)$	$(A/F,i,n)$	$(P/A,i,n)$	$(A/P,i,n)$	$(P/G,i,n)$	$(A/G,i,n)$	
1	1.20000	0.83333	1.00000	1.00000	0.83333	1.20000	0.00000	0.00000	1
2	1.44000	0.69444	2.20000	0.45455	1.52778	0.65455	0.69444	0.45455	2
3	1.72800	0.57870	3.64000	0.27473	2.10648	0.47473	1.85185	0.87912	3
4	2.07360	0.48225	5.36800	0.18629	2.58873	0.38629	3.29861	1.27422	4
5	2.48832	0.40188	7.44160	0.13438	2.99061	0.33438	4.90612	1.64051	5
6	2.98598	0.33490	9.92992	0.10071	3.32551	0.30071	6.58061	1.97883	6
7	3.58318	0.27908	12.91590	0.07742	3.60459	0.27742	8.25510	2.29016	7
8	4.29982	0.23257	16.49908	0.06061	3.83716	0.26061	9.88308	2.57562	8
9	5.15978	0.19381	20.79890	0.04808	4.03097	0.24808	11.43353	2.83642	9
10	6.19174	0.16151	25.95868	0.03852	4.19247	0.23852	12.88708	3.07386	10
11	7.43008	0.13459	32.15042	0.03110	4.32706	0.23110	14.23296	3.28929	11
12	8.91610	0.11216	39.58050	0.02526	4.43922	0.22526	15.46668	3.48410	12
13	10.69932	0.09346	48.49660	0.02062	4.53268	0.22062	16.58825	3.65970	13

续表

n	一次支付		等 额 序 列				等差序列		n
	$(F/P,i,n)$	$(P/F,i,n)$	$(F/A,i,n)$	$(A/F,i,n)$	$(P/A,i,n)$	$(A/P,i,n)$	$(P/G,i,n)$	$(A/G,i,n)$	
14	12.83918	0.07789	59.19592	0.01689	4.61057	0.21689	17.60078	3.81749	14
15	15.40702	0.06491	72.03511	0.01388	4.67547	0.21388	18.50945	3.95884	15
16	18.48843	0.05409	87.44213	0.01144	4.72956	0.21144	19.32077	4.08511	16
17	22.18611	0.04507	105.93056	0.00944	4.77463	0.20944	20.04194	4.19759	17
18	26.62333	0.03756	128.11667	0.00781	4.81219	0.20781	20.68048	4.29752	18
19	31.94800	0.03130	154.74000	0.00646	4.84350	0.20646	21.24390	4.38607	19
20	38.33760	0.02608	186.68800	0.00536	4.86958	0.20536	21.73949	4.46435	20
21	46.00512	0.02174	225.02560	0.00444	4.89132	0.20444	22.17423	4.53339	21
22	55.20614	0.01811	271.03072	0.00369	4.90943	0.20369	22.55462	4.59414	22
23	66.24737	0.01509	326.23686	0.00307	4.92453	0.20307	22.88671	4.64750	23
24	79.49685	0.01258	392.48424	0.00255	4.93710	0.20255	23.17603	4.69426	24
25	95.39622	0.01048	471.98108	0.00212	4.94759	0.20212	23.42761	4.73516	25
26	114.47546	0.00874	567.37730	0.00176	4.95632	0.20176	23.64600	4.77088	26
27	137.37055	0.00728	681.85276	0.00147	4.96360	0.20147	23.83527	4.80201	27
28	164.84466	0.00607	819.22331	0.00122	4.96967	0.20122	23.99906	4.82911	28
29	197.81359	0.00506	984.06797	0.00102	4.97472	0.20102	24.14061	4.85265	29
30	237.37631	0.00421	1181.88157	0.00085	4.97894	0.20085	24.26277	4.87308	30

复利系数表（$i=25\%$）

n	一次支付		等 额 序 列				等差序列		n
	$(F/P,i,n)$	$(P/F,i,n)$	$(F/A,i,n)$	$(A/F,i,n)$	$(P/A,i,n)$	$(A/P,i,n)$	$(P/G,i,n)$	$(A/G,i,n)$	
1	1.25000	0.80000	1.00000	1.00000	0.80000	1.25000	0.00000	0.00000	1
2	1.56250	0.64000	2.25000	0.44444	1.44000	0.69444	0.64000	0.44444	2
3	1.95313	0.51200	3.81250	0.26230	1.95200	0.51230	1.66400	0.85246	3
4	2.44141	0.40960	5.76563	0.17344	2.36160	0.42344	2.89280	1.22493	4
5	3.05176	0.32768	8.20703	0.12185	2.68928	0.37185	4.20352	1.56307	5
6	3.81470	0.26214	11.25879	0.08882	2.95142	0.33882	5.51424	1.86833	6
7	4.76837	0.20972	15.07349	0.06634	3.16114	0.31634	6.77253	2.14243	7
8	5.96046	0.16777	19.84186	0.05040	3.32891	0.30040	7.94694	2.38725	8
9	7.45058	0.13422	25.80232	0.03876	3.46313	0.28876	9.02068	2.60478	9
10	9.31323	0.10737	33.25290	0.03007	3.57050	0.28007	9.98705	2.79710	10
11	11.64153	0.08590	42.56613	0.02349	3.65640	0.27349	10.84604	2.96631	11
12	14.55192	0.06872	54.20766	0.01845	3.72512	0.26845	11.60195	3.11452	12
13	18.18989	0.05498	68.75958	0.01454	3.78010	0.26454	12.26166	3.24374	13
14	22.73737	0.04398	86.94947	0.01150	3.82408	0.26150	12.83341	3.35595	14
15	28.42171	0.03518	109.68684	0.00912	3.85926	0.25912	13.32599	3.45299	15
16	35.52714	0.02815	138.10855	0.00724	3.88741	0.25724	13.74820	3.53660	16
17	44.40892	0.02252	173.63568	0.00576	3.90993	0.25576	14.10849	3.60838	17
18	55.51115	0.01801	218.04460	0.00459	3.92794	0.25459	14.41473	3.66979	18
19	69.38894	0.01441	273.55576	0.00366	3.94235	0.25366	14.67414	3.72218	19
20	86.73617	0.01153	342.94470	0.00292	3.95388	0.25292	14.89320	3.76673	20
21	108.42022	0.00922	429.68077	0.00233	3.96311	0.25233	15.07766	3.80451	21
22	135.52527	0.00738	538.10109	0.00186	3.97049	0.25186	15.23262	3.83646	22
23	169.40659	0.00590	673.62636	0.00148	3.97639	0.25148	15.36248	3.86343	23
24	211.75824	0.00472	843.03295	0.00119	3.98111	0.25119	15.47109	3.88613	24
25	264.69780	0.00378	1054.7912	0.00095	3.98489	0.25095	15.56176	3.90519	25
26	330.87225	0.00302	1319.4890	0.00076	3.98791	0.25076	15.63732	3.92118	26
27	413.59031	0.00242	1650.3612	0.00061	3.99033	0.25061	15.70019	3.93456	27
28	516.98788	0.00193	2063.9515	0.00048	3.99226	0.25048	15.75241	3.94574	28
29	646.23485	0.00155	2580.9394	0.00039	3.99381	0.25039	15.79574	3.95506	29
30	807.79357	0.00124	3227.1743	0.00031	3.99505	0.25031	15.83164	3.96282	30

复利系数表（$i=30\%$）

n	一次支付		等　额　序　列				等　差　序　列		n
	$(F/P,i,n)$	$(P/F,i,n)$	$(F/A,i,n)$	$(A/F,i,n)$	$(P/A,i,n)$	$(A/P,i,n)$	$(P/G,i,n)$	$(A/G,i,n)$	
1	1.30000	0.76923	1.00000	1.00000	0.76923	1.30000	0.00000	0.00000	1
2	1.69000	0.59172	2.30000	0.43478	1.36095	0.73478	0.59172	0.43478	2
3	2.19700	0.45517	3.99000	0.25063	1.81611	0.55063	1.50205	0.82707	3
4	2.85610	0.35013	6.18700	0.16163	2.16624	0.46163	2.55243	1.17828	4
5	3.71293	0.26933	9.04310	0.11058	2.43557	0.41058	3.62975	1.49031	5
6	4.82681	0.20718	12.75603	0.07839	2.64275	0.37839	4.66563	1.76545	6
7	6.27485	0.15937	17.58284	0.05687	2.80211	0.35687	5.62183	2.00628	7
8	8.15731	0.12259	23.85769	0.04192	2.92470	0.34192	6.47995	2.21559	8
9	10.60450	0.09430	32.01500	0.03124	3.01900	0.33124	7.23435	2.39627	9
10	13.78585	0.07254	42.61950	0.02346	3.09154	0.32346	7.88719	2.55122	10
11	17.92160	0.05580	56.40535	0.01773	3.14734	0.31773	8.44518	2.68328	11
12	23.29809	0.04292	74.32695	0.01345	3.19026	0.31345	8.91732	2.79517	12
13	30.28751	0.03302	97.62504	0.01024	3.22328	0.31024	9.31352	2.88946	13
14	39.37376	0.02540	127.91255	0.00782	3.24867	0.30782	9.64369	2.96850	14
15	51.18589	0.01954	167.28631	0.00598	3.26821	0.30598	9.91721	3.03444	15
16	66.54166	0.01503	218.47220	0.00458	3.28324	0.30458	10.14263	3.08921	16
17	86.50416	0.01156	285.01386	0.00351	3.29480	0.30351	10.32759	3.13451	17
18	112.45541	0.00889	371.51802	0.00269	0.30369	0.30269	10.47876	3.17183	18
19	146.19203	0.00684	483.97343	0.00207	3.31053	0.30207	10.60189	3.20247	19
20	190.04964	0.00526	630.16546	0.00159	3.31579	0.30159	10.70186	3.22754	20
21	247.06453	0.00405	820.21510	0.00122	3.31984	0.30122	10.78281	3.24799	21
22	321.18389	0.00311	1067.2796	0.00094	3.32296	0.30094	10.84819	3.26462	22
23	417.53905	0.00239	1388.4635	0.00072	3.32535	0.30072	10.90088	3.27812	23
24	542.80077	0.00184	1806.0026	0.00055	3.32719	0.30055	10.94326	3.28904	24
25	705.64100	0.00142	2348.8033	0.00043	3.32861	0.30043	10.97727	3.29785	25
26	917.33330	0.00109	3054.4443	0.00033	3.32970	0.30033	11.00452	3.30496	26
27	1192.5333	0.00084	3971.776	0.00025	3.33054	0.30025	11.02632	3.31067	27
28	1550.2933	0.00065	5164.3109	0.00019	3.33118	0.30019	11.04374	3.31526	28
29	2015.3813	0.00050	6714.6042	0.00015	3.33168	0.30015	11.05763	3.31894	29
30	2619.9956	0.00038	8729.9855	0.00011	3.33206	0.30011	11.06870	3.32188	30

复利系数表（$i=35\%$）

n	一次支付		等　额　序　列				等　差　序　列		n
	$(F/P,i,n)$	$(P/F,i,n)$	$(F/A,i,n)$	$(A/F,i,n)$	$(P/A,i,n)$	$(A/P,i,n)$	$(P/G,i,n)$	$(A/G,i,n)$	
1	1.35000	0.74074	1.00000	1.00000	0.74074	1.35000	0.00000	0.00000	1
2	1.82250	0.54870	2.35000	0.42553	1.28944	0.77553	0.54870	0.42553	2
3	2.46038	0.40644	4.17250	0.23966	1.69588	0.58966	1.36158	0.80288	3
4	3.32151	0.30107	6.63288	0.15076	1.99695	0.50076	2.26479	1.13412	4
5	4.48403	0.22301	9.95438	0.10046	2.21996	0.45046	3.15684	1.42202	5
6	6.05345	0.16520	14.43841	0.06926	2.38516	0.41926	3.98282	1.66983	6
7	8.17215	0.12237	20.49186	0.04880	2.50752	0.39880	4.71702	1.88115	7
8	11.03240	0.09064	28.66401	0.03489	2.59817	0.38489	5.35151	2.05973	8
9	14.89375	0.06714	39.69641	0.02519	2.66531	0.37519	5.88865	2.20937	9
10	20.10656	0.04974	54.59016	0.01832	2.71504	0.36832	6.33626	2.33376	10
11	27.14385	0.03684	74.69672	0.01339	2.75188	0.36339	6.70467	2.43639	11
12	36.64420	0.02729	101.84057	0.00982	2.77917	0.35982	7.00486	2.52048	12
13	49.46967	0.02021	138.48476	0.00722	2.79939	0.35722	7.24743	2.58893	13
14	66.78405	0.01497	187.95443	0.00532	2.81436	0.35532	7.44209	2.64433	14
15	90.15847	0.01109	254.73848	0.00393	2.82545	0.35393	7.59737	2.68890	15

续表

n	一次支付		等 额 序 列				等 差 序 列		n
	$(F/P,i,n)$	$(P/F,i,n)$	$(F/A,i,n)$	$(A/F,i,n)$	$(P/A,i,n)$	$(A/P,i,n)$	$(P/G,i,n)$	$(A/G,i,n)$	
16	121.71393	0.00822	344.89695	0.00290	2.83367	0.35290	7.72061	2.72460	16
17	164.31381	0.00609	466.61088	0.00214	2.83975	0.35214	7.81798	2.75305	17
18	221.82364	0.00451	630.92469	0.00158	2.84426	0.35158	7.89462	2.77563	18
19	299.46192	0.00334	852.74834	0.00117	2.84760	0.35117	7.95473	2.79348	19
20	404.27359	0.00247	1152.2103	0.00087	2.85008	0.35087	8.00173	2.80755	20
21	545.76935	0.00183	1556.4838	0.00064	2.85191	0.35064	8.03837	2.81859	21
22	736.78862	0.00136	2102.2532	0.00048	2.85327	0.35048	8.06687	2.82724	22
23	994.66463	0.00101	2839.0418	0.00035	2.85427	0.35035	8.08899	2.83400	23
24	1342.7973	0.00074	3833.7064	0.00026	2.85502	0.35026	8.10612	2.83926	24
25	1812.7763	0.00055	5176.5037	0.00019	2.85557	0.35019	8.11936	2.84334	25
26	2447.2480	0.00041	6989.2800	0.00014	2.85598	0.35014	8.12957	2.84651	26
27	3303.7848	0.00030	9436.5280	0.00011	2.85628	0.35011	8.13744	2.84897	27
28	4460.1095	0.00022	12740.313	0.00008	2.85650	0.35008	8.14350	2.85086	28
29	6021.1478	0.00017	17200.422	0.00006	2.85667	0.35006	8.14815	2.85233	29
30	8128.5495	0.00012	23221.570	0.00004	2.85679	0.35004	8.15172	2.85345	30

复利系数表 ($i=40\%$)

n	一次支付		等 额 序 列				等 差 序 列		n
	$(F/P,i,n)$	$(P/F,i,n)$	$(F/A,i,n)$	$(A/F,i,n)$	$(P/A,i,n)$	$(A/P,i,n)$	$(P/G,i,n)$	$(A/G,i,n)$	
1	1.40000	0.71429	1.00000	1.00000	0.71429	1.40000	0.00000	0.00000	1
2	1.96000	0.51020	2.40000	0.41667	1.22449	0.81667	0.51020	0.41667	2
3	2.74400	0.36443	4.36000	0.22936	1.58892	0.62936	1.23907	0.77982	3
4	3.84160	0.26031	7.10400	0.14077	1.84923	0.54077	2.01999	1.09234	4
5	5.37824	0.18593	10.94560	0.09136	2.03516	0.49136	2.76373	1.35799	5
6	7.52954	0.13281	16.32384	0.06126	2.16797	0.46126	3.42778	1.58110	6
7	10.54135	0.09486	23.85338	0.04192	2.26284	0.44192	3.99697	1.76635	7
8	14.75789	0.06776	34.39473	0.02907	2.33060	0.42907	4.47129	1.91852	8
9	20.66105	0.04840	49.15262	0.02034	2.37900	0.42034	4.85849	2.04224	9
10	28.92547	0.03457	69.81366	0.01432	2.41357	0.41432	5.16964	2.14190	10
11	40.49565	0.02469	98.73913	0.01013	2.43826	0.41013	5.41658	2.22149	11
12	56.69391	0.01764	139.23478	0.00718	2.45590	0.40718	5.61060	2.28454	12
13	79.37148	0.01260	195.92869	0.00510	2.46850	0.40510	5.76179	2.33412	13
14	111.12007	0.00900	275.30017	0.00363	2.47750	0.40363	5.87878	2.37287	14
15	155.56810	0.00643	386.42024	0.00259	2.48393	0.40259	5.96877	2.40296	15
16	217.79533	0.00459	541.98833	0.00185	2.48852	0.40185	6.03764	2.42620	16
17	304.91347	0.00328	759.78367	0.00132	2.49180	0.40132	6.09012	2.44406	17
18	426.87885	0.00234	1064.6971	0.00094	2.49414	0.40094	6.12994	2.45773	18
19	597.63040	0.00167	1491.5760	0.00067	2.49582	0.40067	6.16006	2.46815	19
20	836.68255	0.00120	2089.2064	0.00048	2.49701	0.40048	6.18277	2.47607	20
21	1171.3556	0.00085	2925.8889	0.00034	2.49787	0.40034	6.19984	2.48206	21
22	1639.8978	0.00061	4097.2445	0.00024	2.49848	0.40024	6.21265	2.48658	22
23	2295.8569	0.00044	5737.1423	0.00017	2.49891	0.40017	6.22223	2.48998	23
24	3214.1997	0.00031	8032.9993	0.00012	2.49922	0.40012	6.22939	2.49253	24
25	4499.8796	0.00022	11247.199	0.00009	2.49944	0.40009	6.23472	2.49444	25
26	6299.8314	0.00016	15747.079	0.00006	2.49960	0.40006	6.23869	2.49587	26
27	8819.7640	0.00011	22046.910	0.00005	2.49972	0.40005	6.24164	2.49694	27
28	12347.670	0.00008	30866.674	0.00003	2.49980	0.40003	6.24382	2.49773	28
29	17286.737	0.00006	43214.343	0.00002	2.49986	0.40002	6.24544	2.49832	29
30	24201.432	0.00004	60501.081	0.00002	2.49990	0.40002	6.24664	2.49876	30